新闻传播专业“十四五”规划教材

视频新闻报道
理论与实务

邹　欣◎著

Video News in Digital Age
Theory and Practice

U0824757

中国传媒大学出版社
·北　京·

图书在版编目(CIP)数据

视频新闻报道理论与实务 / 邹欣著. -- 北京：中国传媒大学出版社，2024.6
ISBN 978-7-5657-3622-3

Ⅰ. ①视… Ⅱ. ①邹… Ⅲ. ①互联网络—媒体(新闻)—研究—中国 Ⅳ. ①G213

中国国家版本馆 CIP 数据核字(2024)第 031358 号

视频新闻报道理论与实务
SHIPIN XINWEN BAODAO LILUN YU SHIWU

著　　者 邹　欣
策划编辑 黄松毅
责任编辑 黄松毅
封面设计 拓美设计
责任印制 李志鹏

出版发行 中国传媒大学出版社
社　　址 北京市朝阳区定福庄东街 1 号　　**邮　　编** 100024
电　　话 86-10-65450528　65450532　　**传　　真** 65779405
网　　址 http://cucp.cuc.edu.cn
经　　销 全国新华书店

印　　刷 三河市东方印刷有限公司
开　　本 787mm×1092mm　1/16
印　　张 13.25
字　　数 237 千字
版　　次 2024 年 6 月第 1 版
印　　次 2024 年 6 月第 1 次印刷

书　　号 ISBN 978-7-5657-3622-3/G · 3622　　**定　　价** 49.80 元

本社法律顾问：北京嘉润律师事务所　郭建平

目　录

Chapter 1

第一章 视频新闻概述

☑结合视频新闻自身生产特点，理解视频新闻概念的内涵与边界。

☑结合视频新闻的造型特点，体会视频新闻的拍摄方式与观念。

☑结合视频新闻的影像价值，理解视频新闻的新闻性和视觉性。

☑结合VR、360VR、AR等技术，审视视频新闻的发展趋势与面临的挑战。

第一节 视频新闻界说

互联网发展初期,计算机之间的信息交换是通过有线网络实现的,有线网络是指用光纤、双绞线或同轴电缆连接的互联网。随着信息科学技术的进步,无线网络技术诞生并进入到百姓的生活中,无线网络主要采用空气作为传输的介质,以电磁波和红外线为载体来传输数据。目前,在互联网的数据传输中,有线网络和无线网络并用。但伴随着智能手机、平板电脑的出现和普遍使用,无线网络因其便携性而越来越受人们欢迎。

互联网诞生之后,其传播的超时空性、信息的海量性、超文本性、开放性、交互性等特征,使它成为继报刊、广播、电视之后的"第四媒体"。互联网日益影响和改变着当代人们的生活,也推动了有着新生产方式和运营模式的互联网新闻的产生,及其与传统视频新闻的融合发展。

一、视频新闻概念

新媒体与互联网技术催生了新的新闻生产方式,视频新闻衍生于互联网、社交媒体和手机移动端等新媒体环境,它运用现代数字电子技术手段,以活动影像、声音、文字等为传播符号,对新近或正在发生的事实进行报道。从广义范畴而言,视频新闻形态包括"新手段+新平台""新手段+旧平台""旧手段+新平台"和"旧手段+旧平台"(详见表1-1);从狭义范畴而言,视频新闻则特指电脑、手机等新兴媒体或者平台中出现的视频数字形态,它是一种以新兴的媒体技术为拍摄手段或播出平台,以视频为表现形式,对新近或正在发生的事实进行报道或记录的新兴新闻样式,它区别于传统的报纸新闻和电视新闻,是电子信息技术发展成熟的必然产物。

表1-1 视频新闻分类

新手段+新平台	例:用手机拍摄,在社交媒体平台播出的视频新闻。
新手段+旧平台	例:用手机拍摄,在电视台播出的电视新闻。
旧手段+新平台	例:用广播级摄像机拍摄,在网站播出的视频新闻。
旧手段+旧平台	例:用广播级摄像机拍摄,在电视台播出的电视新闻。

二、概念辨析：电视新闻与视频新闻之异同

数字化、网络化时代到来后，整个传播格局也发生了改变，由单向传播向双向、多向传播转变，由单一的政府宣传向公众广泛参与的传播转变，由局部传播向更大范围、更大时空的传播转变。在此背景下，重新审视电视新闻与视频新闻可以发现，视频新闻在内涵外延、呈现方式和生产机制上都较电视新闻有了变化。

数字化大大提高了影像传播质量，扩展了影像负载容量，创新了视频新闻特有的生产流程、制作方式；网络化不仅改变了信息的获取方式，而且改变了新闻信息的采集方式、组合方式、呈现方式及传播方式。

巴斯的双重行动模式指出："传播媒介的把关活动分为前后相连的两个阶段、两个步骤，其中，第一阶段是新闻采集，这里的把关人主要是记者。第二个阶段是新闻加工，这里的把关人主要以编辑为代表。"①传统电视新闻制作的"把关人"主要是记者、编辑、编辑部、主管领导和宣传部门，生产主体通常是专业化、职业化团队。其生产是在电视媒体组织文化影响下，电视新闻工作者按照媒介组织所认可的风格制作电视新闻，记录介质要求使用广播级摄像机，重视对于新闻现场的影像采集，而后进行专业化编辑和审核，播出终端为电视媒介。工作流程一般是电视记者独立采访、编辑协作统筹、组织控制把关，整个过程相对完整且封闭。

较之电视新闻，视频新闻生产主体更为多元，除了电视台，还包含纸媒、广播电台、自媒体、普通民众等，新闻生产权从职业化的新闻从业者向普通媒体用户让渡。飞速发展的数字化技术拓展了新闻影像记录介质的种类（如：单反照相机设备、智能手机、视频监控设备等，传统的胶片、广播级摄像机已不再是首选介质），改造了视频新闻生产流程与模式（如中央厨房、智能直播平台、云采编、云制作等），视频新闻重视对于所获得的素材进行动态视觉编辑，播出终端多为电脑、手机等新兴媒介。

随着全媒体时代的到来，视频新闻生产过程变得开放、透明，新闻生产不只是单纯的组织化制作，而是全民参与建构的过程，但整个过程仍旧充满着传播与控制的复杂张力。随着网络传播进一步宽带化，多元化视频传播平台的形成不仅强化了记者跨组织的支援协作，也便于进行广泛的社会动员，同时还让这些原本封闭的行业互动变成公开的生产实践，让公众能够更近距离、原生态地了解新闻记者、参与新闻生产、理解新闻环境。

---

① BASS A Z. Refining the "gatekeeper" concept: A UN radio case study[J]. Journalism quarterly, 1969, 46(1): 69-72.

在门户网站、视频分享网站、IPTV、手机电视平台上普遍有电视新闻或具备电视新闻传播特征的视频内容,它们或来自媒体机构或是网民自拍,一改传统电视新闻只有电视媒体(尤其是官方媒体)独占传播权的旧格局。在这种视频信息不断被强化和丰富的背景下,传统电视新闻在时间落点上越来越落后于网络、手机等新兴媒体而处于劣势,更为严峻的事实在于,新媒体在瓜分电视媒介受众的同时,还深刻改变着传统电视受众的文本诉求。

在时长、风格、叙事结构方面,电视新闻文本与视频新闻文本均存在差异。电视新闻的时长普遍要长于视频新闻,电视新闻的专题时长往往为 15-30 分钟,而视频新闻小专题往往在 6-7 分钟。电视新闻风格相对正统,配音规范,实时互动性较弱,往往通过读者来信、热线电话来完成反馈与互动。视频新闻的呈现方式相对灵活、多元化,实时互动性较强,例如通过网页文字评论或是弹幕来完成互动。整体而言,电视新闻的文本更为标准化,而视频新闻则呈现出杂合性特征,产品的类型化特征更加具有创新性。

此外,在新闻分发方面,电视新闻更多以家庭为单位,侧重传播约数,收看方式线性化。而视频新闻则更关注个体,依托选择、点击、时长、喜好等用户行为痕迹,构建算法模型,从技术上实现精准推送,收看方式非线性化。

三、视频新闻历史演变的内在规律何在?

(一)技术环境

电视新闻,是指运用现代电子技术,通过电视屏幕,形象地向观众传递新闻信息,它既传播声音又传播图像。电视从诞生到现在不到一百年,但是它的发展是迅猛的,科学技术的进步为电视新闻的发展创造了条件。每一次电子技术的发展,都会对电视新闻的生产流程产生影响并导致变化。

1958 年,曾经的"新兴媒介"电视开始起步,电视新闻应运而生,开始了以形象、画面为特点的传播历程。采摄设备是 16 毫米摄影机,节目形式是图片新闻和口播新闻,比重小,时效性弱,影响范围小。

20 世纪 70 年代初期,同时记录图像和声音的电子新闻采集设备 ENG 诞生,被应用于电视新闻领域。电子新闻采摄技术(ENG)的发明与运用给电视新闻发展带来了根本性突破,ENG 采摄技术的普及和通信卫星传播更新了电视新闻的报道方式,结束了电视摄录的胶片时代。

"技术研究和发展的内在必然进程"使新技术产生。计算机网络技术的兴起与普及,强势冲击着传统电视媒体,迫使传统电视新闻生产朝向数字化转型,再次让电视媒体走向革新,开始台网融合式发展,实现一次生产、多形态展示、多渠道发行、多介质阅读。

随着媒介的融合与创新,互联网、手机已成为电视新闻传播的重要渠道。如2009年CNN某季的广告宣传语所说:"一块屏幕已经不够了。"电视媒体与新兴的载体不断融合,将电视变成一种可以移动的媒介:由客厅走到了广场、电梯、楼宇、网络、手机,形成新的载体与传播样式。

然而,随着新兴技术在传播媒介中的出现与运用,以数字媒体为核心,以网络、手机为代表的新兴媒体打破了传统电视新闻媒体"时间""空间""身份"的隔墙,媒体逐步移动互联网化,移动用户增长逐渐进入高位稳态区间,人们通过接触传统电视媒介来获得新闻的时间也逐渐缩短。

(二)社会因素

在《媒介技术与社会》中,布里恩 ·温斯顿提出了一个颇为重要的"加速器—制动器"模式,该模式认为,进步的实现就像站在向上的电扶梯里往下走,或者如乐观主义者所谓的站在向下的电扶梯里往上走。在这一模式中,加速器就是社会需要,它将"原型"转化为"发明",并将"发明"推向世界,导致"发明"的扩散。同时,这里也存在制动器,就是一般的社会制约因素联合起来,对"发明"装置所具有的从根本上瓦解现存社会形态的潜力进行限制。这种矛盾体现在技术进步上便是"先加速,后刹车"。前者指出,研究和开发的内在必然进程导致新的技术的产生,进而确定了社会进步的基本状况;后者认为技术发展有一定的内在逻辑,但同时承认特定时间内发生的技术变革又同技术外部因素密切相关。

在马克思看来,技术作为革命性的力量,是一种新的生产力,但技术的后果取决于社会生产关系。社会与技术之间是相互影响和相互作用的:一方面,技术对社会起着强大的变革作用;另一方面,技术对社会的强大影响又依赖于社会为技术发展提供的背景和条件。

某种特定的传播技术的出现为特定社会或特定时期内人们的某种行为提供了潜在机会与可能,一种新的技术仅仅是为人们打开一扇门,并不强迫人们必须要进入。技术在社会中的采纳和扩散程度密切依赖于社会为技术发展提供的背景和条件,技术的发明并不必然造成改变,只有当一项技术变得普通,直到最后无处不在时,真正的变革才得以发生。

社会实际采用的技术并不一定是最高效、最合理的,而是那些能够最好反映主导群体价值和利益的技术。这正是为什么许多重大的变化并非基于最新最奇巧的技术,而是基于像电子邮件、手机和网站这样简单易用的工具。因为它们是最大多数人能够利用到的工具,并且关键的是,人们愿意在日常生活中使用它。

当代瑞士神学哲学家布鲁纳曾断言:"从技术史可以得知,技术的每一进展不只是改变了人与自然的关系,而且也改变了人与人的关系。"①在以数字媒体为核心,以网络、手机为代表的新媒体时代,媒介接近使用权和信息发布的控制权由大众传播媒介集中统一掌握向其他社会主体分散扩展。信息技术的发展使得信息传播门槛降低,电视媒介原有的限制被极大地削减了,传播权利呈现"反转"现象,一点点地向"受众"汇集。

随着计算机互联网技术的成熟,上网费用的下降,宽带速度的提高,网络的便捷、自由、交互性吸引了越来越多的受众。正如培根的进步学说所设想的,进步的标准本质上是功利主义的和实用的,进步就在于达到既定目的的工具与手段的发展,以增进人类对自然界的控制,从而增进人类的舒适与快乐。而网络极大地满足了受众在第一时间内获取相关信息的需求,满足受众的"知情权",成为受众发表意见、展示主张的平台,因而引起了"并发的社会必然性",网络应用得以迅速扩散,计算机网络技术的发展普及是推进电视媒介技术发展的加速器。网络技术的发展使电视新闻观众收视行为发生变化,多媒体使用习惯的养成,网络收视渐成风尚,数倍扩容的媒体渠道和不断多样化的传播方式,为满足受众细分需求提供了可能,渠道的竞争趋于分散有限的电视观众,增加了文化的多样性。一个新的信息领域与新的技术领域一起出现了,开始了群体化传播工具时代,这一阶段的电视新闻逐渐向视频新闻延展,视频新闻的生产亦是对称参与和业余生产的结合。

(三)制度适应

政治学家塞缪尔·P. 亨廷顿曾提到,作为一种社会动员力量,社会现代化所带来的一系列变化最终转化为一种新的社会需求,这些需求对既有秩序构成挑战,而应对的办法就是提高制度化的水平。亨廷顿的理论支持了通过积极的制度改革和制度创新来应对社会变化的主张,也支持了制度供给是社会秩序的决定性要素的观点。

---

① 陈先红. 论新媒介即关系[J]. 现代传播,2006(3):54-56.

社会进化以及变迁过程的基本发展方向是更好地适应环境条件。新的媒介技术的进入、受众媒介使用习惯的改变、周围新媒体的竞争等会建构新的媒介文化,引发建构新的生产流程,新的生产流程又会固化这种内容生产文化,直到新的更为优质的媒介技术引发下一轮转。为了更好地适应技术催生的新媒体环境,许多媒体机构从制度层面对环境作出了适应。对于重大新闻事件的报道,新媒体报道由曾经的“配合报道方案”转向如今的“移动优先报道方案”,由新媒体中心与内容提供方共同策划、生产,新闻“把关人”越来越关注新媒体版面如何编排,微博、微信、微视频怎么发稿。在媒介融合的大背景下,多媒介联动生产内容已成为共识。在内容的管理上,新媒体中心制定了考核制度来确保平台的内容质量,并结合新媒体特性,对传统媒体提供的内容进行考核,以此形成约束,促进传统媒体生产适合新媒体特性的内容。

新媒介技术革命会引发一种新的传播方式,它将在现有的传播食物链中找到自己的位置,而不会取代任何已经存在的技术,就像电视没有取代广播、网络不会取代电视一样,技术往往有一个奇怪的特点,就是使老的机构呈现新的特征。计算机网络技术打破了媒体疆界,推进了数字电视技术发展,促成了媒介之间的融合,它以物理融合为载体,以业务融合为目的,让跨媒体竞争从形式和渠道的竞争,进一步上升为内容竞争。

(四)内容间性

1958 年,我国电视新闻诞生,但在随后很长时间里,中央新闻纪录电影制片厂制作的《新闻简报》是电视台电视新闻的主要节目。节目一期时长十分钟左右,主要在影院或广场放映电影故事片前播出,内容涵盖了政治、外交、生活、经济、体育等。

20 世纪 70 年代初期,能够同时记录图像和声音的电子新闻采集设备 ENG 发明并被应用于电视新闻领域。我国是 80 年代开始使用 ENG ,但主要是把它用作摄影机,并未充分应用它的声音功能,直到 90 年代才充分利用 ENG,现场报道、新闻采访、现场直播等具有电视特色的新闻报道传播手法逐步被推广、运用。

网络媒体诞生初期,新闻生产者认为“视频新闻=电视新闻+互联网”。大多数广电媒体并未真正意识到何为网络媒体,仅把“互联网”单纯地理解为发布渠道,忽略了“互联网”自身的媒介特性。在随后的很长一段时间里,网络平台上的视频新闻多是源于传统电视台的电视新闻节目。

在技术、社会与内容的互动中,视频新闻与电视新闻的发展似乎存在高度重合的阶段。从新兴技术诞生到与媒介技术相契合的内容生成,两者之间存在较长的时间差。由此不难发现,随着互联网技术在社会中的采纳和扩散,视频新闻生产者对互联网媒介自身特性的认知愈加深入,继而尊重新兴媒介的间性规律,充分认识新兴媒介的特性与边界,重视内容生产的文本间性,逐渐生产出在不同媒介平台上有特性、有辨识度、有传播力的视频新闻产品。

第二节　视频新闻生产特点

一、传播主体的多元性

在互联网未诞生之前,部分人掌握着新闻媒体、控制着新闻信息的交换和传播,传统电视媒体的传播主体则是专门的新闻机构和专业的新闻工作者。随着互联网的普及,传统媒体的信息堡垒被打破,人人都可以成为信息的传播者和接受者,网络视频新闻的传播主体也呈现出多元化的特性。

目前我国视频新闻网站的传播主体主要分为四类:一类是上网的传统电视媒体,如在央视网中可以搜索到央视频道、卫视频道、城市频道等播出的和直播的新闻节目;第二类是新兴的商业门户网站,如在网易视频中的资讯页面、新浪视频中的新闻页面都可以看到视频新闻信息;第三类是进行原创或制作视频新闻的个人,由于互联网的传播特性和低廉的传播成本,个人用手机、平板电脑等设备录制的视频信息和观点,也可以通过网络发布和传播;第四类是具有媒体性质的信息科技公司,如抖音、快手等。

二、传播内容的可控性

在传统广播电视中,声音、图像的传播都是稍纵即逝的,观众若想完整观看视频新闻节目,就必须时刻守在屏幕面前,才不会错过重要的内容和画面。对于网络视频新闻来说,其内容的可驻留性保证了无论是直播还是重播,视频新闻节目都是可以长期存在并能够被反复观看的,用户可以根据自己的需要选择时间观看,中间也可以随时暂停,处理其他事务。

此外,传统广播电视节目的线性播放特性,使得观众对于新闻节目的时间、内容的顺序都是无法控制的。网络视频新闻则给予了用户极大的自由度和控制权,用户可以自己选择播放的内容,可以选择观看和快进,也可以对喜欢的节目内容重复观看。对于用户来说,网络视频新闻传播过程的可控化也实现了接受的个性化。

三、传播符号的多介质性

报纸通过文字、图片传播新闻信息,广播通过声音传播新闻信息,电视通过视听符号传播新闻信息,而视频新闻在视听符号的组合、呈现及传播方式上则表现得更具丰富性和融合性的多媒体化。

电子声像技术、互联网技术的进步和完善,使视频新闻从摄录、编辑、传输和接受等环节都做到了高保真度,可以如实地再现客观对象的图像和声音,也可以保证视频和音频信号在全球范围内没有损耗地、不失真地实时传输。

由于视频所传输的是声像符号,因此它能够将说话人的声音、神情、动作以及所处的环境生动直观地传达给观众。视频犹如一面镜子和窗户,让观众可以从直观的视听影像中观察了解周围的环境。观众在观看屏幕上的人际交流时也仿佛是"面对面"的,因而更容易忽略屏幕的存在,被新闻中人际交流所传达出的观点、情感所影响。

视频新闻中既有用摄像机拍摄的真实、具体的现场影像,也有图片、图表、动画等视觉形象符号,还有同期声、配音、解说词、背景音乐等视听符号。这些视听符号运用在视频新闻节目中,多表现为对现场影像的新闻进行动画场景模拟,对人口信息、经济发展状况的图表展示,对感人事件的音乐渲染,等等。多种多样的符号通过特定的组合编辑在一起,不仅极大地增加了动态画面的信息负载量,也丰富了视频新闻的表现形式,往往可以收到"1+1>2"的传播效果。

与报纸、广播等传统媒体不同,视频新闻的信息传播是一种立体信息的传播。人们看报纸只能接收到文字、图片等视觉信息,听广播只能接收到声音信息。视频新闻因其技术特性可以同时传播视听符码,通过对影像、声音、文字等视听符码的运用,可以实现对新闻事件的多层次和客观真实的报道。

随着视频新闻的发展,同期声、影像画面和字幕在新闻事件报道中所占的比例越来越大。这一方面是因为观众在接收这种立体的信息传播后,可以更加深入且完整地了解到新闻事件的起因、经过和结果。另一方面,视频新闻视听符码的立体传播,有利于增强视频新闻的真实性和感染力,给受众带来新闻事件的即时感、新闻空间的临场感。

四、传播过程的交互化

与报纸、广播、电视等传统媒体单向的新闻信息传播过程不同,视频新闻的信息传播过程是双向的、交互的,视频新闻的制作者能及时获得用户反馈,并在此基础上进一步优化信息产品,用户之间也可以随时进行信息和观点的交流与互动。

尽管当下传统媒体也开始使用短信、热线电话、微博、微信等方式进行互动,但从互动的对象和范围来说,仍是一个浅层次的、小范围的、非常态的互动。视频新闻则可以做到在节目中实现用户与用户、用户与媒体之间的深层次的、广范围的、常态的互动交流。如一些视频网站增加的弹幕功能,用户勾选之后,所有用户对视频的点评都会出现在屏幕之上,实现了更加直观的边看边聊的互动效果。

第三节　视频新闻影像造型特点

一、表现具象

文学作品或音乐作品,是通过抽象的文字符号或音乐旋律来调动人们的想象,进而塑造艺术形象的。视频新闻影像的造型则不同,它在屏幕上表现的形象是具体的、可视的,是通过直观的画面形象作为传递信息的视觉符码来叙述情节、阐述主题和表达思想的。

我们常有这种感觉,看两个小时的科教片所获得的信息,要大于看两个小时的同类科普书籍。这说明在单位时间内通过可视的、具体的形象传递信息,可获得最大的信息量。

一方面,视频画面可以更为准确、细致、全面地再现或表现人物的神态、情绪、动作,以及景物的形状、色彩变化等用语言文字不容易精确描述的形象,增强了视频的真实性和可信度。另一方面,视频影像对具象事物的无间隔表现这一特性,减少了形象信息传递过程中的中间环节,使观众能与被表现的事物更直接地接触,容易产生身临其境的现场感,正如图 1-1 的研究成果所示,人脑通过活动画面对具体形象的识别速度仅次于看实物。

二、表现运动

由于视频新闻具有表现运动的造型特性,绘画、图片摄影等造型艺术的构图规律在这里得到了突破性的发展。例如,在表现主体时,视频影像可以通过被摄主体与周

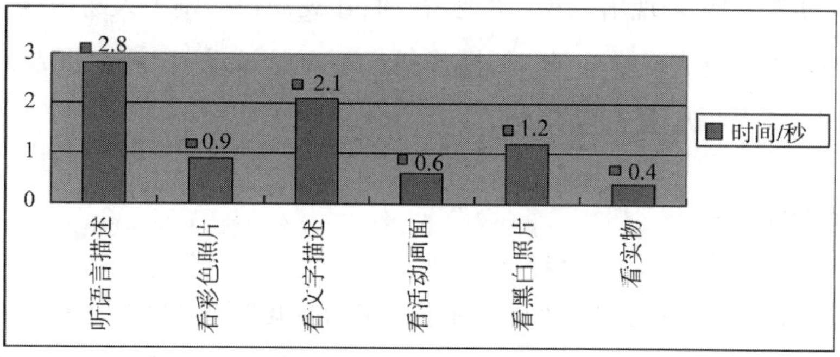

图 1-1 人脑通过活动画面对具体形象的识别速度

围环境的动静对比来突出主体,即使要表现的主体在画面中只是一个点,只要它与周围物体的运动方向、速度不一致,这个点(被摄主体)照样可以从纷乱的环境中凸显出来,而不必依靠传统的构图法则,比如,让这个主体在画面中占有很大的空间,或处于醒目的位置上,或依靠其他陪体,构成与之相呼应的格局来烘托。

视频影像再现的是运动的形象,表现的是形象的运动。通过特殊拍摄和编辑方法,还可以呈现在人眼视觉范围内观察不到的运动,例如:一朵花蕾在瞬间怒放,一粒黄豆在三五秒内"扭动"身躯破土而出。通过构图、纪实抓取、蒙太奇编辑,一些生活中被看作是静止的物体,在屏幕上则变成生机勃勃的、富有变化的不断运动的物体。可以说,视频影像存在于运动之中。

三、运动表现

视频画面不仅能够表现运动的物体,而且可以在运动中表现物体,这句话不是同义语的反复,而是视频影像造型表现的又一个新特点。

摄像机通过各种方式的运动摄像,造成了画面框架的运动,这种运动从视觉上看,是画框与整个被摄入画内的空间发生了位移。画面内的景物,由于画框的运动而处于运动中,本来不动的楼房在画面中移动了(摇摄或移摄的结果);开始在画面中很大的物体逐渐变得越来越大(推摄的结果);开始在画面中很大的物体逐渐变得越来越小(拉摄的结果)。摄像机的运动,使画面内不动的物体产生了运动,使运动的物体,更富有动感。不定点的运动摄像,使摄像机得到解放。在一个镜头中通过景别的变化、摄像角度的变化,不断地改变着观众的视点,改变着画面的内容。

这种对被摄景物多景别、多角度、多层次连续不断的表现,使观众的感知和认识更加连贯、完整、细致。有时摄像机以剧中人物的视线方向为拍摄方向,将观众的视点带到剧中人物的视点上，表现出一种“主观”视向，让观众在与剧中人物视线合一的基础上，感受剧中人物特定的心态。此时，摄像机已不再是被动、客观地摄录人物和事件了，而是变得主动、活跃、富有生命力了。

四、时空统一

视频影像不仅占有一定的空间，呈现出一定的空间形态，同时，它还占有一定的时间，并呈现出一定的时间形态。视频影像的时间和空间是结合在一起的。从这种认识出发，视频影像的时间也具有三层含义，即一个视频画面（镜头）实际占有的时间；这个画面所表现的时间；观众在观看时主观感觉的时间。例如：一个长度为五秒钟的杯子落地的慢动作画面。它放映时间为五秒钟，它表现的时间是不到一秒钟的瞬间，而观众看这个画面觉得时间很长，杯子在空中落了好一会儿，才着地破碎。由此，我们可以看出，视频影像不仅有再现时间的功能，而且有创造时间的功能，它能对时间进行扩展和压缩。

视频新闻影像与电影影像相比，具有同时性这一本体性的巨大优势，也就是说，视频新闻影像消弭了电影影像从拍摄到放映的目前尚无法克服的延时性（如冲洗、剪辑等所占用的时间），观众能够从视频新闻影像中与现实生活同步地看到正在发生、正在进行的生活本身。随着互联网技术的发达，现代制作、传播系统的发展，视频新闻影像现场信息传播的延时障碍逐渐被消除，也使得视频新闻影像的摄录、传播与收视达到以前难以实现的时空统一。2020 年疫情期间，中央电视台对于方舱医院筹建过程的网络视频慢直播更是实现了物理时空、拟态时空（视频新闻直播构建）、主观时空的高度统一。

五、声画合一

“耳闻目睹”“眼观六路，耳听八方”等中国古语早就提示，人观察世界需要眼耳并用。现实世界是一个充满色彩和声音的世界，识别形象（看）和声音（听）也是人们认识事物的两个最重要的渠道。随着能够同步记录形象和声音的 ENG 的出现，视频新闻影像的呈现和传播也进一步实现了声画合一，其中同期声的运用最为广泛。

同期声是指摄像记者在新闻现场摄像时同步记录的现场音响，它是与画面影像同在的各类现场声音。与电影、电视剧中的同期声不同的是，视频新闻节目中的同期声不会出现后期补录声音的情况，其画面和声音都是同时记录并呈现出来的，因而是更加真实的。视频新闻影像的同期声作为声音形象有着独特的表现力,它可以增强画面的真实感,将新闻人物的形象、喜怒哀乐真实且完整地呈现给观众,进而更好地实现对观众视听感官的综合调动,同时提高了视频新闻影像的表现潜力。

此外,视频新闻影像这种声画合一的特质,还增加了视频新闻可负载的信息量,避免了画面传达不了、解说传达不到位的情况,使新闻传递的信息更加丰富和立体。视频新闻的拍摄方式和观念也随之发生着变化,进而衍生出不同的新闻报道题材。

第四节　视频新闻影像价值

一、真实性

真实是新闻的生命,是所有新闻传播媒介必须遵循的原则。新闻的真实性是对信息基本特征的描述,也是新闻信息存在的基石。新闻的根本要求是"真实",而新闻真实的具体化要求是新闻中涉及的细节、再现都是真实的,宏观上则是要求新闻能够真实再现其所处社会环境。

真实是新闻的生命,真实是每个记者必须遵循的原则。记者应从总体上、本质上以及发展趋势上去把握事物的真实性,做到局部真实和整体真实的统一,杜绝片面化和绝对化的报道;新闻解释要合乎客观事实本身的逻辑。但在一些利益的驱使下,如金钱的承诺、评奖的诱惑……一些记者借助日益发达的信息技术,炮制假图像、假新闻。比如 2007 年 7 月 8 日,北京电视台《透明度》栏目播出的《纸做的包子》报道被证实为虚假新闻,拍摄过程中,北京电视台某记者让人把捡来的纸箱经水浸泡剁碎,掺入肉馅中,后又随机找到一名农民工,授意其编造了有关"肉和纸比例关系"的谎话,并编造使用火碱的台词,以增加视觉、听觉效果。

新闻事实是客观事实,但新闻事实同时也是被认识的对象。因此新闻传播活动从本质上来说,属于认识活动。在人类的认识关系中,认识者与认识对象是平等的,以两极性的关系存在。因此,脱离任何一方来谈论认识都毫无意义。

人们把事实世界中的一些事实称为新闻事实,是"因为他们与这些事实之间建立起了已经意识到的新闻关系"。[①] 在这一关系中,新闻事实自然便是感觉、知觉、概念

① 杨保军. 新闻事实论[M]. 北京:新华出版社,2001:11.

等把握下的客观事实,是经验到的事实。而人们没有意识到的事实,只能是潜在的新闻事实。“在这些潜在的关系中,有些可能会在某一时刻现实化,使新闻事实为经验所把握,有些则可能长久地,甚至永远地处于潜在关系状态,这样,客观存在的新闻事实就不会转化为经验到的新闻事实。”①

对于记者来说,新闻采访的事实来源有两种:一种是直接经验,也就是记者直接到现场采访,目睹整个事件的发生发展过程;另一种是间接经验,由消息来源提供,间接经验特别需要记者核查清楚。未经查证的新闻容易造成失实,引发严重后果,如在英国闹得沸沸扬扬的凯利事件便是典型的例子。

2003 年 5 月 29 日,BBC(British Broadcasting Company,英国广播公司)记者吉利根撰写了一篇广播报道。该报道称,一个资深和可靠的消息来源说,英国政府为加强对伊拉克发动战争的理由,授意在 2002 年 9 月发表的关于伊大规模杀伤性武器的报告中,添加了萨达姆有能力在 45 分钟内部署生化武器的情报。报道播出后在英国引起轩然大波。作为吉利根报道的主要消息来源——曾长期参与联合国对伊武器核查的英国国防部伊拉克武器问题专家戴维·凯利博士,在自己的名字被国防部公开,并接受英议会有关委员会公开质询后不久割腕自尽。

为此,英国大法官赫顿于 2003 年 8 月初正式开始对凯利之死展开独立司法调查,2004 年 1 月 28 日公布了其调查结果:凯利可能因“无法承受个人声誉受损”而自杀,布莱尔政府在处理对伊情报方面不存在蓄意渲染的行为。同时,赫顿的报告严厉批评了英国广播公司的报道工作,称吉利根关于政府蓄意夸大伊拉克大规模杀伤性武器威胁的报道是“没有根据的”;BBC 负责人在核实吉利根的报道问题上存在失职行为,BBC 的新闻编辑工作存在缺陷。

赫顿的指责迫使 BBC 董事会主席戴维斯于 28 日晚宣布辞职;29 日,格雷格·戴克辞去公司总裁的职务。随后,凯利死亡风波的中心人物、英广记者吉利根也黯然辞职。

整个事件就因为记者没有对事实进行清楚查证,不仅使困扰英国政府的对伊情报风波骤然升级,布莱尔陷入政府执政 6 年多来最严重的政治危机,还令 BBC 自身损失惨重。英国《星期日泰晤士报》报道说,一份由英国政府高级官员起草的文件显示,在英国广播公司就伊拉克战争问题同布莱尔政府大闹了一场后,英国政府正考虑拆分这家不听话的国有新闻机构,并取消其独立地位。

---

① 杨保军.新闻事实论[M].北京:新华出版社,2001:11.

可见事实是媒体独立的关键所在。诚然，伴随着科技的进步，人类认识水平和思维能力有所提高，影响了人们对客观存在的新闻事实的认知。当人们以新的方式、意向或目的去把握事实时，原本尚未意识到与其有新闻关系的事实，在新的认识条件下，可能会凸显出来。这就是我们从新闻本体认识角度对事实属性的理解。在此，必须强调，在人类的新闻认识活动中，大众总是新闻的受众，因而新闻传播者往往从受众与事实的关系来认识客观存在的新闻事实。

对于视频新闻来说，真实性的要求不仅包括事实的真实、本质的真实、理解的真实，还包括表现手法的真实。表现手法的真实来自视频新闻对真实性和真实感统一的要求。真实性，是指客观事实的真实，是客观存在，是第一性的。真实感，是观众在接受新闻报道事实时所形成的，是第二性的。当下视频新闻传播接收的特点，要求的是真实性与真实感的统一，事实真实和表现手法真实的统一。

真实的表现手法要求一是画面形象真实。画面是视频新闻的基础语言，真实首先是画面必须真实。对于视频新闻来说，就必须是在事件发生的现场去抓拍，用挑、等、抢的采访摄影纪实手法去捕捉、抓取鲜活的形象。要避免扮演、重拍、补拍等组织拍摄手法。此外，为保证画面的真实性，视频新闻也不能用过多艺术摄影的手法去摆布拍摄对象。

二是画面衔接的真实。视频新闻画面之间的衔接，就像文章语句段落间要通顺流畅一样，也需要连贯或有起承转合。它不仅关系到新闻的结构，还会使画面变得流畅，让信息的传递变得有逻辑性，增强信息的可信度。画面之间的衔接是视频语言的语法和修辞的体现。合理的衔接方式，在传递信息时会给观众流畅感，不合理的则会破坏视频新闻的表现力甚至是真实性。

三是声画合一的真实。视频新闻的传播符号以画面和声音为主。声画有机结合后形成了统一的整体，才会给观众一种真实的现场感。互联网时代的视频新闻，其一，要做到解说词与画面的有机统一，不能各说各话，造成“声画两张皮”的现象，破坏总体的真实感；其二，要充分运用同期声，来自现场的声音能够给观众带来真实感和贴近感，同时也会增强视频新闻的可视性和可信度；其三，要适度使用音乐，音乐能够调动受众与视频新闻之间的情感连接，增强其对视频新闻真实性的认同。

二、客观性

在马克思主义哲学中，客观性是基于物质性而存在的。列宁曾有过物质是标志客观实在的经典哲学论述。新闻客观性，是新闻实践活动的道德法则。客观性原则要求新闻报道需要客观、真实、公正、全面。然而在现实社会中，由于经济基础决定上层建筑，一般认为“纯客观”是不存在的，但客观性原则必须坚持。在新闻实践中，新闻界曾提出，在客观性报道中，记者应是新闻事件的公正见证人，平衡报道一己所见、所知及所闻之客观事件。写作上，强调纯新闻报道，不把我之类的第一人称写在报道里，也不得有个人意见。在争议性论题上，提供各方意见，但禁止记者涉入事件，或在论题上有立场，所报道事件的内容，均可以查证且有真实事件作为根据。

在新闻报道中要想做到客观性与态度倾向的平衡，首先应该尊重事实，其次是用事实说话，将观点放于事实之中，将态度倾向置于事实选择之中。倘若对同一事件有不同的观点，也应该客观地把各种观点都予以展示。在涉及政治、经济以及社会问题的新闻报道中，记者不应过多地表达自己的主观思想与观点，而应通过事实的选择和背景的交代、运用，让受众自主感受与思考。

三、时效性

时效性需要在新闻规律和宣传规律、报道速度和报道效果之间把握平衡。对于视频新闻来说，时效性包括两层含义：时新性和时宜性。

时新性是指视频新闻在时间上的最新性。在互联网时代，视频新闻早已打破了时间和空间上的传播局限，能在事件发生的同时对新闻事件进行同步报道，让观众共同经历和体验新闻事件的发展过程。事实发生与新闻传播的时间差越来越小，信息传递的及时、快捷已经是传媒竞争的核心。

BBC 的“一秒停表文化”是指新闻编辑室在与钟表的对抗中运作，生产能力的高低取决于在最后期限前生产出新闻故事的数量。同时，第一时间获取新闻的动力深嵌于新闻的精神特质中，并从根本上影响着新闻文本的叙事结构。对新闻时新性的追求，随着技术发展的驱动而加强。电报的发展催生了我们所知的现代新闻报道，卫星和电缆的出现促成了现场新闻的呈现，网络技术的创新发展不断缩减新闻事件的发生及其与叙说之间的时间差。

对于事件性新闻来说，报道要侧重时新性。如我国每年的“两会”、2014 年在北京召开的 APEC 会议、2022 年北京冬奥会开幕等，重大的新闻事件都是用直播的方式来进行现场报道，以确保新闻的新鲜。对于非事件性新闻来说，报道要侧重时宜性，如一些关于社会问题和社会现象的专题或是调查性报道则需要选择报道的时机，以确保其准确性、调查性和深层性。

四、视觉性

报纸需要人们去阅读抽象语言，广播需要人们去倾听抽象语言，视频则凭借其特有的视听语言让人眼见为实。诚如传播学家施拉姆所说："非语言的符号（图像等），它们携带的信息往往不需要任何语言来表达，一幅画就是一幅完整的传播。"①视频新闻通过对事物的直接视觉特征的记录，传达出色彩、明暗、形态特征、空间深度等直接的视觉信息；受众通过对视觉信息的经验感知，可以体味质感、量感、力度、动感以及听觉、味觉和触觉等感受。

正如学者李勇所说："首先，在空间层面上图像能做到全面、准确，哪怕一个非常细微的细节都会被发掘，被原原本本地呈现出来。其次，在时间上，它可以再现对象的运动轨迹和运动过程，所以它对世界的叙事不仅是空间性的，还是时间性的，它是活的，是动的。由此它被认为是现实的直接对应物，是现实的替身，或者说是现实的零度表征，它有一种直接把现实世界搬到屏幕的能力，是自然主义描摹的极致形态。"②视频新闻通过调动受众的视觉、听觉等感官体验来传播新闻，获得真实感。用户判断视频新闻的真实性，则主要依赖于自己从屏幕中看到的内容。用户真实感的生成与视频新闻中形、色、质、构等视觉传播特性密切相关。

视频新闻融合了图像、声音、动画、文字等多种介质，将记录下来的事实再现给受众。随着技术的发展，各类动态视觉传播手段在视频新闻中得以成熟运用，提升了新闻报道的临场感，受众如同面对面地亲历现场一般，能够更为直观地了解现场中的人物形象和事件动态。由此可见，在受众特定的期待视野中、在符合观众的生活经验和认知的基础上，视频新闻借助摄影术、电脑、互联网等各种技术传递着各种各样的视觉信息，把外部世界视觉化了。

"由于数字化图像技术的发展与运用，使现代社会进入了一个读图的时代，图像成为了主要的信息载体，它在说服性传播过程中发挥了主要作用。图像的传播不仅仅加快了信息的交流沟通，还引导了社会的潮流和引领了人们新的生活方式。这正体现了在视觉传播过程中图像传媒的感染力及说服力所发挥的传媒作用。"③例如，在对别

---

① 施拉姆. 传播学概论[M]. 何道宽，译. 北京：新华出版社，1984：77.

② 李勇. 图像媒介表征的文化阐释[J]. 理论与创新，2008(6)：23.

③ 申巾力. 视觉传播中的图像说服[J]. 艺术与设计，2008(4)：66.

斯兰人质事件的报道中,凤凰卫视记者卢窝光用其喘着粗气、些许颤抖的声音,子弹不断从身边飞过的“嗖嗖”声,以及摇晃的画面,给观众带来了极具震撼力的现场报道。当地的战况、现场的情形、记者个人的魅力都震撼着观众,而这些信息只有通过带有视觉特征的新闻现场报道才能给予。

学者陆小华指出:“视觉化表达既是人类的一种本能,也是人类永恒的艺术追求。对于视觉表达的画面,不管是动感的视频还是静止的照片,都可以说比描述传递得更多一些,更复杂一些,有时更自我一些. 因而,只要有条件,人们总是希望借助画面、欣赏画面。互联网时代来临后更是如此,它把人们心中潜伏着的视觉化表达欲望激发出来。”①近年来,随着移动互联网、5G 通信等技术的发展,传播生态被不断革新的技术重塑,视觉传播在新媒体实践中广泛应用,视觉创新是提升视频新闻产品传播力的重要手段。

五、社会性

随着 Web 技术的扩展和应用,用户的日常行为正在产生大量的“数字痕迹”,例如浏览、评论、点击广告或链接,等等,它们经过底层的软硬件基础设施(如客户端、数据库、服务器等),生成海量的数据。这些描述数据的“数据”(即元数据)又在社会网络中不断流通与联结。

流通是一种有着独特的抽象、评价和约束形式的文化过程,在这个过程中新闻记者建构意义的特权将会被数字环境消解。视频新闻走出编辑室,成为一个包含了更多新闻实践主体与文化、社会、技术交融的“综合体”。数字“社会网络”成为视频新闻交互的基础结构,它是一个全球范围内的国家和跨国信息收集者、生产者和传播者组成的复杂协作领域。②

视频新闻通过数字“社会网络”实现信息共享,对社会环境和社会群体产生影响,这种影响可以是积极的,也可以是消极的,这取决于传播者的传播动机与手段。视频新闻传播应该真正地起到“中介”和“纽带”的作用,通过前期的制作和把关,传播有价值的、客观的、公正的信息,让新闻发挥传播信息、提供知识、监督舆论、进行教育、服务大众、娱乐生活等作用。

---

① 陆小华. 分享平台:新媒体的核心运作模式[J]. 新闻记者,2007(1):14.

② 黄文森. 数字新闻流通:溯源、分野与整合[J]. 新闻界,2022(3):4-13.

六、杂合性

在传统媒体时代,大众通过新闻产品获得社会认知,而数字时代,大众通过参与和介入新闻网络获得社会认知,因此,视频新闻呈现出“杂合性”特征。视频新闻报道除了提供优质内容之外,还需要关注传受之间的“关系”构建。

为了提升动态信息报道的有效性、增强关系网络建构的可能性,视频新闻报道势必关注多样化新闻需求,由此,视频新闻的报道形式、叙事风格、传播路径日趋杂糅,新闻与大众之间的“认识论连接”也变得极为复杂。视频新闻报道实践中的“情感转向”预示着在数字时代,新闻用户的情感实践具备在较长时间里持续塑造特定价值认同推动社会行动的潜能,具有比过去更加鲜明的“介入性”色彩。

第五节　视频新闻发展趋势

一、注重交互式体验

一方面,媒体向用户传递新闻信息,告知受众应知而未知的事实;用户接收新闻信息并向媒体及时做出反馈,媒体再对反馈采取相应的措施,形成双向传播,从而实现新闻的“有机运动”。

另一方面,由用户自行发起感兴趣的社会议题,聚焦社会热点;或用户向媒体提供新闻事件影像素材,成为信息源,促使媒体跟进事实的报道,完成新闻信息的传播。

这种交互式的信息共享,将极大地扩增媒体的新闻信息量,缩短新闻事实发生和报道之间的时间差。同时,视频新闻影像在这种交互式传播中也将越来越注重用户体验,成为集社交性和互动性为一体的新视频新闻影像形式。

二、注重个性化服务

随着互联网、手机用户的增加,视频新闻的传播也不再局限于统一的内容和形式,转而倾向于个性化服务。

这种个性化的服务,实际上是对受众进行分类,进而将新闻更有针对性地、更广泛地、更有效地传播给受众。如按照受众的教育程度和社会政治、经济地位进行分类,将受众分为积极受众和消极受众。积极受众的受教育程度高，对传播媒介的选择意识更强，有自己的主见，因而会主动选择新闻内容；消极受众是受教育程度较低的人群，其容易受到积极受众影响，对于新闻内容的主动选择意识不强，视频新闻可依据需求强弱来制定新闻推送策略。

而按照人口统计的原理，受众可以分为特殊受众和一般受众，由于年龄、职业、受教育程度和生活环境等方面的不同，受众除了拥有共同兴趣和需求之外，还会有一些特殊的兴趣和需求。视频新闻可以根据用户设置的内容喜好进行信息推送，或者根据数据的统计和计算，得出用户个人观看新闻的偏好，对此进行分类后，可自动进行时政类、经济类、娱乐类、体育类等新闻的推送。

随着技术的发展，5G 网络架构的服务能力在社会信息化和视觉集成领域起到了积极的作用，撬动了移动 VR、体感交互、智能搜索、精细配置、个人辅助 AI 等领域新的提升①，个性化服务的实现将会依靠大数据和人工智能来完成。视频新闻通过收集用户在网络上的数字行为痕迹，建构精准的用户数据库，优化传播算法，进一步完成新闻数据库与用户数据库之间的智能匹配，做到比用户更懂用户。

三、VR 新闻

在过去几年，360°视频、沉浸式 VR 更多的只是一个概念，在家身临其境地观看足球比赛、演唱会更像是一个遥不可及的传说。随着虚拟现实技术的演进，现在我们可以在越来越多的场景中看到虚拟现实技术的出现。

先进的技术具有强大的渗透力，能够有机地嵌入不同的领域。VR 技术在新闻领域的应用，创新了 VR 新闻报道模式，受众能够自由选择观看视角和内容，沉浸式信息的获取和消费成为可能，VR 技术催生了许多优秀的报道作品，如《流离失所》《山村里的幼儿园》《人民大会堂全景巡游》《春运首日，回家的路》《“深圳垮塌事故”VR 新闻报道》《不要惊慌，没有辐射》等。

由于目前 VR 硬件设备的普及度不高，众多媒体的 VR 新闻布局选择了从适用性较强的 360°VR 新闻切入。这种报道方式利用 VR 的全景摄像技术，在提供全视角影像的同时，实现了让受众自由选择观看角度和内容的功能，增强了新闻的沉浸感、交互性。

不同于二维平面的视频新闻，虚拟现实 360°视频（360°VR 视频）是一种球面视

---

① 谭汪洋. 5G 时代视觉传播的智能化突破与发展空间[J]. 新闻记者，2019(8)：59-61.

频，它允许观看者在球心左右360°、上下180°观看视频，给予受众沉浸式观看体验。因而，360°VR新闻的叙事视角、叙事结构均发生了转变，主观视角、散点透视以及360°全景呈现的视觉特征增加了新闻的临场感，视觉引导设计的交互式信息传播增加了新闻的互动性。由于360°VR新闻的制作周期普遍较长，制作成本普遍较高，因而更加适合以展示场景为主，偏向娱乐性、休闲性的可预见性新闻。

四、资料研读：AI与新闻业①

（一）新闻编辑部自动化

通过在编辑室中使用人工智能，我们可以提高创作的效率。由于记者必须在不同的平台上为不同的受众提供服务，因此听到他们抱怨这些重复而单调的内容分发工作是很正常的，而人工智能可以帮助我们减少这类重复烦琐的工作。例如，许多媒体公司已经在使用自然语言生成（NLG）将结构化数据转换为书面故事，这种故事通常与人类作者编写的故事难以区分。《华盛顿邮报》正在使用Heliograf，中国的腾讯则开发了Dreamwriter。

其他新闻机构如Bloomberg和美联社正在使用Automated Insights旗下的Wordsmith，这是一种挖掘数据的工具，能够生成有关体育赛事结果和公司收益的新闻报道。AI生成的智能模板帮助他们以更大的规模生成这种“商品新闻”。在美联社，机器写稿使新闻数量翻了12倍。在以庞大素材为底层数据的基础上，新华社正在优化视频识别算法模型，以期实现视频新闻的自动组接。

（二）赋能记者

人们普遍担心使用人工智能会将记者的角色降级为数据库管理员，但在像美联社这样的大型新闻机构中，实际情况正好相反，人工智能可以释放记者高达20%的时间，让记者们更加专注于报道内容。

更多的例子可供参考，比如Trint、Recordly、科大讯飞等语音-文本转换工具让记者的工作变得简单，不再需要花费数小时来抄录访谈录音。像Clarifai或Vidrovr这样的公司正在使用计算机视觉来自动识别照片中的内容，对其进行标记并找到类似概念

---

① 腾讯媒体研究院.斯坦福新闻研究员：AI改变新闻业的10个方向[EB/OL].(2018-12-27)[2024-03-05].https://www.qianzhan.com/analyst/detail/329/181227-59139918.html.

的素材,从而加快图像编辑器的工作流程。

Cortico 是一个与麻省理工学院媒体实验室合作的非营利性组织。它正在建立一个系统,将被忽视的社区声音、观点和故事,带到一个更健康的公众对话的中心。尽管公民们的政治观点可能不同,但是记者可以在此基础上提炼出共同点予以报道。人工智能还可以让报道更具包容性和多样化。比如,使用机器人来监控新闻。当报道体现出过多男性观点而忽视女性时,机器人会发出警报。

以色列的 Wibbitz 公司创建了一个"text-to-video"平台,这个平台使用图像识别技术,能够创建可以自动匹配文本的视频,从而加快了粗略裁剪的速度,之后再由人类编辑加以改进。同样,这个工具正在增强而不是取代传统的视频制作,像 Newswhip 或 Graphext 等工具可以帮助我们处理社交媒体数据,查找新闻主题。路透社的 News Tracer 正在实时分析推特,并抢在其他媒体报道前发现新闻线索。

(三)创造新的调查报道形式

人工智能依靠更强大的数据分析和识别能力为新的报道形式提供动力。例如,调查记者可能需要几天、几个月或几年的时间,才能在腐败调查中筛选出数百万份文件。而有了自然语言处理(NLP),它们就可以浏览分析这些文档,从数据和文件之间的复杂关系中发现真相。人工智能有效地发挥了放大镜的作用,它可以看到人类所忽视的东西。因此,人工智能就能够把以前没有报道过的新闻真相公之于众。

人工智能本身也可以成为新报道的主题。随着算法越来越影响我们的生活,研究算法将帮助我们揭示新的真相。

记者已经在算法上发现了偏见和歧视,例如在计算汽车保险费方面,为职位空缺挑选候选人方面,甚至在对罪犯定罪方面……算法问责报道将成为调查报道的一个新的重要分支。

(四)帮助核查事实

由于社交媒体上分发的虚假信息和错误信息降低了人们对新闻的信任,人工智能可以提供一种检测和减少错误信息的解决方案。记者可以利用人工智能进行事实检查和文本、图片、视频分析。

阿根廷制造的 Chequeabot 工具会自动在新闻文本中找到可核查的证据,并将其发送到新闻编辑室。类似的自动化事实检查应用程序是 Claimbuster 和 Factmata。这家总部位于英国的初创企业在逻辑上使用了一种机器学习算法来打击假新闻。

那些想要利用 AI 来发展视频内容的人和那些想减少“假视频”数量的人之间存在一种“军备竞赛”。有前景的工具比如 Amber,Serelay 和 TruePic,可以帮助记者验证照片和视频。

(五)创造个性化的用户体验

AI 可以帮助新闻编辑室为每个用户量身定做内容,这取决于你是谁,你在哪里,或者你的心情如何。通过创建一篇文章的无限版本,AI 可以帮助新闻编辑部吸引更多的受众。

AI 还可以提高媒体与受众对话的质量。如 Quartz Bot Studio 创建的聊天机器人,允许用户发布有关新闻事件、人物或地点的问题,并会立即给他们答复。

《华尔街日报》的研发主管弗朗西斯科马科尼向我们展示了他的新闻编辑室如何使用几种有趣的人工智能工具来增加个性化的用户体验。例如,与麻省理工学院共同开发的“listening box”,用于倾听观众的意见,可以帮助记者更好地与受众保持一致。

(六)如何建立信任?

越来越多的人担心人工智能系统变得过于神秘,担心它从我们不清楚具体机制的“黑匣子”中做出的决定。要建立对人工智能的信任,至关重要的是它必须透明,并且我们能够解释它是如何做出决定的。

就像创造它们的人一样,算法容易产生偏差且可能会出错。但与人类不同,算法无须在法律上承担责任。因此,重要的是将人的责任嵌入内容价值链的所有阶段。当新闻编辑室使用人工智能时,需要设立道德委员会,以便在 AI 新闻环境中制定道德标准来完善人工智能。

(七)版权

在新闻编辑部,人工智能的兴起对版权法提出了挑战。人工智能正在学习人类创造的有表现力的作品,如文章或视频,每一种作品都有特定的版权所有者。这可能会引起新的冲突,因为人工智能可能侵犯传统媒体的版权。内容的合法性将成为一个重要的问题。

(八)记者能力培训

记者对 AI 的了解越多,就能越有效地使用它。拥抱变革将有助于我们获益。终身学习和再教育将变得比以往任何时候都更加重要。

此外,亦有必要加强新闻机构与科技行业之间的合作。亚马逊(Amazon)创始人、《华盛顿邮报》(*Washington Post*)所有者杰夫·贝佐斯(Jeff Bezos)从一开始就认识到这一点。他雇佣了数十名数据科学家,在新闻编辑部与记者并肩工作。在人工智能辅助的新闻编辑室中,协作是至关重要的,应鼓励记者多尝试并与同事分享最佳的做法,即使失败也是如此。

(九)AI 不是削减成本和工作的方法

随着人工智能被纳入新闻报道的流程,它将需要新的投资——其中不仅仅是技术,还包括人。

记者应该发挥更大的作用,把这些技能拼凑在一起,验证和增加报道的人性化。没有记者作为具有强烈新闻判断力的"守门人",人工智能注定会失败。

不幸的是,新闻机构努力应对预算削减、探索他们的商业模式,导致他们对人工智能的投资太慢了。与此同时,谷歌、Facebook、微软和苹果等科技巨头已经对人工智能初创公司进行了大规模投资,新闻机构必须尽快开始开发自己的人工智能策略。如果再晚一步,当科技巨头进一步控制信息流时,它们将被排挤在体系之外。

课后思考

1. 电视新闻与视频新闻的异同何在?
2. 从历时角度,结合技术发展,考察视频新闻形态有何演变。
3. AI 将会如何赋能视频新闻报道?有何局限?
4. 视频新闻的影像价值主要表现在哪些方面?

Chapter 2

第二章 视频新闻的选题与策划

☑ 结合学界专家的概念表述与业界记者的经验描述，深入理解并开展选题搜寻、分析、研判与挖掘实践。

☑ 结合学界专家的概念表述与业界记者的经验描述，深入理解选题策划的核心原则、技巧与方法。

☑ 学会撰写选题策划简易提案。

虽说视频新闻选题必须依据事实，但选题策划绝不是无目的、无选择的，新闻报道也不是单纯地报道事实。它的本质在于选择什么样的事实，如何报道所选择的事实，选择的背后都渗透着“把关人”的价值判断和观点表达。新闻选题的切入角度、新闻报道的讲述技巧和表达方式，都考验着报道者的立足点、思想高度与认识水平。那么视频新闻记者应该如何过滤、选择事实进行报道？它凭借的标准是什么？什么样的事实可以成为新闻？哪些新闻可以称之为好的新闻选题？

从事实到新闻，要求记者在社会生活的汪洋大海中去发现。如果记者识别新闻的能力低，有价值的事实就有被淹没的可能。俗话说“慧眼识珠”，记者需要有慧眼，需要有良好的新闻嗅觉。新闻选题的生成与记者的政治站位、思想高度、专业能力和业务水平密切相关，需要记者去搜寻、去挖掘、去策划、去决断。

第一节　选题的搜寻与分析

对于新闻记者来说，搜寻到好选题的渴望与焦虑永远相伴而行。很多记者尤其是做特稿、专题的记者，每天都在探访和搜寻选题的路上：接下来做什么选题？这个选题能不能做？“能不能做”包含了两个层面：一是什么选题值得做？二是什么选题可执行？社会情境、新闻价值、媒体的性质与定位、记者专业素养、不可抗力等因素均会影响新闻选题的生成，但现实永远为你准备好了可被发现的意外，我们应“像深水游泳一样，扎到生活第一线寻找发现新闻”[①]。

新闻线索是媒体的生命之源，谁最先掌握了有价值的新闻线索，谁就掌握了新闻采访的主动权。从某种意义上讲，媒体之间的竞争，也就是获取新闻线索与确立新闻选题的竞争。那么，新闻线索从哪里来，新闻选题如何确立呢？

一、新闻线索的找寻

搜索到有价值的事实的前提是需要找到有价值的新闻线索，即获得事实的消息来

① 叶子.电视新闻节目研究[M].北京:北京师范大学出版社,1999:93.

源。而新闻事实的消息来源往往依赖于新闻媒体单位(或新闻记者)与其他社会实体之间的关系,学者潘忠党曾把此种关系描述为“信息补偿网络”。通常情况下,“信息补偿网络”的构成具有两个特征:(1)自上而下;(2)自下而上。

“自上而下”指新闻线索多来源于政府职能单位,选题多集中在政策解读、宣传、释义方面,旨在通过新闻报道完成重大政策或信息的下达。这类新闻线索依赖于新闻媒体机构是否具备获取信息来源的准入资格,新闻媒体单位与政府职能单位之间是否存在对等关系。

信息源的开拓除了与媒体机构相关,还与记者的个人积累、新闻敏感、努力、运气、勇气等密不可分,毕竟好的新闻是用脚“走”出来的,鲜活的素材永远在路上。“自下而上”式的新闻线索多来源于新闻记者个体的搜寻、积累,具有较强的随意性,新闻报道在很大程度上取决于新闻从业人员是否在某一领域“碰巧”有“关系”,或是否“打通了关系”,而能否建立这些关系在很大程度上取决于新闻从业人员“临场发挥”的行为。比如通过各种平台寻找线索,利用各种可能的机会,无限接近新闻现场;当突发事件发生后,因为某些原因无法第一时间抵达现场时,通过网络下单闪送服务,帮忙找到最关键的当事人,无限地靠近新闻核心。

新闻信息源的开发需要通过一定的制度与管理来实现。从内部信息渠道的开拓来看,建立有效的策划机制,加强采编流程的管理非常重要。在开拓外部新闻信息源方面,建立“新闻热线”与相应的24小时记者值班制度是一种普遍采用的措施。随着视频号、抖音、快手等短视频平台的兴起,以及今日头条等强社交属性的媒体平台的广泛使用,记者可以对视频内容提供的线索进行二次挖掘。信息产业、媒介自身的发展,无数倍地扩充了媒介的新闻信息源,而如何更好地管理、利用这些新闻信息,特别是在媒体内部实现资源共享、整合开发,提升新闻信息资源的价值,还需要新闻媒体在体制与管理上做进一步改革。

总而言之,新闻线索是新闻事实的简单信息,它告诉记者发生了某件事、某种新情况,但新闻要素不全,记者往往需要凭借自己的新闻敏感就这些线索进行深入挖掘,下面我们来看两则新闻线索挖掘的经验分享。

(一)经验分享

《解放日报》记者雷册渊擅长获取新闻线索,拓展信息源,下面两则案例源于她的经验分享。第一则是关于袁隆平的报道,重点分享的是她如何在线索全无的情况下,另辟蹊径,突破障碍,最终在确保时新性的前提下,成就特稿《科学家与理发师》。第二则是关于郑州暴雨的报道，重点分享的是她如何在看似随机的视频①“偶遇”中，拾取到有价值的新闻线索，成就新媒体新闻《郑州暴雨众人砸窗救人的视频，当事人找到了！其中还有一位上海好心人》，并于当天登上了微博热搜，阅读次数达3600多万，其他媒体也纷纷转载并跟进报道。

分享1：袁隆平院士逝世

2022年5月22日上午，一则袁隆平院士逝世的消息弹出。我立刻拨打了袁老秘书辛业芸女士的电话，想向她求证。连打了几个，都没有接通。只能想办法联系其他家属、学生和袁老的工作单位、研究基地，却也一时半会儿难以突破。

等消息时，我突然想到，去年袁隆平90大寿前去街边小店理发的新闻上过微博热搜，并且十多年来他一直在那家小店理发，是不是可以找他的理发师问问情况？我通过搜索当时的新闻找到了理发店的名字，又通过大众点评和百度地图查到了理发店的地址。但是找遍全网，甚至查了工商注册信息，都找不到店里的电话。

此时又有媒体辟谣，说袁隆平逝世是假消息。我心里打鼓，那家仅一人经营的小店还开着吗？如果袁老去世消息是假，小店又关了门，那我从上海赶到长沙岂不是会扑空？灵光一闪，我拿起手机，在美团上下了个长沙的跑腿订单，并电话告诉附近接单的跑腿小哥：我没有要闪送的东西，只需要他尽快赶到理发店的地址，看看这家店是不是还在营业。

几分钟后，小哥赶到，并电话告诉我理发店门开着。我就让他走进去，把他的手机递给店里的人。说来也是好笑，通过跑腿小哥的手机，我最先联系上了袁隆平的理发师曹小平。

后来证明，当时那个电话很重要。当天下午，袁隆平逝世的消息被证实，大批媒体蜂拥而至，我们也往长沙赶。悲伤的曹小平拒绝了许多媒体的采访，而因她与我有约在先，第二天上午，在她大门紧闭的小店里，我们聊了近3个小时，也因此有了后来的那篇特稿《科学家与理发师》。

---

① 该视频内容如下：2022年7月下旬，一场罕见的特大暴雨席卷郑州，引发全国关注。7月23日上午，一条不到2分钟的视频在多个短视频平台转发：大雨中，一辆黑色SUV被困路中，就在洪水快要没过车顶、千钧一发之际，众人向汽车游去，大家爬上车顶，砸破车窗，救出祖孙三人，并用水桶将孩子成功运送到了安全地带。

分享2:郑州大雨

于是,我去搜索了中国吉林网的视频号、抖音号和快手号,找到了它最初发布的视频,并在抖音的评论中发现了一条极有价值的信息:"@青年原视频记录者[点赞]感谢你记录下这个场景。"

我立刻给@青年发去私信,请求采访。幸运的是,一个小时后,@青年回复了,还留了电话。我赶紧回拨过去。

拍视频的人叫赵朋,7月20日下午他拍下了这段视频,并私信给了他在抖音上关注的一些媒体账号,中国吉林网剪辑并发布了这段视频。赵朋还告诉我,因为他就在附近工作,所以视频中大部分救人者他都认识,而且他们当时就在一起,河南当地一家媒体的记者正在赶去采访他们的路上。

……

我让赵朋把电话递给最先跳进水里的酒店员工李坤朋和王志磊采访;又从便利店老板卢联盟处得到了被救孩子母亲的电话;采访完孩子母亲,我又得知,红头发的男子是孩子的街舞老师陈阳阳、砸开车窗受伤的是面馆老板李祥、孩子和外婆上岸后有位上海好心人一直帮助他们……作为最先找到他们的记者,采访非常顺利。2个小时不到,我已经采完了视频中绝大部分救人者和被救孩子的母亲。故事的原貌和细节都有了,于是我立刻动笔。

当天下午,《郑州暴雨众人砸窗救人的视频,当事人找到了!其中还有一位上海好心人》一稿发布。社交媒体的老师很快在@解放日报的官方微博上设置了#郑州暴雨砸窗救人当事人#的话题,登上了微博热搜,阅读次数达3600多万;其他媒体也纷纷转载并跟进报道;一些大V和公众号还从不同维度进行解读,如家庭教育、应急救援等,也推动了稿件的二次传播。

(二)线索搜寻

新闻线索的获得渠道是多种多样的。美国新闻学者麦尔文·曼切尔曾说:"消息来源是记者生命的血液。"作为一名记者,不应满足当"派工记者",而应当把生活、活动当作新闻的源泉,从中不断地获取新闻线索。

1.政府文件&政务新媒体

关注政府职能部门的官方网站、微博、公众号,在领导讲话、会议文件和有关工作简报上寻找新闻线索。政府文件、政务新媒体往往是重要信息发布的主要来源,它们发布的内容通常能折射出当下社会可能出现的或是已经出现的热点议题,信源也具有权威性和准确性,是新闻线索的重要来源。

2. 主流媒体 & 社交媒体

工作之余,浏览各大主流新闻网站,如人民网、新华网、中国新闻网等,以及备受关注的热点微博、微信公众号、视频号、抖音号等,这是记者们每天应做的功课。这种工作习惯能帮助记者搜索到大量的新闻线索,从中筛选出有新闻价值的事实进行报道。

有经验的记者善于从新闻同行中获得新闻线索,挖掘"第二落点"。一般来说,主要新闻网站、报纸、杂志,以及电视台、电台的新闻节目都可以成为丰富的资料库和信息源。

即便是偶然间滑到的小视频,有心的记者时常会从中获取新闻线索。比如:对新闻线索进行二次使用,对新闻事实进行二次挖掘。这不是对原有新闻进行简单改写,而是从新的角度对同一新闻事件进行报道。

社交媒体具有信息收集快、资源丰富、开放等特点,通过社交媒体往往可以发现最新鲜的、人们最关注的新闻事件。网络上搜集的资料,真伪很难知晓,可以尝试依据多个独立新闻源的报道来进行综合判断。所有独立新闻源的信息指向是一致的,则可以判断信源基本真实,否则需要慎重考虑,认真进行事实核查。

3. 特殊日历表

对记者来说,例如建军节、国庆节、中秋节、春节等重大节日,汶川地震十周年、改革开放 40 年、抗美援朝 70 周年、红军长征胜利 70 周年等特殊纪念日,3—4 月山火易燃、6—7 月防汛抗洪等因季节变化而易产生的自然灾害,这些都是重要的新闻源,记者可以依据自己的观察、积累、体验来制作特殊日历表。

4. 日常生活

新闻来源于生活,"记者"也是生活在太阳下的普通人。如何从生活中寻找到有价值的新闻线索十分考验记者的基本功。长兴融媒体中心总编辑王晓伟就曾提到,"我喜欢从日常生活中去搜寻选题,也就是俗称'扫街'。每天晨跑,走街串巷,通过观察总能发现有意思的选题。这些选题与当地居民日常生活息息相关,极易与受众产生共鸣"。在平时的生活中,学会做一个有心人,观察生活、体验生活、思考生活,便能从衣、食、住、行、用、娱、乐中发现源源不断的新闻线索。

5. 人脉 & 朋友圈

每个一线记者都有自己的人脉资源和朋友圈。俗话说"多个朋友多条路"。与自己所采访报道的行业和领域的人士交朋友，构建自己的“关系网”，他们会成为你的新闻报料人，为你的采访提供便利的桥梁。勤问，勤沟通，可以获得有价值的新闻线索。例如，在疫情期间，医疗单位、社区、消防、教育部门的“关系网”，都是提供新闻线索的“大户”。

6. 新闻热线 & 网友评论

在实际工作中，记者时常通过热线电话、读者来信、群众来访等渠道收集反馈信息，因此，加强媒体与受众之间的联系，便于及时了解和分析群众中存在的问题，找寻到有价值的新闻线索。

随着新科技、新技术的发展，互联网平台的不断更新，越来越多的人开始借助互联网平台发表自己的看法和建议，因而在互联网平台上观察、梳理网友评论，有利于我们准确找到时下社会热点线索，向大众传递有价值的信息。腾讯内部有个“10/100/1000机制”，产品经理要每周调研10个用户，回答100个用户有关产品的提问，去看1000条用户的评价或者帖子。这个方法不一定十分科学，但是其中的意思就是要有充足的观察与积累，才能找寻到有“网感”的新闻线索。

由此可见，新闻线索比比皆是，关键看你是否认真开掘。

（1）多数新闻线索要靠记者自己捕捉。记者要做勤奋的奔跑者，接获报料后在事发现场的跑寻或是在没有明确新闻线索时，在新闻高发区“扫街”。根据很多记者的实践，只要到了现场，记者通过自己的新闻敏感，可以找到许多好新闻的线索。

（2）建立个人信息网络，联系人可以提供许多新闻线索。联系人是极有价值的信息来源，这里包括一些通讯员，以及各种友好的关系。为此，记者应当建立属于自己的信息网络。

（3）由编辑部获得新闻线索。随时与编辑部沟通，了解编辑日志上所列示的信息十分必要。

（4）党政文件与领导人讲话也能供给新闻线索。好多文件看似平淡无奇，可细细研读之下，哪些惯常的提法变了、哪些敏感的字眼不见了、哪些零散的话语透露出了重大的信息，这都需要记者付出十二分的耐心去分析、去琢磨。

（5）从各种会议中找寻新闻线索。各种会议是新闻线索的“富矿”。记者常常会出席各种会议，时间一长，很容易产生心理疲劳，于是，开会领份简报就开溜，靠对方提供的发言稿或新闻通稿制作新闻的方式并不鲜见，但这种做法往往可能错过一些好选题，甚至可能与独家新闻擦肩而过。

（6）从消防、警局、救护中心等处获得一些灾难线索，或是把收音机调到急救服务台的波段上，在允许的范围内迅速获得信息。

（7）从其他新闻媒体上获得新闻线索。新闻工作者大都会关注同业的表现，以确认他们是否提前一步抢到新闻，以及是否错过了什么。我们可以从其他新闻媒体上寻找报道中的破绽，追踪求证新闻的真正核心；注意了解新闻与周边事物的联系与影响，追踪发掘相关联的其他新闻线索；变换角度，突出未被人们重视的新闻事实；细心揣测新闻背景，捕捉反常事态的蛛丝马迹。

二、新闻价值的判断

在搜寻选题的过程中，资深新闻记者面对各种事实，总会思考以下三个问题：（1）什么是新闻？（2）什么正在成为新闻？（3）什么即将成为新闻？在千千万万个事实面前，记者需要时刻依据“什么是新闻”的标准来考量事实；为了防止新闻漏报，需要清楚地判断“在当下的社会情境下，什么正在成为新闻”；为了获取独家新闻，需要具备前瞻性的视野与准确的预判——“什么即将成为新闻”。

上述这三个问题的核心在于：在新闻价值判断的指导下，新闻工作者衡量客观事实是否能够成为新闻的标准是什么。余家庆主编的《新闻学辞典》关于新闻价值的解释是：“新闻价值是选择和衡量新闻事实的客观标准，即事实本身所具有的足以构成新闻的特殊素质的总和。素质的级数越丰富越高，价值就越大。”新闻价值作为选择报道事实的标准，它的要素各有不同，综合考量，集各家之精华，我们认为新闻价值的要素主要有：时效性、重要性、接近性、显著性、趣味性、独家性、平衡性、公正性。一般来说，具备上述要素的议题或事实都可以纳入新闻选题策划范畴。

随着互联网崛起，媒体竞争加剧，由“传者本位”向“受众本位”转变，由“受众：请注意”过渡到现今的“请注意受众”，进入了“受众中心”时代。受众收看/收听报纸、广播、电视、网络、手机等媒体的自主选择性增强，传播主体在制作信息内容时不得不从受众的角度来考虑，从以灌输为主向以服务为主转变。“传播的竞争，实质上就是对受众注意力的竞争。”新闻价值的判断与媒体平台/机构的受众偏好有密切关系。

事实是客观的，而记者对新近发生的事实是否具有新闻价值的判断是主观的。在不同的情境下，不同的媒体组织中，不同的记者对于同一事实的新闻价值的判断会有所不同。例如，传统媒体新闻价值的判断在某种程度上更趋向于精英阶层的价值认定，随着地方媒体、商业媒体、新兴媒体的出现，新闻价值的判断标准也越来越复杂。

“人民日报客户端”和“人民日报微博”虽同属于《人民日报》，但是在选择新闻、对事实是否具备新闻价值的判断上则不完全一样。相比之下，在进行新闻价值判断时，“人民日报客户端”需要兼顾党报的价值考量，会有很多国际新闻、时政新闻出现在头版中。而“人民日报微博”会更偏向普通民众，更关注话题的互动性、社交性；编发新闻强调网感，关注是否能与受众、用户形成对话。即便是时政新闻也时常以“受众本位”来整合传播内容，打造爆款或精品，例如《军装照》《我给老兵敬个礼》《手指舞》《时光博物馆》等新闻报道作品。

在视频新闻生产的实际操作中，如何对搜寻到的事实进行新闻价值判断，记者通常会考虑以下几个方面：

（1）事实是否真实？真实的事实是新闻的生命。但在数字化时代，传统的闭合、单一的新闻生态逐步走向开放与多元，去中心化、流动性的混杂媒介系统不仅带来了丰富多元的信源和信息，也滋生并广泛传播了大量的虚假信息、错误信息，事实核查也日益成为行业规范，成为新闻报道进行质量把关的重要步骤，被纳入新闻生产的常规流程。短视频在突发新闻中的广泛使用和传播，并不会削弱传统媒体的影响力，相反，视频真假的甄别、背后故事的挖掘是公众需要的，客观、专业、无限接近事实的报道，永远是媒体最核心的竞争。

（2）事实与受众关系的紧密度。搜寻的事实如涉及衣、食、住、行，与普通民众日常生活息息相关，往往容易得到受众的关注，如医疗体制改革、二孩政策、“双减”政策、减税降费，等等；搜寻的事实如果能够准确地击中或是反映当下民众的情绪，掀起民众对过去的回忆，触动民众的情感，也容易得到受众的关注，如孟晚舟事件、南京大屠杀 80 周年、武汉疫情解封、汶川大地震 10 周年，等等。

（3）媒体自身的定位。媒体的定位在很大程度上决定了新闻报道的方向与风格，这会影响到新闻从业人员是否深扎某一领域。通常情况下，如果媒体机构的新闻从业人员不了解所在媒体的定位和客户群体特性，那么在该领域中的相关报道很难有醒目的表现。因此，新闻报道所反映出来的社会现实就受制于“媒体定位”的覆盖范围和它的疏密程度。

（4）确保政治立场是否正确。积极宣传党的政策方针是媒体的主要功能之一。在实际新闻工作中，“和谐社会”“科学发展观”“中国式现代化”等相关政治报道，通常被称为“主题式报道”或是“时政报道”。这类报道破题的关键在于寻找到与政治“主旋律”相匹配的事实，即通过与之契合的社会事实来呈现这些政治理念或是观点。

第二节　选题的研判与挖掘

媒体的基本使命是报道信息，但不是什么都报道，报道什么、怎么报道，体现了一个媒体的基本价值取向。好的新闻选题一定是遵循新闻价值规律的，越是能反映时代主题、百姓诉求的选题，其重大性和公共性（公众关切、公众利益）就越突出，也就越值得挖掘和传播。尤其是一段时期内整个国家重点关注的议题，例如"一带一路"、中国梦、"讲好中国故事"、"乡村振兴"、"中华人民共和国成立 70 周年"等重大议题自带"重要性"新闻价值，也具备深度挖掘的空间。

新闻记者应该保持对社会痛点的职业敏感，真正理解社会存在的问题，并进行客观、理性、深入的挖掘与分析。选题的价值并不总是显性的，需要记者具备对社会发展阶段和问题的洞察能力。

重大选题的新闻价值，对有着多年新闻采编经验的记者编辑来说，往往一目了然，但这样的选题有着天然的稀缺性，往往可遇不可求。更多的新闻融于看似平常的现实生活中，融于不引人注意的琐碎小事里，融于平凡人、普通事中。从看似普通的新闻事实中挖掘不普通的角度，以小见大，很重要。

有的事情很小，蕴含的意义却很大，有的内容是隐性的，经过挖掘之后变成显性的，并展示出自身独特的新闻价值。当下就有不少记者尝试从大数据入手去找寻有价值的选题，发现事物之间隐秘的关系或规律，挖掘难以识别或者不为人知的社会问题。例如：2008 年 5 月 19 日那天，谷歌搜索引擎的流量数据曲线呈一个尖尖的"V"形，最低点在 14:28 分，而这个时间点正是全国人民默哀三分钟，悼念在汶川大地震中遇难的同胞。

为了减少或者消除对客观世界的不了解、不确定，受众总希望能从媒介中获得新的情报、新的事实、新的知识，同质化、无新意的内容难以吸引受众的注意力，他们对单位时间内节目的信息强度、密度及深度的渴求加大。从大数据切入有助于挖掘异质选题，数据关系的背后潜藏着一个更大的新闻世界，大数据里不仅有数据，还有真相。例如：美国新闻聚合平台 BuzzFeed News 曾通过大数据分析，挖掘出不为人知的社会问题——"美国政府秘密监控民众"这一选题。

深入挖掘，更重要的意义在于认清事实的本质，挖掘事件所隐藏的内涵，呈现事件背后的价值。采访不深入，挖掘本质不够透彻，报道容易流于肤浅，很容易造成报道的失实,影响整体传播效果。

当今媒体业态下,新闻源头更加丰富,新闻资源共享性也随之提高,独享新闻资源变得越来越不可能。在这样一种态势下,新闻媒体间的竞争也自然地进入共享资源领域,即看谁能更多地有效利用和挖掘这些有限的共享资源,以富有创意的设计,更全面深刻地揭示新闻事件的本质,创造出新时代的"独家新闻"。

著名记者爱泼斯坦曾说,独家新闻除了指独家事实之外,更重要的是要挖掘出独特的角度、细节和表达方式。要想生产出差异化的融合新闻产品,应注重深度挖掘新闻现场的独特细节,创新表达方式,最大化发挥融合新闻的新闻价值、信息价值和社会价值。例如:习近平总书记在云南考察调研时与游客亲切交流,当时有一位女游客不经意地问:"彭麻麻呢?"习近平总书记回答道:"快过年了,过年了都在家里忙着呢。"引发众人欢笑。《独家视频|游客:"彭麻麻呢"》的信息量并不大,能够获得如此高的点击量,主要原因在于记者挖掘出具有流量价值的独特细节,这个例子充分说明,生活化是短视频新闻的底层逻辑。该视频通过习近平总书记与游客之间的对话、习近平总书记笑容的特写以及标题中"麻麻"这一网络流行用语的运用等细节,以"接地气"的表现方式来发布时政新闻,不仅满足了人民群众对国家领导人日常生活的好奇心,反映了人民群众对国家领导人及其家庭的关心、关注、关爱,也展现了国家领导人亲切、和善的一面,使新闻报道既活泼又严肃。

数字化时代到来后,众多媒体、众多平台中充斥着各种各样的信息,受众对信息选择的自主权也日益增强,且具有强烈的参与文本书写的诉求。人们的思想意识和思想观念不断发生裂变,新生事物随处可见,新闻线索到处都有,只要善于挖掘观察,潜心思考,就能搜寻到有价值的新闻线索。

第三节　选题策划特点与技巧

一、新闻选题策划的特点

"策划"这个词源自中国古代汉语中的"策画",如《后汉书·隗嚣传》中:"是以功名终申,策画复得。"这里的策画同今天的策划,基本上都是谋划、计划的意思。中国古人的策划智慧在很多重大历史事件中体现得淋漓尽致,比如"合纵连横""田忌赛马""火烧赤壁",等等。当今的企业策划、节目策划、活动策划、选题策划等,虽然指向不同,但都涉及同一思维活动——策划。

新闻“五个 W”齐全,并不能说明新闻就有“营养”了,增加报道“营养”要靠策划。选题策划有广义和狭义之分,广义上主要是指媒体机构对某一重大主题报道的整体设计规划,狭义上是指在某一单个新闻事实基础上对其进行报道策划。

选题策划是一种智力活动。在日常新闻报道过程中,一些具有重要价值的内容并不是在一开始就能够被发现的,而是在新闻报道策划的过程中逐渐被发现的。策划活动不是由一个人单独完成的,它是一个群体性的活动,往往需要将众人的智慧集中到一起,从现有新闻事实出发,发掘出更多、更加具有价值的新闻信息。记者与相关编辑在一起,对新闻事实进行报道策划,对新闻事实产生的发展方向进行预测,据此做出更加吸引人的报道,增强新闻报道的影响力。

选题策划是一种创新活动需要记者或是编辑更多地转向横向、发散、超前思维,还要恰当地运用纵向、收敛、反馈思维,推出人无我有、人有我变、人变我新的独家报道。

成功的选题策划是使新闻报道达到目标的最佳途径。在数字化背景下,选题策划能够不断提升报道质量。在现代信息技术不断发展的过程中,新闻媒体传播方式发生了重要变化,受众对于新闻的需求也更加多元化。媒体最大的竞争对手其实是受众不断变化的需求,选题策划的最终落脚点还是新闻本身,生产出“打动自己也打动受众”的内容才是王道。

选题策划需要新闻物料作为前提。做选题策划要有三个基础准备:(1)掌握有价值的新闻线索;(2)及时发现社会生活中的新矛盾、新问题、新动向、新事物、新现象,切准主流和大事脉搏;(3)构建有理论厚度的团队,用以支撑有思想有深度有品质的内容产出。

选题策划并不是空想,需要群策群力,针对有价值的事实开展全盘统筹。一个完整的选题策划流程应包括选题讨论、拟订方案、选题修正、报道设计、实施准备(力量配置、分工部署、经费保障、辅料制作等)、精心采写、编辑优化、承载平台,反馈评价。搞策划,要有丰富的想象力、创造力、执行力和耐力。好的策划,好的经验,好的题材和模式要固化下来,为持续稳定地推出精品或爆款提供参考。

理想的传播效果是传播者和接收者对事物能达成共识。选题策划活动的最终目标是助力信息传输的畅通,使内容更好地满足受众需求。

二、新闻选题策划的常规技巧

通常我们会把选题和策划进行区分,选题一般是明确我们能拍什么,当有了个很好选题的时候,就要开一个策划会,明确为什么拍和怎么拍。如果没有策划,直接去拍摄,很大概率只能完成常规报道或是基本素材的积累,难以做出精品新闻或爆款新闻。在视频新闻编辑室中,记者或编辑较为常规的策划方法如下:

(一)大编辑思想

在现实生活中并非所有的新闻报道都需要策划,真正需要进行报道策划的选题主要有三类:(1)可预知的、有重大社会影响的活动和事件性或非事件性新闻;(2)非预见、有重大社会影响的突发性事件;(3)新闻媒体自己设立的重要问题性报道、活动性报道,在没有重大新闻、突发性事件时,媒体可以为自己设立一些议题来吸引受众。

面对上述三类选题,媒体机构的选题策划要树立大编辑思想,打破单一播报新闻的思路,多角度整合新闻信息,进行新闻解读和新闻评论,同时还要进行背景报道、关联报道、组合报道等多种表达形态的设计。另外,大编辑思想还体现在抓住关键词、热点事件、新闻人物进行深度挖掘,整合多家媒体观点,拓展受众了解信息的视野。例如,海南新闻频道利用大编辑思想,抓住关键词"健康码"进行组合报道。海南"健康一码通"系统正式上线当天,海南新闻频道立刻派出记者采访报道,并配以动画短片进行科普解读,还邀请海南省大数据管理局局长董学耕做客演播室,就健康码的应用进行深入解读和详细介绍。随后集中报道了健康码在海南各地的注册推广情况,在企业、社区、商场、门诊等领域的应用情况,以及在对来琼人员管理方面发挥的重要作用等。

(二)精心布局报道周期

视频新闻选题策划要抓住重要或特殊的时间节点、关键人物、主要事件等进行预测性选题策划活动,推出与之相关的新闻报道。一是就重大节日节点开展选题策划活动,如就春节、中秋节、国庆节等进行系列视频新闻选题策划。二是就特定时间的重大新闻事件开展选题策划活动,如奥运会、两会等可预知的重大新闻事件。三是就具有一定意义的重要历史事件和历史人物纪念日开展选题策划活动,如改革开放 40 周年、抗美援朝 70 周年、建党 100 周年等,新闻工作者可提前进行周密策划,推出系列主题报道。

系列主题报道在进行总体方案设计和故事讲述时要注意节奏感以及报道的阶段性,要处理好强与弱、深与浅、浓与淡、快与慢、高与低、刚与柔、轻与重等的关系。具体而言,要把握不同信息发布的时间节点,注意软硬新闻的调节,并且熟悉话语形态在

“卖萌”与“严肃”之间的切换,其中“时度效”的把握尤为关键,需要在了解网民的内容需求和情感诉求、把握舆论场的节奏变化规律的基础上,树立全局意识、具备链接能力,更好地传递信息内容,提高新媒体平台的整体影响力。

(三)视角的“放大”与“拉近”

新媒体环境下,视频新闻选题策划往往采用放大或拉近的处理手段来提升新闻热点的持续度和关注度。“放大”主要应用于突发新闻或重大政策法规出台的相关报道中。借助这一手段可以拓宽题材的广泛性,挖掘新闻报道的深度,关注新闻事件发展的各个方面,对新闻内容进行延伸和拓展。“放大”能够全面报道新闻事件,为受众提供全方位解读。“拉近”主要应用于国际新闻或国内新闻报道中,借助这一手段可以将该类新闻事件进行区域化或本土化处理,寻找受众所关注的角度,以满足区域受众的个性化需求,以贴近性原则来提升受众对新闻的关注度。

(四)“以人为本”抓热点

视频新闻选题策划要遵循“以人为本”的原则,从人们日常生活、社会活动、经济交往中挖掘新闻资源,体现新闻报道内涵,歌颂真善美,增强社会凝聚力,弘扬社会主义核心价值观。在此基础上,选题策划要从典型新闻事件中挖掘典型人物震撼人心的细节内容,吸引受众关注,推动社会热点问题的解决。例如,自新冠疫情发生以来,许多视频新闻聚焦防疫一线的典型人物、典型事迹、典型情绪,策划创作出《摘下口罩的你,笑起来真好看》《等你回家》《武汉呼吸:一定要让他活》等众多优秀作品。

(五)细节强化小切口

梳理原始新闻现场,寻找到独特的细节或是新增的环节,提炼具有辨识性的符号或是场景。2018 年“两会”,在以往部长通道采访活动的基础上,又新增代表委员通道采访活动。孤立地看,二者是不同的采访活动。但联系起来看,同在人民大会堂,在相隔仅 100 多米的通道两端,代表委员采访与部长采访相继进行,这个独特的细节和新增的环节有什么特殊的寓意和内涵呢?“两会”前,陆小华(原新华社音视频部主任)与前方采访组切磋选题、开展策划讨论时,发现以下符号之间的联系:原有的“部长委员通道”、增设的“代表委员通道”、连接两个采访空间的“百米红地毯”,三者之间恰恰是在同一时空中民意与国策的共振,这个细节是一种中国式民主的体现,也是理解今年“两会”的一个重要切入点。随后,在此策划基础上新华社音视频部创作出《百米通

道 国策与民意共振共鸣》这篇优秀报道。除此之外，在对代表委员通道和部长通道以直播、短视频快讯等形式报道的同时，记者几次从这个角度切入、展开，挖掘、放大代表委员通道和部长通道采访活动的特殊内涵。

选题策划一般会围绕“报道客体的信息”“报道接收者的信息”“报道竞争者的信息”来解决以下四个重点问题：(1)选题报道重点与表达风格；(2)明确定位，在充分了解用户画像的基础上完成互动形态设计；(3)讨论报道主题、结构的视觉化呈现；(4)有效素材的储备与提炼。

第四节　选题决策分析

面对每时每刻都在发展和变化的客观事实，媒体着重报道什么，从什么角度展开报道，首先需要分析、判断与选择，针对选题策划进行决策分析。由于媒体报道体量、人力资源、技术设备的限制，难以对所有的新闻事实都进行策划性报道，因而客观事实的新闻价值成为选题报道排序的重要标准。

在选择新闻时，编辑对新闻价值的判断主要以新闻事实发生时间的新近性、新闻事实有助于消除受众认识的不确定性、新闻事实具有的社会影响力、新闻事实发生地与受众的距离，以及新闻事实对受众兴趣的激发力等为标准，这些标准适用于所有新闻媒体的报道选题决策。

不同新闻媒体在定位、功能和传播目标上存在差异，选题决策的侧重也会有所不同，因而同一个事实在不同媒体的报道中，其角度、频率、时机、重点时常不一致，它可能成为某一媒体的报道焦点，但在另一个媒体中却得不到充分报道。不同媒体拥有不同的受众群体，受众的需求差异对选题策划的影响，直接表现在记者、编辑对客观事实的价值判断中。在选择新闻时，记者、编辑对新闻事实“时新性”“重要性”“接近性”的鉴别，都是倾向于以自己所在的媒体受众为参考的。

的确，没有受众的传播不是有效传播，新闻报道策划要以受众的需求为依据，报道什么，如何报道，都要根据受众的需要进行选择和设计，每一家媒体都有自己特定的受众群体，策划者只有根据受众定位，才能确定选题的最佳报道方案。除此之外，在媒体所处的社会环境中，政策、社会道德观念、法律以及文化传统都会影响选题报道的方向、思路和效果目标。

正如中国人民大学蔡雯教授的研究所示：

报道客体的信息分析会影响到选题决策。在众多事实客体中,什么适宜进行策划性报道,什么适宜简单性报道,什么不宜报道,客体自身的特质是第一因素。报道策划所选择的事实,较之其他事实应该具有更大的新闻价值和社会意义,而要发现和确认这样的客体,必须将这一客体放在社会大系统中,从它与周围事物的联系中进行考察。因此,策划者不仅要了解客体本身的现状,还应对背景性信息、前景性信息和相关性信息加以收集和分析。

报道主体的信息分析会影响到选题决策。任何选题的报道都要受到主体自身条件的制约。报道主体信息主要包括人力资源信息、保障系统信息和传播符号信息。每一个报道选题都对报道者的素养和能力具有特殊要求,而且重大主题的选题策划往往对报道开展的规模、操作的复杂程度、先进的技术设备和通信手段等都有较高的要求。

报道环境信息分析会影响到选题决策。任何新闻报道都是在一定环境中进行的,环境对报道具有制约作用。政府或职能部门的政策、法规、纪律,社会伦理道德规范、文化传统的无形约束,媒体竞争中的压力都会影响视频新闻的选题决策。

报道接收者的信息分析会影响到选题决策。报道接收者即是受众,他们对报道选题是否关注,对报道内容是否有兴趣,对报道的评价如何,是衡量选题策划成功与否的一项重要的决定性因素。因此,记者、编辑在选择报道选题时,应当预先分析报道接收者的特征。

在新闻报道选题决策中,由于策划者的主观因素,容易出现一些问题。比如决策者对报道客体的价值评价与主流意识形态的标准不相符合,导致选题不当;决策者对报道客体的认识片面、肤浅,导致新闻资源的浪费;决策者对报道客体的价值期望过高,导致新闻资源开发失当等。为避免出现类似情况,选题决策者可以通过提高自身对报道客体的认识水平,积极主动而又客观冷静地把握选题策划的各种依据,使新闻传播达到传播者所期望的效果。

第五节　选题策划的核心原则

好的选题往往容易激发受众的阅读兴趣,好似与人在谈话、在讨论,受众明确的利益承诺,建立自然的联系。好的选题往往具有"有谱、有料、有识、有用、有情、有趣"这6个特点,即能提供科普性的知识,能提供有价值的、正确的独家信息,能提供有见解的新认知,能提供日常生活的服务信息,能提供情感的连接,能提供有趣的、幽默的瞬间。

要讲好新时代的中国故事，不仅需要讲述技巧，还要选择好角度、话语体系和表达方式，更考验报道者的立脚点、思想高度与认识水平。新华社音视频部原主任陆小华曾说，视频新闻选题与策划的核心原则是"价值判断、核心挖掘、情感共鸣、价值观共振"。

事实的价值判断往往与记者、编辑的立脚点、思想高度、认识水平以及想象力密切相关。记者编辑的价值判断力决定了什么样的线索和现象可能打动报道者，产生有价值的新闻故事。

核心挖掘是指记者编辑对新闻事实核心的挖掘能力，选择现有事实的特殊素质，考察其事实表象及整体认识之间的关联，为符码意义的知觉秩序与推理提供可能。它会影响后续报道以什么样的叙述逻辑、内容结构准确地构建新闻故事。

情感共鸣是指记者、编辑以什么样的逻辑与受众开展对话。它决定了这个故事在什么层面、什么深度与受众产生共鸣。在对话的基础上，用新闻报道去触碰用户槽点、泪点、痛点、爽点，感知受众情感传递，积极回应受众需求，调动受众的经验、行为及感受，让新闻接收者从共情心理层面迅速理解信息，触发价值共鸣、观念共鸣、经历共鸣、身份共鸣或审美共鸣。

价值观共振是用经验知识同构的类比方式产生集中共振。讲故事，从来都不是简单地介绍一件事是如何发生的，而是在讲述中与受众进行感情交流、价值观互动。讲好故事，应当是既有温度又有硬度的。这里的硬度，就包括其中所蕴含的能让受众体会到的思想和观点。

第六节　选题简易提案撰写

一、策划文案撰写大纲

选题策划文案的主体部分包括（但不限于）以下 8 个构件：

（一）新闻选题

新闻选题是媒体报道的主要内容，选择什么样的题材，想报道什么样的内容，取决于媒体人想达到什么样的效果，表达什么样的价值取向，这是新闻报道策划和新闻评论操作的重要前提和步骤。新闻选题是实现媒体功能的最重要的环节，通过政策解读、经验收集实现宣传功能，通过报道新动向、新问题实现环境监测功能，通过报道负面形象实现社会监督功能等。不同的媒体有自己的选题倾向和选题范围，选题的质量决定着一个媒体在公众中的影响力和可信度。选题要注意基于传播客体的新闻价值、基于受众的获知需求、基于传播主题的客观条件。选题可以在以下题材中寻找：重大题材、突发事件、节日纪念活动、网络舆情等。

（二）新闻由头

新闻由头是新闻发布的依据或契机。其作用是：交代事实的来源、出处，增强新闻的可信性、权威性，点明事件发生的时间，提高新闻的时效性与时新性。有些事实，内容虽然极为重要，但若持之无据，便容易使读者对其真实性产生怀疑；还有些事实，虽然有较大的现实意义，但因时过境迁，已失去新鲜感。在上述情况下，要使新闻能为读者所接受，便需追根溯源，推陈出新，寻找新闻由头。可以说，新闻由头的有无以及恰当与否，直接决定着事实能否成为新闻以及新闻价值的大小。寻找新闻由头总的原则是：新闻由头的事实要是新近发生的，要与所报道的事实有本质的联系，要有利于报道主体部分的展开。

（三）新闻切入点

"切入点"即"突破口"，是指新闻报道的一个适合角度或一个最佳方位。一篇新闻作品是否新颖独特，能否抓住读者的心，表现的角度，即"切入点"至关重要。"切入点"恰到好处，就能使报道新意迭出，不落俗套。它既有利于表达思想感情，也可以加大材料的容量，产生出新意来。想别人之未想，发别人之未发，在众人中一骑绝尘，给人耳目一新的感觉。

（四）新闻结构

新闻结构是新闻报道的组织构造和总体安排。它主要包括新闻素材之间内在联系的过渡与照应，以及新闻素材的取舍和详略安排等。结构设置的状况，影响着作品的表达效果。结构是表现新闻内容、突出主题的重要手段。新闻报道作品的结构根据表达内容的不同而存在差异。但结构设置又能随心所欲，它有其固有的表达规律。

（五）采访对象 & 采访大纲 & 资料梳理

采访对象：凡是记者在采访活动中向其索取信息的人，或者那些以各种方式向记者提供信息的人都可以叫采访对象。采访对象范围广泛,可分为当事人、知情人、目击者、有关人士等。记者和采访对象关系如何,衡量标准主要看信息交流的情况。

采访大纲:采访大纲是记者在采访前所草拟的任务大纲,其涵盖了采访活动的目的、采访过程的操作以及可能发生的情况。采访大纲对记者采访任务起到辅助作用。新闻报道的提纲包括采访大纲与写作提纲。

资料梳理:在采访完成后,新闻写作前,需要对所获得的碎片化的新闻素材进行梳理与整理。只有经过认真的核实、鉴别、整理和提炼加工,新闻报道才能真实、完整、典型、生动。资料梳理的方法一般包括:打标签、提取信息、核验信息内容等。

(六)拍摄场景 & 拍摄内容

拍摄场景:进行新闻报道拍摄的场地。从拍摄的角度看,新闻报道所涉及的拍摄场地可分为两大类:室内与现场。

拍摄内容:在新闻拍摄现场,记者无法像影视剧导演一样,构思完整的镜头脚本,丰富镜头变化,同时,新闻场景往往又不可重复,错过就无法弥补,因此在拍摄中,对同一拍摄对象,要在拍摄距离、角度、高度不变的情况下,拍摄不同景别的镜头,然后变换拍摄角度等参数,再拍摄不同景别的镜头,有了现场多组镜头的准备,在后期编辑时,才可以进行任意角度、景别的组合,避免因拍摄变化少,镜头无法衔接的尴尬情况发生。

(七)新闻的独特性和创新性

独特性:新闻追求“独一无二”的独特性。在新闻报道的发展历程中,“独家新闻”曾经是各新闻媒体极力追求的“目标”,随着信息技术的飞速发展和媒体之间愈演愈烈的竞争,“独家新闻”的生存空间越来越小。在新闻源相同的情况下,媒体记者可以通过自己与众不同的策划构思而创作出别具一格的报道内容和报道形式,报道内容、报道形式、新闻运作方式都可成为发掘新闻独特性的方面。

创新性:目前,媒体发展进入极其多元的时代,信息出现了严重过剩,传统媒体本身在新闻介质方面不具有优势,这就更加要求从业者加大创新力度,用特色和巧思吸引受众。新闻创新主要指:(1)时间新;(2)题材新;(3)立意新;(4)角度新;(5)表现手法新。

（八）一句话概述报道重点

不管报道什么事件，确定报道重点是很有必要的，这不仅仅是为了显示某个主题，而是要用简单、清晰、便于陈述的句子来表述报道内容的核心和灵魂。

二、重大主题报道全媒体策划案（模拟）样例

（一）选题背景

在党的二十大报告中，习近平总书记强调，从十九大到二十大，是“两个一百年”奋斗目标的历史交汇期。我们既要全面建成小康社会、实现第一个百年奋斗目标，又要乘势而上开启全面建设社会主义现代化国家新征程，向第二个百年奋斗目标进军。2021 年 5 月 31 日，习近平总书记在主持十九届中央政治局第三十次集体学习时强调，讲好中国故事，传播好中国声音，展示真实、立体、全面的中国，是加强我国国际传播能力建设的重要任务。要深刻认识新形势下加强和改进国际传播工作的重要性和必要性，下大气力加强国际传播能力建设，形成同我国综合国力和国际地位相匹配的国际话语权，为我国改革发展稳定营造有利外部舆论环境，为推动构建人类命运共同体作出积极贡献。

（二）报道类型及形式

本次系列报道策划将围绕“中国故事”“二十大”两个关键词展开，通过图文、短视频、交互视频、互动游戏等多种形式来进行多种媒介形态的融合式报道。在报道时，我们遵循“大报道”与“小报道”相结合的原则，既有从国家政策及发展变化出发的宏观层面的报道，也有从个体角度出发的“小切口”的微观层面的报道。

本次的报道共 20 篇，分为四个系列，分别是祖国发展变化系列报道、讲好中国故事系列报道、党代表人物系列报道、乡村振兴系列报道，并辅以一些新闻互动游戏。策划组将上述报道按照预热阶段、主推阶段、收尾阶段这三个阶段分别进行推送，力求将每个新闻作品的传播效果最大化。

1. 祖国发展变化系列报道

（1）2022 穿梭 1921 丨坐上历史时光机，一起探索时代新变化（10 组）

（2）守护绿色家园——生态聊天室（9 组）

(3)喜迎二十大·共话家乡这十年(8组)

(4)“我眼中的二十大”(7组)

(5)数读二十大报告系列图文(10组)

(6)我的二十大报告关键词(1组)

(7)图说二十大(1组)

(8)×××秒看完我们的二十大报道(1组)

2. 讲好中国故事系列报道

(1)青年爱学习第20期,这些党章小知识,你知道吗?(5组)

(2)检察官笔记(6组)

(3)二十大如何改变我们的一天?(12组)

3. 党代表人物系列报道

(1)二十大党代表选举游戏(标题未定)(11组)

(2)你被谁代表了?2296名党代表身份信息统计(7组)

(3)二十大代表中的“她力量”(12组)

4. 乡村振兴系列报道

(1)我在家乡挺好的(11组)

(2)陕西贫困户调研策划(3组)

(3)幸福村的春天(幸福村的解惑群)(2组)

(4)田野上的繁荣——“小屏”里有大变化(9组)

5. 新闻互动游戏

(1)我是“二十大”播音员(4组)

(2)×××(媒体名称)喊你来抽“二十大盲盒”啦(4组)

(三)报道时间线及内容

1. 预热阶段(9.26-10.8)

在预热阶段,我们将宣传的重点放在对党代表前期提案的形成、党代表选举以及产生的过程,国家近十几年来在经济、民生、生态环境等方面的发展与变化上。一方面,我们希望这样的宣传策略能够增进民众对于党代表选举过程的了解;另一方面希望让普通民众切实地看到国家近些年在各个领域的显著性进步,以此增强民众对于党

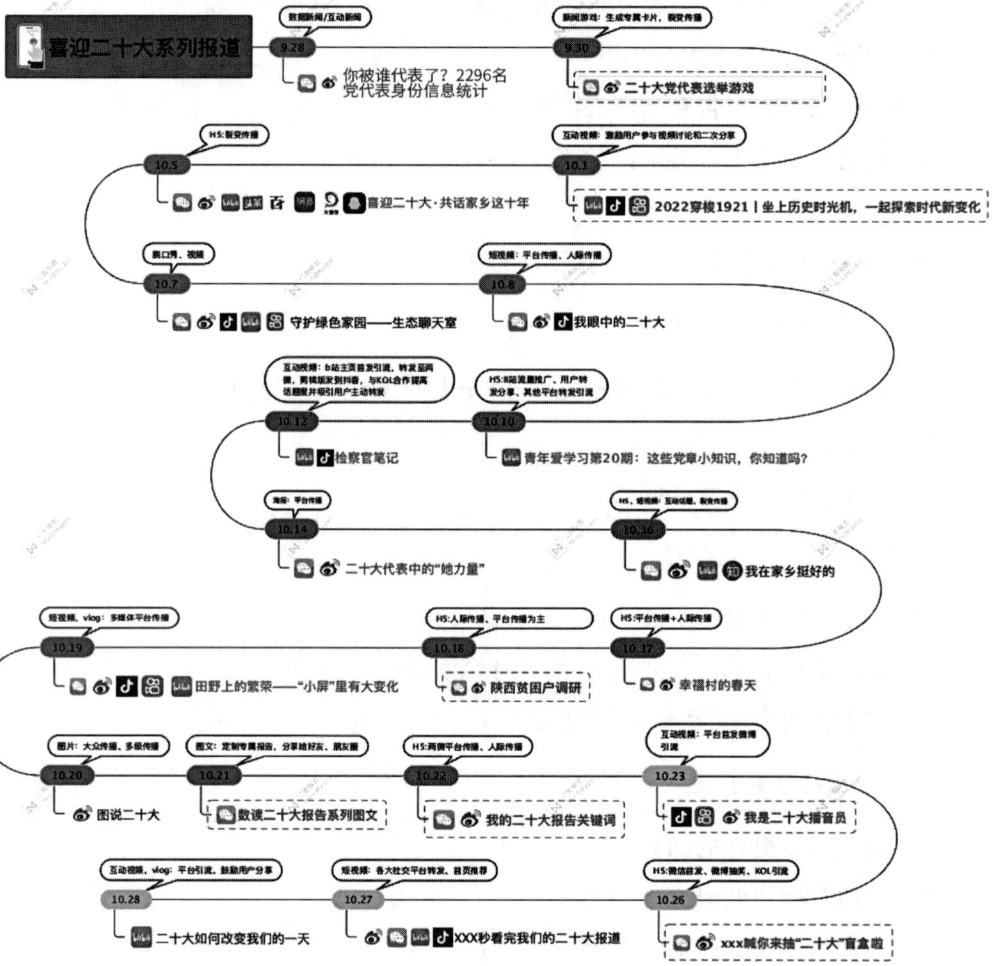

图 2-1　＊深灰色为重点选题，浅灰色为精品选题，白底黑字为日常选题

的一系列主张的认同感，同时为我们下一个阶段的宣传进行铺垫，努力为党的二十大胜利召开营造出有利的思想和舆论环境。

本阶段的重点选题有二十大党代表选举游戏、时光穿梭机，精品选题有“你被谁代表了？2296名党代表身份信息统计”“喜迎二十大·共话家乡这十年”，其余为日常选题。在预热阶段，我们主要借助微信公众号、微博等社交平台进行传播，并通过平台引流、人际传播等途径进行裂变传播。

(1)你被谁代表了？2296名党代表身份信息统计(7组)

①选题简介

党代表代表人民的利益和意志，依照宪法和法律规定的各项职权，听取和反映人民群众的意见和要求，他们的共同讨论将影响国家发展的建议或议案。因此，党代表与我们的生活紧密相关。基于这样的制度因素以及普通民众的现实需求,我们将聚焦于今年二十大的这 2296 名党代表,分析他们的人员组成以及身份信息,为民众答疑解惑。

②报道形式:发布于微信公众号平台,以数据新闻、互动游戏形式为主,以图文、短视频为辅

③分工(暂定,后期会调整)

责任人:宋伯雄

素材搜集:宋伯雄、亢北望、姚毓林

资料整理:亢北望、姚毓林、宋伯雄

数据新闻制作:柳宇成、刘竹林、宋伯雄

(2)二十大党代表选举游戏(11 组)

①选题简介

对党代表的产生标准及过程进行软科普。通过游戏互动情节展现一名全国党代表的产生过程。用户进入游戏界面,依次选择政治面貌、性别、民族和地区等信息,在每个选项下设置分支科普情节,如选择不同政治面貌,则对应不同的制度科普。然后进入一个逐级成为全国党代表的过程。在全部科普完毕后,游戏为正式党员生成专属 ID 卡片。另外为非正式党员用户生成“你的专属二十大明信片”。

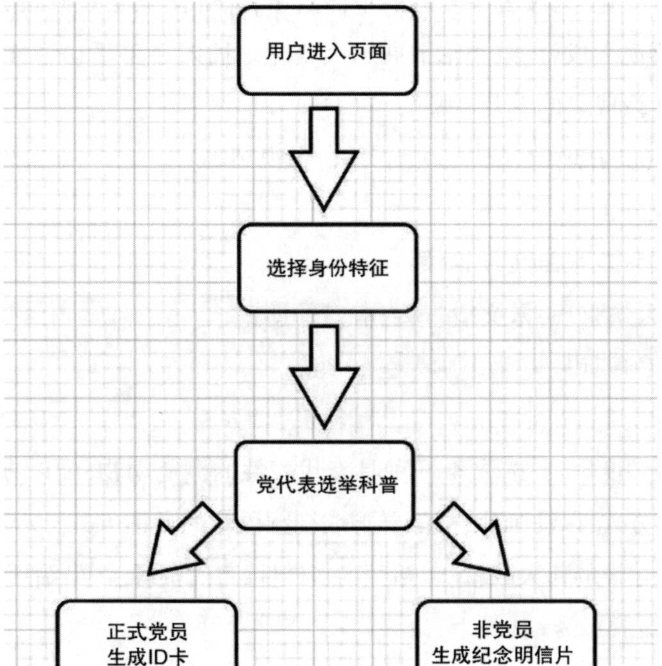

图 2-2　党代表选举游戏

②形式:角色扮演式新闻游戏

(3)2022 穿梭 1921 丨坐上历史时光机,一起探索时代新变化(10 组)

①选题简介

对比过去与现在,在历史的纵深感中诠释新时代奋斗的意义。邀请用户搭载时光机,去到自己好奇的历史事件中重温历史名场面,并与当下的同主题事件场景形成对照,以此感受时代和社会的发展变迁。这个选题期望在沉浸式的场景转换中,让用户见证国家的发展活力。

②形式:互动视频

开头展示中共一大和二十大召开的对比场面,而后有五个按钮即五个主题供用户穿梭至相应场景,分为阅兵篇、奥运篇、科技篇、脱贫篇和环保篇。

(4)"喜迎二十大·共话家乡这十年"(8 组)

①选题简介

"喜迎二十大·共话家乡这十年"是在"中国这十年"(中宣部为迎接党的二十大胜利召开举行的系列主题新闻发布活动)基础上进行的深度挖掘。党的十八大以来,2012-2022 十年间中国社会飞速发展,人民生活日新月异。通过采访各地同学(小切口可选择采访港澳台同学,结合"粤港澳大湾区建设"这一政策背景进行展现),挖掘十年前后的家乡变化,以及发展背后的个体故事,探寻国家宏观政策如何惠及具体个人。以小故事诉说大成就,以小细节展示大变化。插入一手采访音频,搭配发展政策的文字说明和建设成果的图片、视频。

②形式:H5(交互地图、长图、快闪、采访音视频等)

③责任人及分工

技术设计、制作:张钰钰、冯绮婷

资料收集、采访整理:朱文清、黄艺南、贾司瑒

(5)守护绿色家园——生态聊天室(9 组)

①选题简介

从生态建设角度出发,选取 4-6 种具有代表性的濒危动物,配以方言,以幽默诙谐的脱口秀的表达方式,以动画片、微信群聊或视频语音的通话方式,以动物为第一视角,总结近年来生态建设的伟大成就(包括生物多样性、自然资源、污染治理等方面)。

②报道形式:脱口秀+视频

③报道平台:媒体官方网站及公众号、微博、抖音、快手、B 站等。

(6)“我眼中的二十大”(7组)

①选题简介

该报道计划以街头采访的形式进行,邀请来自不同行业、不同年龄段以及不同国家的受访者用简短的几句话来讲述自己眼中的二十大,并谈一谈二十大与自己日常生活的关系,我们意在从多元化的普通民众视角入手对二十大进行观察与探究。

②报道形式:以短视频为主

③分工(暂定,后期会调整)

责任人:宋伯雄

采访:宋伯雄、柳宇成

拍摄:亢北望、姚毓林、宋伯雄

剪辑:刘竹林、柳宇成、宋伯雄

2. 主推阶段(10.10—10.23)

在主推阶段,我们宣传的主要内容是与二十大有关的中国故事以及乡村振兴战略和精准扶贫政策提出以来农村经济改革的成效这两大方面。一方面,我们选取多个主体视角来讲述中国故事,比如党章守护者、杰出的女性党代表、来自五湖四海的青年,通过他们切身的经历来讲述自己与二十大的故事,能够增强民众的认同感并且增强议程设置的能力。另一方面,农民以第一视角来讲述自己脱贫攻坚的历程,也能够加强节目与受众的情感联结。与此同时,在这一阶段我们希望能够精准捕捉受众的喜好,满足他们对于视觉消费和快感的需求,力图做出爆款的新闻产品,因此加入了大量的年轻化的新闻互动游戏,通过H5交互视频等形式,增强用户的参与感与体验感,以期从视觉上为他们带来良好的体验。

本阶段的重点选题有“陕西贫困户调研策划”“数读二十大报告系列图文”“我的二十大报告关键词”等,精品选题有“青年爱学习第20期:这些党章小知识,你知道吗?”“检察官笔记”“二十大代表中的‘她力量’”“幸福村的春天”“田野上的繁荣——‘小屏’里有大变化”,其余为日常选题。我们计划在两微一端等平台的传播基础上,加入抖音、快手等社交平台的传播路径,增强报道的传播力。

(1)青年爱学习第20期:这些党章小知识,你知道吗?(5组)

①报道简介

本报道以张人亚用生命守护中国共产党首部党章的事迹为例,讲述与党章有关的鲜活人物故事。报道兼顾用户知识收获和趣味体验,让参与者在H5中自由选择张人亚事迹中的关键人物，以其第一视角经历和"推动"事件发展，并在结束时获得"第××位党章守护人/党章守护故事见证者"电子证书，此设计意在鼓励用户传播分享。

②报道形式

交互 H5：含图文、音视频、可视图表、交互元素

③报道责任人及分工

责任人：刘修伟

资料汇集、创意策划：全体

文稿、广播剧文案：肖雅雯、王万航、刘修伟、张千昱

交互图表：陈静文、赵冰洁

图像拍摄、编辑：陈静文（暂定于中国共产党历史展览馆拍摄）

动图/视频拍摄、采访：王万航、刘修伟、肖雅雯（暂定中国共产党历史展览馆拍摄）

动图合成/微视频剪辑：罗雅妮（剪辑）、陈静文（动图合成）

广播剧音频录制：罗雅妮

H5 制作：王万航、赵冰洁、刘修伟

（2）检察官笔记（6 组）

①选题介绍

以"全国模范检察官"蒋春尧的英雄事迹作为原型，通过资料收集、采访、改编地方党员帮助群众的日常小故事，以互动视频的形式再现党代表的工作情景。通过群众和党代表两个视角分别展开故事线，着重表现党代表与群众的心理活动，实现拉近受众与党员代表距离的效果。视频素材主要来自现场采访、素材拼贴与小组制作。

②形式及发布平台

互动视频拟发布于 Bilibili 弹幕网；主标题为《快来体验！全国模范是怎样炼成的》；以"检察官笔记"作为封面主要文字。

③传播途径

以 Bilibili 主页引流为主，在 Bilibili 发布的同时转发至两微；剪辑游戏短视频发布至抖音。吸引用户主动转发，同时可与 KOL 合作，提高话题度。

（3）二十大代表中的"她力量"（12 组）

①选题简介

为二十大中的典型女性党员代表制作人物海报，用户可通过扫描海报上的二维码，查看该代表的履历、故事，以及在大会期间的建言献策等。内容以多种形式呈现，

包括文字、视频、音频等。通过整合相关信息，用人物故事串联大会精神，展现新时代的女性力量。

②报道形式：通过扫描海报二维码，跳转到相应的人物报道界面。

③责任人及分工

平面设计：汤一凡、张思诺

文案 & 内容：胡耀丹、田煦煦、甘思一

（4）我在家乡挺好的（11 组）

①选题简介

用户以“参与/建设者”的身份进入互动 H5，选择不同的身份角色（村长/水泥匠/村医/……），形成身份的专属形象，然后根据 H5 所设置的不同故事情节，以动画或者手绘形式呈现农村风貌（在长幅画卷中呈现乡村道路的卡通形态），结合乡村振兴战略的细化政策，对未经过建设的乡村形态进行不同的情节设置，然后展示政策实行后的样态。

②报道形式：以互动 H5 短视频为主要载体的融合新闻

（5）幸福村的春天（幸福村的解惑群）（2 组）

①报道简介

选题聚焦农民土地流转问题，采用 H5 交互界面形式，以幸福村村支部书记创建微信群聊为村民答疑解惑的场景作为切口，生动反映党的十八大以来土地流转政策是如何进一步普民惠民的，体现了党全心全意为人民服务的初心。

②报道形式：H5

③责任人及分工

音视频收集：王佳琪

H5 界面制作：徐忆忻

数据收集：王小璐、王歆宁、娜仁

（6）陕西贫困户调研策划（3 组）

①选题简介

以陕西省城固县双溪镇西工河村建档立卡户中的五保户郑益明扶贫后的生活改善情况为线索，深入探访五保户自扶贫工作开展以来生活的变化。该选题将以贫困户的档案为第一视角，讲述 2016 年国家实施精准扶贫政策以后，五保户在住房、教育、健康方面五年间的变化，突出在二十大召开之际，农民脱贫过上好生活的主题。

②报道形式：深度报道/远程采访/H5 动画

(7)田野上的繁荣——“小屏”里有大变化(9组)

①选题简介

从乡村振兴及脱贫攻坚角度出发,进行系列短视频报道。选取具有代表性的省份乡村(例如云南、贵州等地)的农民,以农民为第一视角,采取自拍或者vlog的形式,以最质朴的镜头和最接地气的语言,让受众感受乡村振兴及脱贫攻坚战略政策下农村发生的翻天覆地的变化,讲述农民借助自媒体的形式将更好的农产品推广到全国的故事。

②报道形式:系列短视频+vlog

报道平台:媒体官方网站及公众号、微博、抖音、快手、B站等。

参考链接:https://v. douyin. com/6gXsNSc/

(8)图说二十大(1组)

①选题简介

以长图形式形成9张关于二十大的报道。9张图片围绕同一个主题/关键词展开,每张图片的内容都是关于该主题下的一个分支话题(可包含朋友圈截图式展示各代表的个人事迹/精彩提案/社会十年变化/二十大关键词阐释等)。长图内容以文字、数字、图片等元素呈现。每张长图的开头部分都进行特别设计,使9张图的缩略视图可完整拼成一张图。点开具体图片后会呈现各自不同的内容。二十大的关键词是“新”,9张图每张解说一个关于“新”的话题。例如第一张图讲“新思想”,第二张图讲“新格局”,第三张图讲“新发展”……以此类推,用9张关于“新”这一关键词的图,概括二十大的主题内容和思想。

②报道形式:图片系列报道

(9)数读二十大报告系列图文(10组)

①选题简介

喜迎二十大,数据看变化,用一组组数据展示卓越成就。

分领域:数说金融、数说民生、数说环境……

分系列:数说之一、之二、之三……

分主题:数说政策、数说法治概念、数说关键词

特殊类:××次掌声、××次×字、××个新概念、被@了多少次……

②形式:长图文报告;单击页面可分享数据海报,共同见证祖国发展新征程。还配有背景音乐。

(10)我的二十大报告关键词(1组)

①选题简介

用户点击首页“获取二十大报告关键词”,会被随机分配到一个关键词,用户可以看到这个关键词的出处以及具体语句,还有对应的音频。长按可换词,也可生成分享海报。

②报道形式:H5

3. 收尾阶段(10.24-10.28)

在收尾阶段,我们主要以图文、视频等形式进行报道,注重对二十大会议期间所提出的各项议案进行总结与归纳,并以第一人称的视角来观察二十大对我们日常生活的影响。在这一阶段,我们坚决把牢导向,持续强化阵地管理,有效防范各类风险,大力营造出积极向上、平稳有序的社会思想舆论环境。同时,加强对报道的审核工作,遵循“三审三校”原则,把好政治关、事实关、语文差错关等,努力做好二十大会后宣传的收尾工作。

本阶段的重点选题有“我是‘二十大’播音员”“×××(媒体名称)喊你来抽‘二十大盲盒’啦”,其余为日常选题。我们计划通过新闻游戏这种作品形式增强受众的参与感与体验感,通过两微一端、抖音、快手等短视频平台的多路径传播形成全媒体传播矩阵,增强作品的影响力。

(1)我是“二十大”播音员(4组)

①选题简介

会议期间,在抖音、快手、微博等平台以话题、滤镜、红色bgm的配套形式发起“我是‘二十大’播音员”的互动视频,视频滤镜会将参与者的脸放入电视新闻主持人形象中。参与者能选取几段二十大报告精华部分,自行选择段落朗读,所选段落将以字幕形式展示。同时邀请一些流量明星和微博大V参与,通过粉丝效应助推热度。

②形式:互动视频

③分工:合作外联、报告精选、文案编辑、特效制作

(2)×××(媒体名称)喊你来抽“二十大盲盒”啦(4组)

①选题简介

将二十大报告内容分成政治、经济、民生、科技、生态、教育、防疫等板块,每一个板块都可以抽出三种盲盒,其中一个为隐藏款。抽出来的东西可能是明信片,明信片上可能有相应板块,如这五年取得的成就图,也可能是代表人物的寄语语音或者视频介绍。抽到隐藏款的还可以带话题发微博,参与抽奖,赢得实物。

②形式:H5

③分工:前期商量每个板块的具体内容,中期克服技术制作问题,后期注重文案宣发

(3)×××秒看完我们的二十大报道(1组)

①选题简介

以视频形式系统梳理各个小组关于二十大的报道,总结对于二十大我们关注的内容、报道的形式、成果分发的平台以及取得的成就,全方位展示各小组成果。

②选题形式:短视频

(4)二十大如何改变我们的一天?(12组)

①选题简介

采用第一视角展现普通人生活的一天,对比十年前后人们生活的改变,从而反映十八大以来国家发展给我们日常生活带来的改变(例如环境治理、生活保障、医疗健康、教育理念、智慧出行等)。通过糅合情景化、故事化、情感化的表达,增强受众的贴近感,串联起神州大地更新更美的画卷,展现祖国十年来的发展变化。

②报道形式:视频 vlog 或 B 站互动游戏视频

③责任人及分工

拍摄:甘思一

剪辑 & 后期:张思诺、甘思一

脚本:汤一凡、胡耀丹、田煦煦

课后思考

1. 结合选题策划,谈谈你对“信息补偿网络”的理解。
2. 结合具体操作情境,思考新闻选题线索搜寻、内容挖掘的技巧。
3. 结合不同媒体平台的新闻编辑部,考察新闻选题策划的操作标准。
4. 谈谈你对“什么是好的新闻选题”的理解。
5. 谈谈你对新闻选题策划本质的认识。

Chapter 3

第三章
视频新闻主体构件

- ☑ 注意视频新闻的图像构件的基础与操作步骤
- ☑ 了解视频新闻的声音构件的摄录特性
- ☑ 了解视频新闻的字幕构件的运用
- ☑ 了解视频新闻的特效构件的运用
- ☑ 综合使用视频新闻的主体构件，进行视频新闻拍摄视频新闻的第一个组成部分首先是视觉形象。没有视觉形象,视频就变成了音频。视觉形象中隐含的内容,如同运动与时间的关系,它们在情绪上是相关联的。视频并不是作为一张静止的照片而存在,也不是一系列不相关的场景,它表达信息的上下文关系和意义也不是各自独立的。视频和音乐很相似,它的意义会伴随着节奏和情绪逐渐明确。一个单独的场景被放置在其他场景之后,它才能呈现出更广的含义,正如一个音符是没有任何实质含义的。

视频新闻的第二个组成部分是声音,声音可以通过其自身特有的方式达到与视觉形象一样强的表现能力。没有语言,仅添加一些浪漫的音乐旋律,某种情绪就能够被更好地传递出来。例如:一组高大建筑物的镜头,配上中央公园马车的音响,便可表明这是纽约城,如果再增加愤怒人群的声音,效果则更加具有戏剧性。同样,用春节拜年的声音配上在冰天雪地中守护边疆的战士,视听语言反差互译凸显"战士"的坚韧。

视频新闻的第三个组成部分是编辑过程。在一个世纪以前,俄罗斯的电影导演普多夫金将运动画面编辑界定为:"思想的强制,意图的引导和观众的想象。"尽管普多夫金这句话是对电影编辑的描述,但同样可以用于描述视频新闻叙事。

视频新闻的第四个组成部分是写作,它可以指引受众清楚知晓视频新闻报道的内容,或营造和展示一种气氛。语言的基本任务是描述摄像机没有捕捉到的东西,否则这些信息就无法被传达出来。语言阐述、强调并提供基调和情绪,虽然语言拥有如此强大的能力,但对于视频新闻来说,单纯使用语言还是会显得力不从心。只有当叙事者把所有视频写作手段结合在一起时,视频新闻才能实现其报道潜力。

在视频新闻中,记者往往需要写文字稿。记者不是简单地搜集新闻事实和在键盘上打字,摄影师也不仅是单纯地拍摄,编辑也不是只负责画面的剪辑。记者、摄影师和编辑在叙事上要充分合作,发挥同样重要的作用来打动受众。记者、摄影师和编辑都需要充分理解各自技术的相互关系,并在工作中理解对方,学会从对方的角度考虑问题。只有做到了这些,视频新闻的巨大潜力才能发挥出来。

第一节 视频新闻报道之图像构件

最有效的图像报道是声画匹配地传播给观众一种体验感。如果要展示某些正在发生的事件,那么通过摄像机近距离地动态拍摄,就可以较为完整地展示目击者和经历者所经历的事件。报道重点对于图像报道来说是至关重要的,脚本编写者所写的解说词也同样重要。在新闻中,陈述的重点是总结报道的陈述语,它会有助于抓住重点。每个报道都需要一个开端、发展、结局。更需要注意的是,画面里拥有有趣动作、神态、语言的主体往往能给受众以震撼力。

一、以画面为基础

视频新闻不仅应该告诉受众新闻现场发生了什么,而且还要给受众传递一种身临其境的现场感。视频新闻是以画面为基础的。在报道过程中,记者要确定图像、声音、报道技术所扮演的角色。

首先要对画面进行编写。这要求记者应该先想到脚本的左侧(即视频中相关内容所需的画面),然后再考虑报道中应该出现的话语。如果在现场,记者就得先寻找可以讲述报道的画面,寻找现场音响来增强报道的冲击力、感染力和意义,用词语来解释画面不能解释的部分。而在日常操作中,记者经常不用从现场采集的画面向观众展示所发生的事件,而习惯用画面来解释他们早就写好的脚本,然后再把可用的视频画面粘贴起来。

通过成千上万次的扫视,人类不断用眼睛把这个世界分割开来。从景别到声音,总是在不停地选择着。而后,用一些真实的片段来进行重组,用思想的眼睛来理解这个广大的世界。实际上,这个过程与视频新闻报道相似:作为记者,我们首先把世界分割成不同的片段,而后再从这些片段中组接一些画面,进而理解这个更为广阔的世界。视频新闻报道的功能不只是简单告诉受众发生了什么事情,成为事实的传播载体之一,还可以通过摄像机、编辑机来筛选让公众看到哪些内容,把生活中一些真实的片段在意识形态所确定的某一主题贯穿下组接起来,创造出对世界真实的新的认识。

如果想让受众从新闻报道中准确了解事件,那么当拍摄和编辑画面时,视频新闻必须遵循同样的步骤:带有动作的连续画面展示了处于现场的人们应该会做出的动作。在现实生活中,事件是按照时间以及逻辑顺序来进行的:当我们走到电话亭时,发现姓名地址录丢失了。我们从钱包中掏出一些零钱,数出足够的钱来打电话。当我们在拨朋友的电话时,我们会看着按键。我们会靠着或面对着电话亭的墙,然后看着路过的人。我们会注意他们的表情、他们的鞋子、他们怎样走路以及他们拿着什么。当他们走过时我们会看公交车和小轿车。我们会注意车牌号、司机和车的形状,甚至是排气管排出的烟雾。如果我们要单个地看这些我们眼中所看到的景物,那么我们就要按顺序这样做——远景、中景、特写:

观看电话亭(远景)

寻找姓名地址录(中景)

看手中的一把零钱(中景或特写)

按键(特写)

观看人们(远景、中景,还可用特写)

驶过的公交车和小轿车(远景、中景,还可用特写)

如果我们用摄影机拍摄了同样的镜头,而不是用眼睛,那么按照顺序我们就可以编辑出这个场景,就像我们自己眼睛所看到的那样。顺序会有助于创造一种强烈的真实感。

如果要按照预先写好的脚本来编辑画面,那么就很难出现这种连续的分镜头画面,因为记者会按照预先写好的脚本的顺序来编辑画面。尽管视频不能传播世界上的味觉和触觉,但是优秀的解说词至少会提到新闻环境中的那些特质(如味觉、触觉),并且会进一步增强观众对各种不同经历的认识。

二、图像报道必须清晰

为了把视频新闻清晰地报道给受众,确定报道重点是很有必要的。确定报道重点不仅可以让记者明晰报道对象,而且可以让记者确定报道要点和兴趣点。一篇新闻报道的内容可被划分为重点与次重点,报道的重点内容决定了这篇报道的核心。不同的报道视角和报道观点将会决定不同的报道重点。我们可从三个方面去比较报道的侧重点:体裁特征、报道内容以及立场态度。首先,非连续性文本的材料,有通讯、时评、消息、调查、综述、访谈,等等。不同的体裁,特征不同,写法各异,报道的重点与视角也不尽相同。其次,新闻报道的重点与文本的内容密切相关,不同的材料呈现出不同的视角，表现出不同的观点。选题侧重点会对报道的效果产生重要影响。最后，看记者是站在怎样的立场上，有怎样的观点态度。立场不同，观点不同，采访的对象不同，报道的目的不同，重点也可能不同。尽管报道重点是与大众息息相关的重点政策、热点事件，但是它还会受到外界环境的影响，例如主流价值、政策法规、舆论反馈、经济市场等。

（一）重点找寻

用简单、清晰、便于陈述的句子来表述报道内容的核心和灵魂，有助于我们确定报道内容的重点。如果不能在一张 3cm×5cm 的卡片上用一句话来清楚表述你的报道，那就意味着你还没有完全了解这个事件。如果记者自己都不清楚整个事件，则很难把事件报道给其他受众。

尝试用一句完整的话来陈述报道的事件，有助于我们确定报道事件的核心。如“农业经济会影响整个中国”“×××是一位旨在为中国大气污染找到病因的农村娃”，只有在记者清晰了解了整个报道事件之后，才能把报道传播给其他受众。这个想法听起来简单，但却总是被忽略。

要想制作令人难忘的视频新闻报道，记者就要习惯研究新闻事件，并在此基础上确定报道的核心。例如教育新政策明文规定：如果教师有虐待未成年儿童的嫌疑，必须在二十四小时内向警察通报。针对这个新政策，如果你的报道重点是“学校对虐待儿童的教师采取了强硬措施”，那么你就已经为这个报道制定了一个特别的报道方向。如果你的报道重点是“受虐儿童在公立学校有了一个新朋友”，那么报道可能会集中在保护孩子的教师身上，而不是把报道聚焦在尖锐观点或言论上，如说要把虐待儿童的人抓起来，送进监狱。

在日常工作中，记者要时常挑战这种想法：“我是传声筒，我的工作只是告诉受众‘发生了什么’。”这类报道往往与街头公告差不多，受众只是随意浏览一下，而后很快将其遗忘。

（二）现场复核

即便是在面对无法预知的新闻事件，而且要在极短时间内完成报道时，记者也需要在新闻现场去找寻或是复核报道重点。例如：你在市区中心收到发生火灾的讯息，你会立刻跳进车里，飞速赶到现场。而此时，你或许不知道事件的发展状况，是否有人受伤或究竟是什么导致这场火灾的产生。你用大量的时间来拍摄正在往外喷的烟雾，正在倒塌的墙,而且当人被救出来后,你还有可能捕捉到一两个戏剧化的镜头。但是不管你是摄影师还是记者,如果你没有问你自己“这篇报道的重点是什么”,就离开现场了,那么你就犯了一个不可原谅的专业错误。

有时,在进入现场之前,记者就确定好报道重点了,但是,到达现场后,通过采访目击者和当事人,挖掘到新的信息后,你可能会发现,实际情况违背了之前最有根据的推断——“这是一场大火灾”。或者你可能会决定报道重点是“严密的安全系统可能会阻止这场火灾,”或者当你目睹事件发展的整个过程后,你会决定更改报道重点(一名消防员被困在大商场里面并且援救行动失败)。如果新闻事实的信息有变化,那么你就应该做好更改报道重点的准备。如果记者或是摄影师试图把预先准备好的报道重点强加在这篇报道之上,那么任何报道可能都会遭殃。

(三)视觉展示

只有研究了新闻事件,并确定了报道核心,记者和摄影师才能从视觉上向受众展示这个报道重点。如果不考虑解说词,那么制作图像报道的过程是比较简单的,你可以先在脑中思考总结一下该如何拍摄这个报道,然后再进行拍摄。报道重点不同,拍摄的画面、场景、人物均会有所不同。

不管什么时候进行现场新闻报道,首先我们必须立刻拍摄能够代表这个新闻事件的镜头,在某些东西完全消失之前将其拍摄下来。其次拍摄你的工作职责要求你必须拍摄的东西,然后再转回去问自己“这儿真正应该报道的是什么”?你可能想向消防救援人员或房客或业主或在场的任何人发问。

如果主题是火灾,那么你就可以把报道核心设为“这是一场大火灾”。随后你拍摄的画面则需围绕火灾现场忽明忽暗的火焰、处在烟雾缭绕中的楼宇或者森林、捂着鼻子四散逃开的民众等来进行,记录下火灾的现场特征;如果你的报道核心是“灭火花费了很长时间,火灭后,又出现了非常恐怖的场景”,随后你拍摄画面自然要围绕消防车、消防救援人员灭火的行为与活动,以及大火烧毁的场地或物件来进行;如果你的报道核心是“这场火灾考验了消防救援人员职业能力”,随后出现的画面应能反映消防救援人员依据火灾现场情况指挥灭火,消防救援人员忍耐灼热、冰冷,消防救援人员深入火灾现场、民众撤出火灾现场的相反行动轨迹等情况。通过画面的拍摄,从视觉上展示所报道事件是真实的。

在选择怎样讲述图像报道时,应该用一种更令人印象深刻的方式来向受众展示讯息,而不是仅仅通过权威的声音来展示,试着用与事件相关的中心人物之口来讲述所报道的事件,并尝试把这些人物的神态、动作拍摄下来。然而,记者们习惯站在权威人士的角度来讲述事件,解释普通民众的行为,似乎这样做更具有说服力。有时我们的报道会需要权威人士,但是也必须含有普通大众。例如社会学家可以直接解释:"住在孤岛上的人,邻里之间比较陌生。"还可以让记者询问孤岛上一户人家一个简单的问题"你是否知道隔壁邻居的姓名?"那时她会耸耸肩膀,犹豫半天,然后不好意思地说:"我不知道。"从视觉角度来说,提供情景的报道设计会更有趣,还原日常生活的报道讯息会更为真实,令人难忘的图像、对话、情节都会成为吸引受众的惊奇点。

(四)要点佐证

视频记者的最大职责是用图像进行报道,并用这些图像来说明报道要点。报道主体必须在记者确定了要点之后才能制作出来。记者经常会随身带有一个笔记本,这本本子上写了许多与之相关的资料。如果你是记者,你可以问自己:"受众今天从这篇报道中能了解的三四个要点是什么?"只要确定了要点,就可以用图像佐证这些要点。通过图像报道的展示,让受众理解报道要点,并加深对报道的记忆。

例如像"通货膨胀"这种抽象词,如果能通过图像展示给大家,观众就能牢记住这个词。如何展示"通货膨胀"所带来的影响?记者可以进入肉品店这一日常生活场景,运用运动摄像来拍摄屠夫卖肉,问他十年以前五十元可以买多少牛肉。屠夫拿出了一大块牛肉。记者问:"现在,请您告诉我五年前五十元可以买多少牛肉?"这时屠夫拿起他的刀对着这块牛肉切去了大约一半。记者立刻追问道:"现在,请您告诉我这会儿五十元可以买多少牛肉?"屠夫又把刚刚已切去一半的牛肉再次切去了一半。然后把剩下的肉交给记者。回归到日常生活现场,找寻到与生活情景相关的场景,完整地拍摄能展示要点的画面组合,寻找现场音响来增强报道的冲击力、感染力和意义,再用画外音或是解说词来解释画面不能解释的部分。

在图像报道中,用解说词写出要点,然后再用画面来解释解说词,这不是图像报道的好方式。如果报道要点已经确认,接下来就需要依靠记者的创造力和联想力,设计出有效的拍摄方案,从视觉上来说明报道要点。例如:在有关超载卡车正在损坏高速公路的报道中,你的图像说明必须要有相应的图解。采访专家,他只能告诉你当卡车超载时,公路会发生什么状况,并不能有效地说明报道重点。画外音阐述也只是抽象地说明卡车损坏高速公路的情况。怎样做才可以使人们记住这则信息呢?或许可以考虑把场景移到某一公路实验室,以实验展示的方式来传递抽象信息。

当然,在新闻报道中,还有很多新闻事件发生的过程很难直接用镜头去展现,有的新闻事件发展的过程非常复杂、持续时间比较长、信息比较少,这给观众很好地理解新闻造成了困难。而记者作为“人”的因素介入事件发生的现场,与被采访对象直接交流,了解事情发展的来龙去脉,在传递信息的过程中能起到把关人的作用,筛去无关的信息,提取重点,使报道事件的节奏比较紧凑,有利于展现事件的全貌。对发展过程复杂,信息较多的新闻事件,记者出镜可以进行分析评述,梳理复杂事件中的各种关系,理清丰富信息之间的层次,帮助观众理解和把握新闻事件。

例如:在一篇有关虐待儿童的报道中,你的报道要点是在你的社区内每年有300个小学生被虐待。如果只是直接告诉观众这个数字或是以动画的方式呈现这个数字,观众可能不久之后就会忘掉这个数字信息。如果你不用画面来强调或是加深这个讯息要点,观众是很难记住这个数字的。可以尝试让记者站在一个空旷的学校健身房中,指出每年受到虐待的儿童可以坐满几排位置,并同时解说每年300个小学生被虐待,相当于这个社区每10个小学生中就有2个小学生被虐待。然后用一个远景来告诉大家,把五年内这个社区里受到虐待的儿童都召集起来,他们能够填满整个健身房。

(五)结尾有力

报道的结尾应该干脆有力,把记者站立在镜头前诉说的画面作为结尾镜头来结束视频新闻报道,这是最差劲的报道方式。一般来说,从记者到现场的那刻起,记者就要开始寻找结尾的镜头。在知道报道会如何结束的基础上,再围绕着结尾来构建剩余的报道部分。

结尾的解说必须要与最后一个画面相互配合,以获得“画中有话”“话中有画”的深刻隽永的意蕴。同时,结尾要与开篇做到呼应。不仅有情节上的呼应、环境上的呼应、人物上的呼应,而且在问题上,在表现方式上,也可以形成呼应。例如在报道中越边境大扫雷时,记者了解到,因为30多年雨水冲刷、泥石流的影响,很多地雷的位置发生了变化,没有人能准确说出哪儿有地雷,数量有多少,因而,对于人工摸排扫雷来说,最困难的是如何准确地发现地雷。记者把最后一个镜头设置为空镜头,以跟镜头的形式拍摄一条蜿蜒曲折的山路,镜头内容暗示着对于扫雷官兵来说,扫雷任务依旧是长路漫漫、困难重重,同时,还有很多未知的危险在等着他们。

许多记者也普遍认为结尾是最能打动受众、使他们记住新闻的关键点,因此特别的结尾可以为一篇报道增彩。视频新闻的结尾也可采用高潮式、悬念式、未来式、事实阐述等方式来加深受众的印象。例如,短消息《林蛙不归路》的结尾方式让人深思:回家冬眠不成的林蛙最终出现在农贸市场和人们的餐桌上。目前,伊春林区林蛙密度已由过去的每平方公里1万只下降到不足1000只。今年伊春林区发生了大面积森林病虫害。图像报道需要关注结尾,让主题得以进一步明确,新闻价值也得以进一步凸显和提升。

(六)拍摄蓝本

在新闻现场开展视频新闻报道,拍摄蓝本包含以下构件:(1)对报道重点、开头、中间和结尾叙事素材的搜寻;(2)动态镜头和脸部特写摄录;(3)拍摄顺序;(4)有震撼力的人物和现场声。下面以突发火灾报道作为案例,来模拟拍摄蓝本的制定。

(1)捕捉典型画面,告诉受众"事发现场是个怎样的场景"

通过捕捉典型画面,从触觉、听觉、味觉和感觉上调动受众感知新闻事件。如果我们是整个事件的目击者,那么在视频新闻中把自己的体验报道出来是很有用的。我们听到火燃烧发出的噼噼啪啪声,看到发出惊恐喊叫声的人们,我们可以描述刺鼻的烟雾,走过破碎的玻璃,拿着喷水枪的消防员。我们的工作是去现场捕捉能体现整个事件不同瞬间的画面,而不仅仅是拍摄火焰和旁观者。

(2)计划拍摄顺序

报道现场往往是多变的、难以完全控制的,记者在报道的同时,时间和空间都在不断地有所更新,会有预料不到的情况出现,随时随地都可能有新的事情突然发生,也有摄像机无法拍摄到的瞬间。在有限的现场时间里,记者不可能把什么都拍摄下来,因而需要计划拍摄顺序和优先级。

(3)抵达现场,开始拍摄画面时,应该重点考虑拍摄报道的第一个镜头和最后一个镜头,而后是远景、中景、近景的成组镜头、动态镜头和脸部特写镜头

现场拍摄顺序应该在记者脑中预览一遍。例如,到火灾现场时,先拍摄下容易消失的画面,集中拍摄六七个物体,立体式地呈现现场的火焰。以远景、中景、近景成组地拍摄着火的墙,拍摄三四个火焰的近景、特写,收录下周围寂静环境中的噼噼啪啪声。此外,每个镜头至少持续十秒钟,以防因为镜头晃动影响素材的使用。

(4)拍摄动态镜头和脸部特写镜头

火焰通常不会持续很长时间,所以我们应该先把它拍摄下来,只需四五分钟。而后,我们就可以不用注意火的画面了,因为这只是动态镜头。脸部特写可以外化事件发生时人们的心情,它还能反映除了火之外发生的其他事件。因而,动态镜头收录完毕,就要立刻寻找脸部特写镜头以及反应镜头。

(5)记录现场原声

现场原声能有助于事件的报道,报道中强烈的自然声响会有助于增强新闻对受众的吸引力、突出报道的真实感。尖锐、清脆的现场原声会给我们一种很强的现场感,好像我们就在现场经历着这个事件。一位记者在火灾救援报道中采用了救援人员的现场话语:“我不能呼吸了! 空气空气!”简短的现场原声能够有效地证明所报道事件的真实性。如果受众仅仅是被告知发生了什么事,却没有感知到事件发生的现场,那么他们看完后大概率是记不住相关报道内容的。

在视频新闻报道中,现场原声时常被用来突出图像报道中要强调的部分,在功能上可以理解成一个感叹号。如果现场原声能比较简洁(五到十五秒)并且没有用在主要报道的核心部分,那么现场原声所起的作用是最佳的,效果是最好的。如果现场原声的质量较高,声音素材数量充足,也可以使用现场原声来贯穿整个新闻报道,在新媒体平台,这种报道模式的使用越来越频繁。

拍摄最后的镜头。确保已经拍摄到这个报道的最后一个镜头,再加上其他的素材如:报道开端,发展等,那么我就知道故事该如何开始,我应该怎样给它构建一个震撼而又引人注目的结尾。

第二节　视频新闻报道之声音构件

如今,视频新闻工作者和受众都已经认识到声音在视频新闻中的重要性。因为无论新闻的内容是什么,丰富、清晰的声音都可以增强新闻的真实性。在现场实时捕捉的人物同期声、收录的环境效果声以及后期撰写的旁白解说、挑选的音乐等声音都有助于还原现场的情境和氛围,有效地营造“声”临其境的现场感,让用户更真切地感受到新闻现场,更好地理解新闻的主题和价值。

从最根本的意义上来说,声音和画面、文字一样,是新闻记者可利用的符号。声音符号也可以传达信息,增强报道冲击力和内在戏剧张力。在我们所能想象的范围内,无论是空间领域还是思想层面,声音承担着事件的一部分意义。毕竟,在视频新闻中只有两种传播途径:一个是通过画面,另一个则是通过声音。记录声音和记录画面一样,都是要捕捉并耐心等待你在现场所能够获取的最好的故事要素。

声音不一定要有完美无缺的音质,但是声音要和所配画面有同样视点。声音由于没有空间中可见的形象,它对时间的依赖性表现得更强,声音只有具备一定的连贯性、完整性，才能达到表意的目的。在视频新闻报道中，声音主要分为同期声、环境效果声、旁白解说、音乐等，这些声音对于编辑来说是创造真实感、调动情感体验的基本要素之一。

如果视频新闻如同一杯“温开水”，没有节奏，就会影响到新闻的可看性。同期声、旁白解说、环境效果声、音乐的合理搭配，就是调整节奏的最好催化剂。一般的处理方式是：解说加同期声，再加解说，再加同期声。这样的结构就像唱歌一样，有了节拍，整个新闻片的节奏也就上来了，这样可以避免观众收视时产生疲劳感。但需要注意的是，所有加入的同期声，一定不要喧宾夺主，拖沓冗余。比如人物访谈，要尽量控制在一两句话，15-20 秒以内，否则会把整个新闻片的节奏再次带慢。

一、同期声

在现实世界中，物质实体的空间状貌与它的声音（自己发出的声音和与其他物体接触时发出的声响）是须臾不可分的、同构一体的。从本质上讲，同期声是附着在画面之上的，同期声是与视频新闻拍摄的影像画面相伴而生的，它也属于现场影像的主要构成之一。离开了对应的画面，同期声的“同期”意义将不复存在，而成为一般意义的现场音响。

现实世界进入媒介世界的“复制”系统后，由于视频新闻的视听一体性，画面形象与同期声也应该是一种同在的、一体同构的关系。只有这样，才能保持视频新闻的影像真实感，才能更为逼真地呈现现实世界的真实情况。

例如《公仆之路》，全片以习近平总书记的同期声贯穿始终。通过带有自述话语特征的同期声，影片把习近平同志从 1969 年年初插队陕西梁家河，到 2017 年再次当选中共中央总书记的公仆历程娓娓道来，并精选其中最为典型的场景、图像、声音、理念，以一镜到底的方式，在 5 分 26 秒内完成了 48 年的时空漫游，极为集中凝练且极具故事性地展现了习近平总书记“永远做人民公仆”的思想精髓。同期声与典型场景、画面的和谐同构，提升了媒介时空中的真实感，促成了政治意义合理性的生成，调动了受众对习近平总书记“公仆之路”的认同感知。

同期声的声音必须来自现场。通过新闻事件相关人物的同期声来讲述事实，发表观点，可以增强画面的真实感，更好地实现画面影像与声音的配合对受众视听的综合调动，增加视频新闻的真实性和权威性。

任何新闻报道都不可避免地带有报道者的主观意图，而这种主观意图常常会造成观众的逆反心理,使他们对新闻报道的真实性产生怀疑。想要避免这种现象的发生,就必须客观地、公正地反映事件的原貌,并且将报道者的主观意图巧妙含蓄地隐于所报道事件的事实要素之中。而准确地选取与画面一致并有表现力的同期声,就能最大限度地还原新闻事件的本来面貌。让事件的当事人或目击者直接面对观众讲话,讲述他们看到的、听到的、想到的,可以大大增强新闻报道的真实感,使报道更具说服力和感染力。

例如,一位糊涂的牙科医生错将老大娘的好牙拔去,而坏牙还在折磨着老大娘,这个新闻片中,并未采用解说来描述这一典型瞬间,而是采用了老大娘的同期声:"我躺在操作台上,特意用手指指了一下上面的坏牙,谁想这位大夫净顾着和别的大夫唠嗑了,根本也不看,直接下了钳子,结果我一看,拔的竟是下面的好牙,我当时差点疼昏过去。"通过患者自己形象地描述当时拔牙的情景,把一个不负责任医生的形象刻画得淋漓尽致,也最大限度地还原了新闻现场。

同期声增加了反映现实世界真实图景的一个维度,同时,也增加了受众判断画面景象是否真实的一个维度;同期声增强了画面的真实感,同时,它的出现也对新闻采摄人员营造影像真实感的能力提出了更高的要求。

为了拾取到清晰且真实的同期声,规格高的视频新闻摄制都已逐渐地开始使用吊杆话筒,专门有录音师负责现场拾音,这样能够有效地去除或减弱干扰主体声源的杂音,使主体声源无须借助其他信息传达方式(如字幕),便可清晰准确地传达信息了。

与画面影像的记录一样,在视频新闻中使用同期声也需要一个选择、提炼、处理的过程。这里的选择、提炼、处理主要是针对内容而言的,某些情况下是针对记录方式而言的。因为有了同期声,摄影记者已经由开机为了记录画面转变为为了记录画面和声音而开机,有时甚至主要是为了记录声音而开机。但是,不是所有的同期声都有记录价值,只有那些承载了相关报道内容信息的同期声,或本身就负载了更多与报道内容有关的重要信息的同期声才有记录价值,这就需要我们细致地观察、倾听现场的情况和声响,判断声音对整个报道的重要性;仔细观察被摄主体的行为,揣摩其心理,及时捕捉或者刺激被摄主体做有价值的谈话;对有价值的同期声出现要有预见力,采取挑、等、抢的方式,及时地记录有价值的现场声。

在画面信息表达受限的情况下,需要以同期声为主进行报道取材。当被摄主体缺少行为动作,叙述是由人物的同期声完成的情况下,同期声往往需要传递重要信息。受众对缺少信息含量和变化的画面形象的注意程度肯定不如对同期声的注意程度高,这种情况在我们今天的视频新闻中已相当常见。例如采访新闻人物的画面,如果人物没有多少动作和表情变化,人物的形象就不会引起受众的长时间注意,人物的语言——同期声就成为观众注意的重点,同期声此时成为传播信息的重要载体。

由于意外原因,记录的画面失去表现力,但同期声质量较好,能很好表达报道重点时;或者,由于客观因素制约难以记录或不可能记录到画面形象,但同期声能传达出关键信息时,我们依旧会使用画面表现欠佳但声音具有表现力的镜头。例如在新闻专题片《吴若甫被绑架案纪实》中,当警方追踪到吴若甫被绑架的院落,即将要对吴进行解救时,为了配合抓捕,不干扰解救行动,以防惊扰罪犯,记者无法进行现场报道,但是摄像记者仍旧开着摄像机,记录下十分有表现力的现场同期声——警察现场指挥声、武警翻墙破门进入院落的翻墙声、抓捕绑匪时东西碰撞砸碎声、"不许动"以及歹徒哼哼声、解救吴若甫时警察安慰被绑架人的声音。即便镜头的画面表现力欠缺,但这段同期声的表现力、重要性是绝大多数声画合一的画面难以企及的。

因为镜头的衔接不连贯,视频新闻的画面时常出现跳跃的情况,但是观众依然能把这样的影像整理成能够理解的"视觉流"。而声音,往往只有在几秒,甚至十几秒的连续段落中才能建立起意义。如果一段音响或话语缺少其内在的连贯性,像画面表现那样变化而跳跃地接在一起,绝大多数情况下观众是难以理解它的意思的。当然,同期声也可以与画面影像、字幕构成音画、音字等蒙太奇效果,加强画面的表现力。如在一条报道某小学学生因某些行政部门内部原因而无法搬入新建的教学楼,不得不在十分破旧的平房中继续上课,记者在平房教室外就开机拍摄,然后缓缓走进教室,画面中始终是孩子们琅琅的、充满朝气的读书声,但是,进入教室后的画面却昏暗不明(这里记者肯定没有用自动光圈),孩子们的读书声与画面所呈现出来的学习环境形成了鲜明对照,给受众强烈的视听觉冲突的震动,他们也就能够意会到报道者的报道重点。

在数字媒体时代,利用同期声之间的组合,可以形成不同的叙事效果。在微博、抖音、快手等新媒体平台,许多视频新闻记者不断挖掘有特色的同期声,并在此基础上开启了对同期声功能不同组合方式的开发、利用。例如:使用同一个提问,把不同人相同或相似的回答组合在一起,形成一种累积的效果,暗示了对某一事实、问题的舆论倾向;我们也常看到这样的处理,将对同一个事实、问题的不同见解和意见交织地编在一起,形成一种强烈的对比效果。

二、环境效果声

环境效果声也是一种同期声,但它通常指除了人物同期声之外的,在环境中自然发出的所有声音。作品《海拔四千米之上》的 VR 视频部分使用了大量的人声、风声、水波声、脚步声、生物叫声等现场环境声，观众可以在上下滑动屏幕观看全景的过程中，“声”临其境地感受三江源国家公园的每一个角落，作品最大限度地呈现了三江源国家公园之美。

环境效果声作为新闻叙事的一种工具，可以营造新闻报道想要的真实感，丰富画面的信息含量。质量高的环境效果声往往引人注目、参与感强，常常能调动受众过往经历中积累的知觉体验和生理感受。从直接观察和获取信息的角度看，来自日常生活的环境效果声都是至关重要的因素，它能让受众更贴近新闻事件，对新闻事件本身理解得更深刻。环境效果声也常常作为和画面同等重要的因素，帮助受众感受视频新闻的潜在之意。

三、旁白解说

旁白解说一般不去独立地完成对事件的全面报道，也不去独立地塑造人物形象，它必须和视频的其他手段一道配合起来，才能最终完成对事件的全面报道，对人物形象的整体塑造。除了咨询类或时政会议类视频新闻报道之外，旁白解说往往具有非独立性的特点，不能独立成章，它要和画面互相配合、相互依存，二者缺一不可。在画面传达不到的地方，旁白解说予以补充；同时画面也对旁白解说起到一个印证的作用。优秀的旁白解说与制作优良的画面相结合，可以开拓视频新闻的视觉内涵。

旁白解说不仅要和画面进行完美的配合，还要与声音元素等其他表现元素相互配合。为了让画面更为生动，有说服力，视频新闻不仅要注意旁白解说和画面的关系，还要注意其与环境效果声、音乐、音响、字幕等元素的合理搭配。

旁白解说的功能之一是对画面进行说明和补充，它不仅介绍、说明画面，还对受众看不清楚、不明白的地方给予深入解释，对受众不了解的新闻背景给予补充。旁白解说多以外显的方式出现，主要起到补充画面缺失信息的作用。它主要以画面为中心，针对视觉进行信息传达，让人能够通过旁白解说“看到更多”。如《人生第一次》中，“穿刺针穿过产妇腰部的脊椎孔，将一根细小的导管导入硬膜外腔，那是脊髓腔外的一个充满神经根的潜在腔隙”。这段解说直观地说明了产妇临产前需要做的准备，这种对画面的补充就是“显”的体现。而“隐”相对于“显”，主要负责传达画面之外的信息，观众只能结合画面，通过“听”来获得其他隐藏信息，感知创作意图。

旁白解说的功能之二是可以配合镜头叙事，完善新闻结构，使视听逻辑流畅。在视频制作过程中,镜头与镜头之间、画面与画面之间的场景、时空转换跨度较大,有时还没有承接关系。在这种情况下,就需要旁白解说来解释它们之间的内在联系,使镜头段落、场景转换之间的过渡流畅自然,使旁白解说与画面叙事有机统一,叙事结构严谨完整,让创作者能够更加流畅地表达意图,传递思考。

镜头之间的转接有时是零散的、琐碎的,旁白解说在这个时刻的作用就是把这些琐碎的镜头完整地连接起来,构成一个流畅的叙事。这种衔接作用可以将无序的画面信息进行整合,加以规定和引导。同时,旁白解说也可以用在两个镜头转场的时候,说明前后画面的逻辑联系,起到过渡转场的作用。

如在《新生代农民工求职记》当中,有多处旁白解说在完成对画面人物背景进行补充说明的同时,还发挥着过渡转场的作用。"正在找工作的人叫江海河,今年19岁,他来青岛三天了,住在60元一天的招待所单间里,每天在外面的饭馆里吃饭,抽空还逛街、上网、滑旱冰。"这段旁白解说之前的镜头场景是90后江海河在厂门外询问是否招人、大街上找工作的场景,旁白响起后,便转到了在宾馆里看娱乐节目的场景,较为生动地刻画了正在找工作的90后的人物特征。

旁白解说还有设置悬念的功能。通过旁白解说来设置悬而未决的矛盾现象或是提出有待解决的问题,从而引起受众的关注,对故事发展产生关切和期待心理,最大限度地引起受众的参与和窥探心理。例如短视频《"一带一路"沿线20国青年眼中的"新四大发明"》从一开始各国青年概述在中国生活的感受后,旁白解说提出"中国有古老的四大发明,但是中国发展很快,已经有了新四大发明",随着情节的推进,得知新四大发明是指海外来华留学生中最想从中国带回国的生活方式。继而开始了20国青年的投票,最后揭秘得票最高的高铁、支付宝、共享单车、网购成为"新四大发明"。

旁白解说的功能之三是当直观的画面难以表达某些深刻的哲理或揭示深层次的内涵时,解说词能直接而准确地将其表达出来,为寻常的画面增辉添彩,使整个节目的主题得以深化、升华。很多视频新闻在结尾的时候通常会考虑使用感性或理性话语来深化主题,加深观众印象。

如在《天安门广场竖起"中国对香港恢复行使主权"倒计时牌》的电视新闻中,解说词讲道:"10年前的今天,中英两国政府的首脑在北京正式签署了关于香港问题的联合声明,宣布中华人民共和国政府将于1997年7月1日对香港恢复行使主权。10年后的今天,倒计时牌告诉我们,距1997年7月1日香港回归祖国还有925天。从今天开始,我身后这个倒计时牌开始进入读秒计时的状态,900多天,7000多万秒,在历史的长河中是短暂的,1997年7月1日,中国人民翘首以待。"这不仅补充说明了有关情况,还有力解释了本条新闻重大的思想内涵。

再如新华社推出的《国家相册》系列新闻微纪录片。该系列片依托中国照片档案馆馆藏照片,聚焦中国近代历史的各种重大事件和精彩瞬间,在短短五分钟的时长内,旁白解说词不仅起到了补充画面叙事的功能,还串联主题,使得每一集都具有整体性和集中性。《国家相册》第一集结尾的解说词“历史,永远宣示着这样的铁律,正义必胜,和平必胜”,既呼应了该集主题《胜利的日子》,也为前文叙述的所有故事定调总结。尽管文字表达已经结束,但画面外的深意继续影响着每一位受众。

四、音乐

一则视频新闻需要配什么样的音乐?一般情况下,记者在采访、拍摄、写解说词的时候都应该事先考虑这个问题。视频新闻中的音乐往往用来调节气氛,插入对话之中,增强情感的表达,以期达到一种让观众身临其境的感受。

首先可作为BGM背景音乐出现。在人声的解说下配以适当的音乐,不但能降低纯人声播报的单调感,还能加深受众对新闻的印象。例如在一些趣味性较强的新闻中可以配上明快的背景音乐以增加其趣味性,或是对一些关键的精彩的画面进行回放时,配以抒情的音乐,容易让人回味,引人思考。其次可作为镜头中场景转接和过渡的桥梁,使衔接自然、流畅。最后可用于调节新闻叙事的视听节奏。音乐节奏是用于调节新闻节奏的一剂良药。

例如针对新冠疫情期间理发难,普通民众纷纷动手自己“自学”理发这一社会现象,央视新闻在2021年“龙抬头”那日刊发了视频新闻《今天多少人变成了Tony?》。作品在音乐、同期声、花字、画面等元素的相互配合下有节奏地展开新媒体叙事。全片不到2分钟,分成三部分进行结构叙事:结构1主要是各种奇怪理发画面的集锦,搭配欢快的音乐,快速剪辑画面,给受众传递强烈的视觉快感,结构2主要是在轻松的音乐、搞怪的音响搭配下,呈现相对完整、有趣的理发情节,结构3则是在舒缓音乐背景下,讲述父子、母女、夫妻之间因理发而生发出来的暖心感悟,如“看着父亲花白的头发,鼻子都酸了”。全片在音乐节奏的变化中,完成结构叙事之间流畅的衔接,在轻松、有趣的情节中,引发人们对意义的感悟。

除此之外,在视频新闻中,音乐还可以通过主题MV的形式来完成主题类新闻报道,建立起新符号视听认知模式。这种模式通过唱词、解说、同期声混剪的方式来完成主题叙事,运用蒙太奇艺术表现手法和图像拼接时空,注重音乐作为听觉艺术向视觉化的模拟转向,蕴含平衡优美的音乐、强劲稳重的音效,细腻动人。

例如《建党百年·少年》借力流行音乐元素和声乐律动来完成主题叙事,在音乐张力的推动下,展示出主题报道的恢宏意境。MV前奏带来清爽舒适的感觉,间奏部分的加入让观者有瞬间阅尽百年沧桑巨变之感;主歌部分饱满自然,副歌部分清醇圆润、温和通透,一段流畅的自述说唱让人耳目一新;歌手的声线透明干净,音调高低错落,说唱部分利落轻快,恰到好处。跳动的音符、奋进的足音在演唱中清晰可觅,轻松抓耳的旋律和淳朴的歌词组合,伴随鼓点、钢琴和吉他合奏,旋律清新明快。

更为难能可贵的是,《建党百年·少年》在音乐律动中穿插不同年代、特殊事件的历史原声,从开国大典的"中华人民共和国中央人民政府今天成立了!"到"那外国人能搞的,难道中国人不能搞?"从抗美援朝老兵朴实无华的自述"什么叫祖国,当我们跨过鸭绿江,看到战火的时候,我后背就是祖国。"到习近平总书记对青年的寄语同期声"青年一代不怕苦、不畏难、不惧牺牲,用臂膀扛起如山的责任,展现出青春激昂的风采,展现出中华民族的希望!"……通过音乐、旁白、人物同期声、环境效果声和画面之间的配合,作品将一幕幕回忆画面动态地呈现于受众面前,感情色彩浓郁的话语解说与深沉唯美的背景音乐和谐映衬,给人以视频画面之外的情感冲击,在时间长河中以极强的空间感和指向性为我们搭建起了现实与回忆间的桥梁。

视频新闻中音乐的使用原则有三条:一是简洁原则。简言之,简洁体现为用乐的非完整性、非复杂性和低比例性。新闻用乐最忌"喧宾夺主",故而常用器乐曲,也可有简单的人声。用乐的旋律以简洁为主,比如选择节奏明快的音乐时,旋律线起伏一般不宜过大,以器乐曲为主,甚少加入人声唱词,配器则以三至五种为佳;若旋律线起伏较大,则需配器较为简单,有人声唱词加入时也只是加入简单的唱词。二是音乐音量的"抛物线"处理原则。视频新闻中的音乐为衬托人声解说而设,以背景音乐的形式出现,只起垫底衬托的作用。音量要和谐。音乐配乐时,音量不能太高,高了会压住解说,但也不能过低,有解说时,少用或压低音乐;有自然音响或效果音响时尽量少用或不用音乐。因此,音乐在"进入"和"出去"时,都是弱进弱出的形式(类似于画面中的淡入淡出),中间部分可稍大,但不能盖过人声解说。这就好比抛物线,进和出都在受众不经意间完成。三是音乐选取的匹配原则。视频新闻选择的音乐应与新闻的类别和题材匹配,比如时政类新闻用大气、庄重类音乐,社会类新闻则用多变、新颖类音乐,音乐选取时务必考虑到新闻的内容和情绪,如此方能锦上添花,使主题得到有力的深化与升华。

第三节 视频新闻报道之字幕构件

字幕,属于文字系统,与生俱来地带有印刷文化的特性,而视频是视觉文化发展到电子时代的产物。虽然是同样的一个字,但在报纸、杂志、电视、网络和手机屏幕上出现,由于传输媒介的变化,其存在方式、发生作用的程度等均有相应的变化。一般说来,印刷文字可储存,可随时翻看、查找,具有稳定性,易于长久地保存。而当文字成为屏幕内容的一部分时,它就只能与影像同在,具有稍纵即逝、不易贮存、不易重复阅读等特点。因此,我们不能完完全全地把字幕看成是印刷文化在视觉屏幕上的翻版。

字幕是附加到画面上的文字,在视频新闻的画面上字幕出现的频率越来越高,发挥的作用也越来越重要。尤其是在新媒体时代,字幕是新闻"影像"的重要构成元素,在新闻影像中占据着越来越多的画面空间。

新闻字幕系统,指的是作为频道、节目、平台的整体视觉识别资产存在的,作为画面的一部分,以文字信息为主的视觉表达。具体来说,字幕系统通常包含:开场衔接字幕、标题和同期唱词字幕、特殊时政字幕、角标、导视和速览、演职人员表、报尾版权页等。标题和同期唱词字幕一般又包含标题、同期唱词、突发新闻、时间信息、地点信息、台标 ID、栏目名、主持人名、记者名、被采访人名、直播重播、资料等信息。

传统的电视新闻节目由"画面+解说+字幕条"组成,目前,这种组合还是绝大部分电视新闻节目的"标配"。每当表现抽象内容时,这类"标配"则会显得比较吃力。随着节目包装能力的提升,媒体越来越多地使用一种有趣的表现方式,集动画与字幕于一体,为新闻主题服务。针对不同的新闻内容和风格,字幕也试图在视觉上实现其耳目一新、赏心悦目的突破。除此之外,在制作字幕的过程中要充分考虑多方面因素,选择恰当的字体、字号、颜色等,在运用时还要注重字幕与画面、声音的匹配、衔接。

字幕在视频新闻中的使用功能主要有:(1)清晰地传播新闻信息;(2)生动地描绘新闻情感色彩;(3)鲜活地呈现视频内容。

一、清晰地传播新闻信息

传播的根本目的是传递信息,它是人与人之间、人与社会之间,通过有意义的符号进行信息传递、信息接收或信息反馈的一种活动。字幕往往能简洁高效地把信息传递给受众。例如在视频新闻中,标题字幕常采用醒目的大号字体和即时显示关键词的方式来呈现。字幕的大小、位置、颜色使得新闻条目之间有了清晰和便于理解的参照物。从某种意义上来说,新闻条目被视为一种提纲挈领式的字幕,时刻让受众清晰地抓住正在播出的新闻报道的内容核心。除此之外,字幕常被用来说明新闻中有关的时间、地点、重要物件、人物姓名、身份及与其他人物的关系等,简单明了地让观众了解最基本的新闻要素,或者强化声音通道上的重点信息,构成对整个新闻信息传递的支撑。

新闻专题片《吴若甫被绑架案纪实》就频繁使用了字幕来说明解救人质过程中重要的时间、地点、人物(关系)等。尤其在最后解救吴若甫的时刻,人质和犯罪嫌疑人所在的房间不同,字幕能给予画面充分的说明,指示清楚这两个窗口的画面是什么地方,字幕的标识与简易地图的配合,再加上同期声,很好地展现了解救现场的情况。

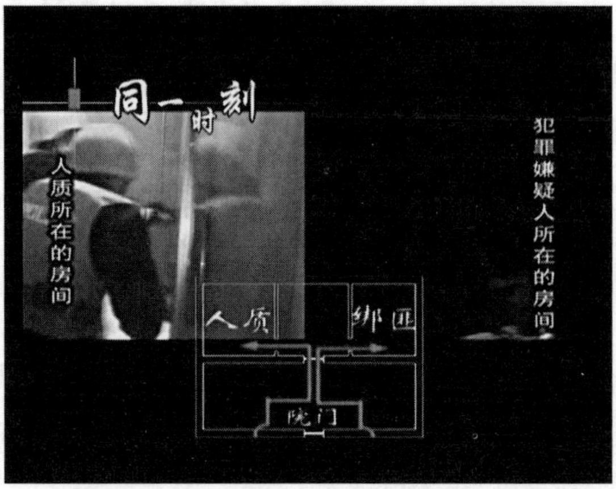

图 3-1　《吴若甫被绑架案纪实》片段

字幕在短视频新闻中也扮演着非常关键的角色。由于移动视频的伴随性和碎片化,有高达85%的用户,其观看行为是在无声的情况下完成的。为了满足大多数"无声"用户的观影需求,字幕成为此类视频产品的基本构成元素,是一个提供新闻信息的重要途径。

字幕作为传播和承载新闻内容的重要载体,在视频新闻中是必不可少的元素,正确使用字幕能增强短视频新闻的吸引力,提高短视频新闻的传播力。短视频新闻的字幕主要分为两种:一种为同期声字幕。它主要将视频中的解说词、采访等语言声音通过文字的形式呈现出来,为受众提供视频新闻中主要的新闻信息。比如央视新闻《有一种网红叫普京》,在这则关于普京的短视频新闻中,就采用了竖版的新闻呈现形式,而且在普京讲话的同时用同期声字幕来展示他讲话的内容,将外语转化为中文。这样不仅便于受众观看，而且也契合短视频碎片化的播放特征，即便在无声播放的状态下观看，仍然能向受众传达新闻内容。

另一种字幕为补充说明性字幕。这类字幕的作用主要是为短视频新闻补充其他的实时信息，比如新闻的标题、背景、数据等，主要用来丰富新闻视频的信息量，补充说明在短视频新闻中无法呈现的内容。这类字幕通常具有以下特点：显著醒目、可读性强、字号大、字体粗、颜色与背景色彩有鲜明的区分，而文字内容则以简明扼要为主。这类字幕往往通过对特定的词语加粗变色以强调媒体想要强调的内容。在澎湃新闻《自如房东回应拒降租被索赔装修费》这则新闻中，该媒体通过简单的背景音乐、不同颜色和大写字体的字幕补充说明新闻的主要内容，让受众更直观地获取新闻信息。这不仅增加了信息量，而且也在一定程度上增强了新闻的传播力。

又如，《卫报》在2017年4月8日于社交平台发布了一条65秒的视频新闻——《脱欧后英国新护照设计大赛》(*Brexit Passport Design Competition*)。英国正式启动脱欧程序，其护照设计也必须随之改变，当地一家设计杂志 *Dezeen* 借机发出非官方的设计征集令，收到了超过200个设计方案。视频以简洁的画面展示了其中几件较为精彩的代表作，贯穿全片的白色字幕起到了对新闻的解释、说明作用。字幕普遍位于画面的下三分之一区域，字号较大、字体较粗，并使用黑色透明衬底确保醒目；同一画面中出现的单词不超过十个，保证了较高的可读性；对于关键词语还使用蓝色进行高亮标注，帮助观众在短时间内抓住关键信息。

二、生动地描绘新闻情感色彩

新闻在报道事实、传递信息的同时，还会以新闻作品中的浓郁情感来唤起受众的情感认知和审美体验。字幕的字体、色彩和质感能以特定语言来传递感情。在视觉的诸多元素中，视觉对颜色的感受最敏锐也最直接。有数据显示，人们对色彩的注意力占视觉的80%左右，马克思也曾有过关于色彩是最易被感觉的审美形式的论述。因此，通过包装色调和质感的有机聚合形成视觉上的主题风格，使色彩成为节目系统中的一部分，能够更有效地传达和巩固视频新闻的个性化色彩。

无论是在视频作品中，还是在日常生活中，对于黑色、灰色等灰暗色调，人们正常的心理体验都是厌恶、恐惧、沮丧、悲哀；相反，黄、绿、蓝、白等轻松明快的色调总是让人心情愉悦。所以，用灰暗色调的字幕来表现“群众反映强烈的扶贫领域腐败问题”和“家庭暴力”等内容，用明快色调的字幕来表现“能源革命开启绿色未来”和“同护一

江水 共建‘绿长廊’”等内容,正是充分利用了受众对各种色调的心理体验规律,来达到描绘新闻报道感情色彩的目的。

无论是同期声中的人物语言,还是解说词中的旁白叙述,其中有一些涉及观点、要点、关键内容的地方往往需要用字幕总结、提示、强调出来,以强化观众的理解和记忆。尤其进入新媒体时代,通过对字幕进行艺术性设计,时常能从不同侧面丰富新闻内容,给予新闻中的物件以解释,形成颇有趣味的小细节。

文字信息的设计字幕承载的是字,所以文字的信息量要符合视觉传达的规律。设计中应该充分考虑到中文字体在屏幕上的特殊性。在字幕设计时我们有很多字体的选择标准,其中字体的采用原则最主要集中在“高可读性”和“高辨识性”两方面。字幕自身的字体和字位(字幕出现的位置)就是一种信息传播手段,具有指引、指示、指明某形象,让受众仔细观看的导视作用。一般说来,没有字幕指示的画面,我们注意画面的视线是散的,而如果画面上出现了一个有差异的,或让受众感兴趣的异质的元素,那么观众的视线马上会受到这一形象的牵引,形成“视觉兴奋点”。例如新华社制作的一则有关高考的视频新闻,当考生说到“高考来了,我现在脑子里是有些空的状态。”时,屏幕上随即出现了关于“空”的镜头组,在满屏的“空”字画面中,把一个和多个镂空的“空”字叠层在被采访者镜头的图层之上,配合着“空”的同期声完成相关镜头组的切换,充分地调动起受众“大脑空白”的感知体验。

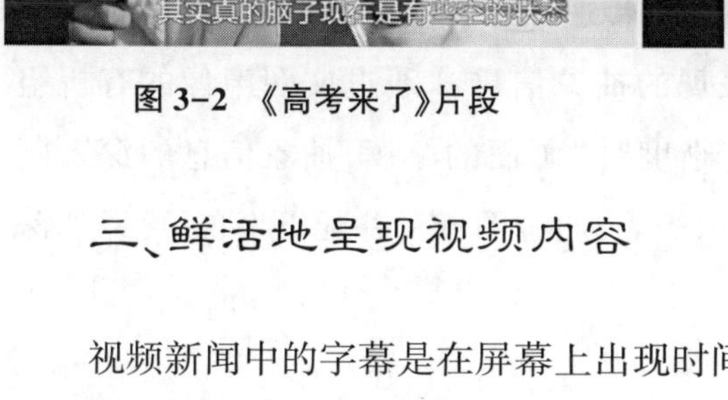

图 3-2 《高考来了》片段

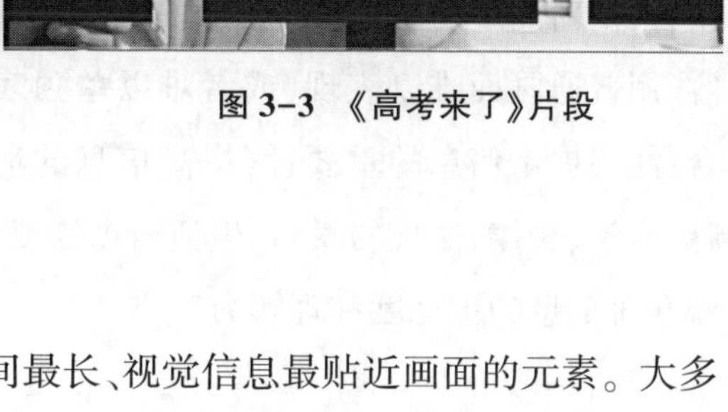

图 3-3 《高考来了》片段

三、鲜活地呈现视频内容

视频新闻中的字幕是在屏幕上出现时间最长、视觉信息最贴近画面的元素。大多数视频新闻只要有画面就会有字幕,字幕承载了新闻视觉形象,提供了辅助信息。字幕能为整个节目锦上添花,带给受众诸多方便。它在体现新闻属性、营造视觉氛围的同时,也提升了新闻的信息质量。但如果布局不合理,就会破坏画面构图,影响视听效果。因此字幕布局必须从画面整体布局出发,安排好字幕在屏幕中的多少、轻重、偏正、大小、节奏等关系,使其融入整个视频画面构图中。

例如,Now This① 短视频的编辑策略是通过简洁高效的字幕来帮助解释视频内容,用醒目的黄色大字来突出关键信息,往往在视频开始的第一个镜头或画面便交代内容的核心信息,高度概括视频的内容。整体信息简洁明了,视觉效果醒目。在一则"她曾因为自己的肤色而被霸凌"的视频中,画面上为一个非洲裔女孩,字幕和画面结合一起,便给出了视频的主题。在视频中间,还会运用字幕卡片的形式,引用社交网站上网友的评论(如 Twitter、Facebook 等)、权威媒体的报道或评论、当事人的回应等信息,来补充新闻的信息,平衡各方的观点。另外,在一些含有血腥或暴力画面的视频中,第一帧画面便会以醒目的黄色大字提出警告。

报道党和国家及有关部门政策法规发布的视频新闻,在时效的约束下,往往不太容易即刻使用与真实生活相关的画面来呈现政策内容,这时常常会考虑使用动画字幕,来提高日常视频新闻的表现力,这样就能在清晰直观地传递新闻信息的同时,让新闻活泼轻松起来,让受众看得舒心。

例如,《数说"十三五"能源革命 开启绿色未来》在表现"到 2020 年,咱们国家要努力使煤炭消费占一次能源消费的比重由现在的 64%降低到 62%以下"时,画面上依次出现了这样的内容:一辆罐身上标着"能源结构优化"的大罐车驶过;厂房上方表示年份的数字从"2015"开始一直往上翻到"2020";一旁的烟囱上,一个覆盖烟囱的蓝色柱状图往下收缩,旁边一条白线跟着下降;白线上面表示百分比的数字从"64%"到"63%",再到"62%",白线下面标着的是"一次能源消费比重"。相应的场景,动感的字幕,因地制宜的标示,把我国"十三五"时期要努力降低煤炭消费在"一次能源消费中的比重"这么一个既宏观又具体的目标解读得那么直观明了。动画与字幕的有机组合,使新闻中的动画字幕能够更加清晰直观地传递信息。视频新闻中的一些抽象内容、用普通画面难以表现,或者难以单独表现的抽象信息,"通过文图声像的有机组合,能够提示信息的重要性,提高信息的清晰度","画面的解读,抽象信息的深入阐释,政策、法律、法规的发布,生活信息的提示等等,通过图、声,并配以字幕,可以加深观众对信息的记忆度和理解力"。②

---

① Now This 是《赫芬顿邮报》的联合创始人 KenLerer 和前 CEO Eric Hippeau 于 2012 年联手推出的短视频新闻应用,它是第一家以短视频形式播报新闻的媒体。

② 李和平. 关于电视新闻字幕运用的思考[J]. 新闻界,2010(5).

第四节　视频新闻报道之特技构件

近年来,随着科技的发展,特技被越来越广泛地应用到电视制作的各个领域。视频新闻采制人员除了认真拍摄好每一幅新闻画面之外,还要善于运用动画、特技等后期制作技术,力求使新闻中的视听语言达到最佳效果。

特技是运用现代电子技术塑造特殊画面,通过特殊的技巧、装置、设备完成特殊影像制作,把无法拍摄、不易拍摄、抽象的内容具象化、视觉化、形象化的一种创作手段。视频新闻中常用的特技有定格、淡出淡入、溶出溶入、叠加、划过等。

特技形式多种多样,对影像画面的影响程度不一。特技手段与新闻画面内容紧密联系在一起时,对抒发内在情感、触动人的心灵,增强视觉冲击力能起到很大的作用。数字特技由于所制作的画面立体、逼真,可完成更为复杂的影像变化,对视频新闻影像产生了越来越强的改造、创新作用。动画也属于特技使用形式的一种,当下它已成为视频新闻中相当重要的叙事和表现手段,催生了视频新闻新的制作方式。

特技在视频新闻中的具体应用主要表现在以下几个方面:

一、再现新闻场景,确保新闻真实性

在实际操作过程中,新闻记者由于设备缺乏、未能到场或是拍摄条件不允许等原因,无法记录某些新闻事件现场画面或是缺乏关键瞬间的素材,这对于视频新闻来说,无疑是最大的“硬伤”。

为了弥补这一缺憾,新闻工作者会在后期采用特技手法还原事实场景,依据新闻文字稿内容,通过计算机图形图像处理创作的动画来模拟、“仿真”叙事,如 1995 年木星、彗星相撞的天文奇观画面,是通过电脑仿真技术,严格按照科学的推算,制作出来的。

另外,画中画这种特技手段在视频新闻报道中也经常被使用,这种特技手段是利用键控的特技合成,将多幅不同的画面重新合成一个新的、完整的画面,将不同时空的画面完美地融合成一个时空的整体画面,不仅丰富了视频新闻的画面,还起到了加快新闻报道速度的作用。

如在视频新闻《看“共富的种子”生根发芽》中,报道从回乡创业的“茶二代”贾伟的自述开启，从“自小与父亲种植茶叶的记忆”，跨越到“茶专业教授茶农种茶”，在一片茶海的底层画面中叠加画中画，完成两个时空的转换，而后又在“一片叶子富了一方百姓”的底层画面中使用“画中画”特技，从“给习近平总书记写信要向贫困地区捐赠白茶”到“贵州苗族茶农来安吉学习种植白茶经验并一起直播卖茶”，再到“送往西南的茶苗再一次启程，再富一方百姓”，完成了三个时空的转换。画中画的特技贯穿了视频新闻报道的整体叙事。

图 3-4 《看“共富的种子”生根发芽》

二、渲染画面情绪，增强视觉效果

镜头画面客观地记录着新闻事件，然而新闻工作者通过自己的选择、编辑能够使新闻材料所传达的信息具有一定的倾向性，从而更深刻地反映新闻内涵。特技往往可以使某些信息更加明晰，促进意义的生成。除此之外，特技还可以对相关环境、主体、剪接点以及影像色调、明暗进行调节或修饰，增加形式的美感，渲染画面的情绪，营造叙事的氛围。

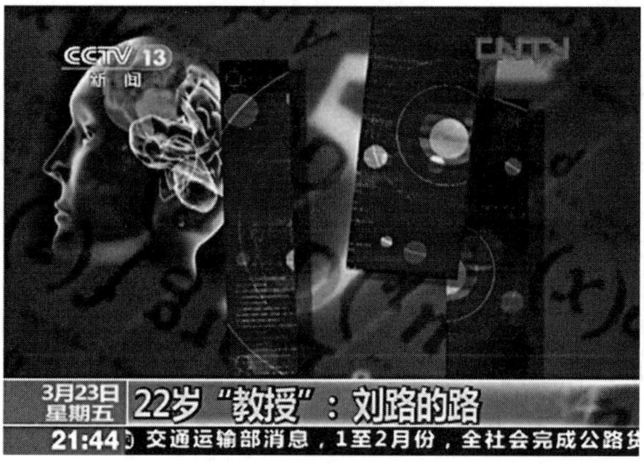

图 3-5 《新闻 1+1 · 22 岁“教授”：刘路的路》

比如在《新闻 1+1 · 22 岁“教授”：刘路的路》中，一位 22 岁的大三学生解决了一个世界级的数学难题——西塔潘猜想，新闻在解释“西塔潘猜想是什么及其在数学界的地位如何”时，用特技的方式，极富视觉效果地把“西塔潘猜想的重要性”呈现出来，并很好地渲染了数学研究的科学氛围。

抠像技术是视频新闻报道中常用的一种特技，它能够将两个不同的时间或空间内的主体合成一个完整的画面，有效保证拍摄主体在视频中声音的清晰，最大限度地保存现场播报的特定氛围。例如，中国日报《老外看中国：英国小哥细数“两会”关键词》通过影视特技抠像技术，将英国小哥方丹缩小后置于办公桌上，通过方丹与桌上物品互动的新颖形式，回顾过去几十年来全国两会的热词，简洁明快地梳理了中国社会经济发展的脉络，最终引出习近平总书记在十二届全国人大一次会议上关于“中国梦”和“人民”的论述，深刻阐明了“人民是历史的创造者”这一论点。

图 3-6　《老外看中国：英国小哥细数“两会”关键词》

再如，人民日报《两会屏评看》采用人物绿幕抠像、AR 包装技术等，让人民日报评论员队伍由幕后走到台前，把重点评论信息呈现在屏幕上，从而突破图文评论的平面限制，用更接地气的语言、声情并茂的镜头，调动网友更多感官，与网友一起关注和解读“两会”热点，聆听“两会”热点的背后深意。

图 3-7 《两会屏评看》

三、强化细节，增强新闻形象感

特技可以去掉前期拍摄画面构图中多余的部分，给画面加框，或放大、突出某个形象，突出画面中的细节，放缓新闻节奏，强化事件或人物，增加新闻形象感。比如放大细节，一位老农粗糙双手的特写镜头就胜过千言万语，能够形象地表现出农民生活的辛苦；最常见的慢动作，在许多纪实节目中，通过慢动作可以改变视觉节奏，营造出一种感人肺腑、催人泪下的氛围。

在素材缺乏的情况下，特技手段还可以用于提示、指示、引导观众对主要的形象加以注意。为了在一群人中指出关键的人物，可以用圆圈圈住人物，或用亮斑提高人物所在区域的亮度，抑或如图 3-8 所示，在现场拍摄条件不好的情况下，用特技来告知观众事件整体的发展状况。

在 2004 年北京电视台制作的新闻专题片《吴若甫被绑架案纪实》中，由于抓捕现场光线条件非常不好，原始素材画面传递的信息量极为有限。为了传递给受众足够的新闻现场信息，编辑用特技形成组合性影像①，在原始素材的图层上，增加特技，以红

① 所谓组合性影像，就是将两处或两处以上的不同信号用不同方式组合在一个影像框架上，构成一个有机的、完整的图形。

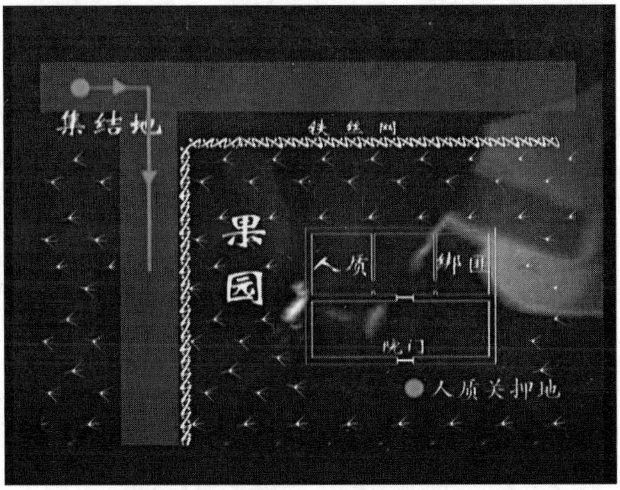

图 3-8 《吴若甫被绑架案纪实》

色标记告知人质的关押地点，缓慢延伸的红色箭头告诉观众警察行进的路径，把警察如何布局抓捕绑匪、营救人质的现场展示给受众。虽然现场拍摄不到可视的画面，但特技把视频新闻特有的视觉感受传达了出来，更富有真实感、现场感，更惊心动魄。

作为一个当代的视频新闻编辑人员，要充分利用视频新闻画面的制作特技，最大限度地利用视频新闻中画面的空间，多层次、多空间、多方面地向受众述说新闻的内容。在运用过程中，要注意特效不是万能的，在同一组新闻中，特效宜少不宜多；在运用过程中，要宁缺毋滥；在处理电视新闻的特技时，要适度使用，不宜过多或过少，要遵循新闻自身的特点，即真实性、有效性。

如今，特技制作的技术已相当高超，加之新技术设备的不断加盟，特技几乎可以达到以假乱真的地步，如果传者不负责任地把制作出来的影像当成真实情况播放给受众，受众将无法判断真假。如果特技使新闻影像真假难辨，那么很可能从根本上动摇新闻的真实的根基。任何人都无法阻碍技术前进的步伐，我们能做的是，尽量提高我们新闻工作者的职业道德，以严肃、负责的态度对待技术条件改善带来的巨大诱惑，使技术最大限度地助力视频新闻传播。

课后思考

1. 观察视频新闻主体构件在电视媒体中的运用特性。
2. 观察视频新闻主体构件在网络平台中的运用特性。
3. 观察视频新闻主体构件在社交媒体平台中的运用特性。

Chapter 4

第四章
视频新闻采访

☑ 了解新闻采访中新闻与采访之间的关系。
☑ 了解视频新闻采访的特性与常用形式。
☑ 学习如何开展视频新闻采访活动。
☑ 学习如何设计视频新闻采访问题。

第一节　视频新闻采访概述

一、采访与新闻

“七分采，三分写”，这只是一种形象的说法，因为凡事都有一个先后因果关系，从记者工作的顺序来看，总是先有采访，后有新闻报道，从来没有先关门制作报道，后出去采访的事。采访实际上是一个艰苦的思想劳动过程，采访过程一方面是收集材料，另一方面则在积极地动脑筋：考虑这是不是新闻，是大新闻还是小新闻，报道形式应该是什么，在现场应该拍摄些什么，后期制作新闻报道时用什么材料、角度、语言，体现一个什么样的报道主题或思想，等等。只有在采访过程中掌握了丰富、生动的事实材料，甚至包括具体的环境气氛、神情姿态、言行动作，才能写出生动活泼、生活气息浓厚的新闻报道。其中有些细节材料，需要亲临现场，反复观察、体验方能捕捉到。

新闻采访是记者为获取新闻，对客体所进行的观察、询问、倾听、思索和记录等活动，它是新闻制作的前提，是一种特殊的调查研究。采访的目的是获得适于向大众传播的新闻事实。不论采访的客体是自然现象还是社会现象，记者注意的只是为大众所关心的具有新闻价值的事实。新闻采访活动所包含的要素主要有记者、信息和受众。我们也曾经把新闻采访称作“代表背后的受众，为收集信息、挖掘真相而进行的谈话”。美国新闻学家杰克·海敦说：“大约有99%的新闻是部分或全部以访问（也就是向别人提问）为基础写成的。”①

采访是采访者对客体事物的认识过程，是采访者运用自己的新闻观点、知识积累和思维方式，通过亲自观察、倾听，经过思索而做出分析判断的过程。新闻采访要求采访者具有新闻敏感、应变能力和采访技巧，即能够在错综复杂的客观事物中敏锐地发现新闻，在稍纵即逝的机遇中迅速地捕捉新闻，在各种困难的条件下巧妙地挖掘新闻。除突发事件的采访外，新闻记者在平时还从事主动的、有目的的采访。这种采访事先

① 杰克·海敦.怎样当好新闻记者[M].伍任，译.北京：新华出版社，1980：23.

有明确的报道思想，有充分的资料准备，有周密的采访计划。

采访的方法有个别访问、现场查勘、参加会议、开调查会、出席记者招待会、阅读文字材料等。采访的方式有个别采访、集体采访、交叉采访、分段采访、巡回采访、隐性采访（在某些特殊场合由于特殊原因而不公开记者身份或不申明采访目的的采访活动）等。新闻记者因分工和采访习惯不同，采访的记录方式有默记、笔录、摄影及录音、录像等。

二、视频新闻采访特性

视频新闻具有声画一体的媒介特性，只有画面、声音等单个表现元素各司其职，各元素组合起来才能形成合力，这种合力的表现力要大于单个元素简单相加的表现力，达到 1+1>2 的效果。因而，视频采访符号的丰富性派生出传播内容的易受性，即受众接收信息时费力程度较小。

（一）多工种协同配合

视频新闻采访不仅是一个提问、谈话的过程，还是一个用所有设备收集、记录有用信息、画面、声音的过程。因而，视频新闻记者进行常规采访离不开摄像机、话筒、灯光等设备，大型的采访活动则需要动用转播车、卫星以及成套的人马，包括摄像、灯光、录音、切换、视频技术等人员。视频新闻采访小组往往由记者、摄像、灯光师、录音师组成，而欧美成熟栏目的黄金编制一般是：制片、主持、脚本撰写人、录音师、录像师、灯光师、助理、联络人。

（二）独特的采访形式

视频新闻采访需要有现场背景，整个采访应该给人一种真实感；在通过对话交流来获取信息的过程中，掌握采访技巧的采访者应尽量保持谈话氛围的活跃与和谐。对采访对象的选择很重要，因为受众喜欢口齿伶俐、有个人魅力的人来做采访对象；视频新闻采访以人的活动为主体，记者必须能够在现场环境中同人打交道，同时要以快速采访的技巧在几分钟内得到通常要花几小时才能得到的东西。

（三）蒙太奇的思维方式

视频新闻采访要求记者将编辑思维贯穿采访始终，要习惯运用连续画面的形象思维来构思报道。蒙太奇的思维方式,贯穿于记者采访的全过程。记者在采访报道过程中要连续不断地在脑海中过“画面”,要考虑用什么样的画面来表达主题,怎样开头、过渡、结尾。

在采访过程中,记者要尽力捕捉具有形象价值的画面,同时,要运用形象思维的能力,在头脑中进行“现场编辑”,对视频新闻的画面、声音、文字等各类表现元素作通盘考虑,并据此决定采访的方式、长度、围绕的主题及所提的问题及角度。

(四)现场同步拍摄

现场指的是空间,它是新闻事件发生的地方;纪实指的是时间,它应当是“现在进行时”。记者进行采访,必须到现场才能拍摄到新闻需要的画面,采访的过程要与事件发生或进展的时间同步。要真正发挥新闻现场的优势,必须从现场这个角度去报道新闻,必须用纪实的手法去拍摄新闻。对视频采访来说,失去了现场的生动画面,那是十分遗憾的事情。立足现场,从现场的视角观察事态,保持拍摄、采访与事件或人物活动同步,用纪实的手法再现事实,是视频新闻采访的一个特性。

第二节　视频新闻采访的主要形式

视频新闻采访的主要形式有调查性采访、人物专访、现场采访、跟随采访、隐性采访、演播室采访、即兴采访等。记者会依据新闻本身需求的多种变化,在视频新闻中组合各种不同的采访形式。

一、调查性采访

调查性报道采访的主要特征是在“调查”两字,其重点又在“查”上,即通过采访查清、证实事实的真相,把事件的来龙去脉、前因后果交代清楚,然后通过采访过程的展示,挖掘出能展示事件本质的典型材料。同时,为了增强电视调查报道的可视性,采访中还要注意抓取兴奋点。

常规新闻采访与调查性采访在获取内容的性质上存在不同。前者一般是要了解掌握基本的事实情况,后者是要挖掘出隐藏问题的情况。在采访常规新闻的过程中,与事实有关的人员一般都能积极配合,并提供情况;调查性采访的开展,往往会因为被采访对象与隐藏问题存在利害关系，导致被采访者不愿意主动配合，不肯提供关键信息内容，竭力隐瞒真相，千方百计地给采访者设置困难，甚至设法阻碍记者了解真实情况。由此可见，常规新闻采访、调查性采访在获取事实的难易程度上差别是极大的。此外，调查性报道在采访上还有以下特征：

（一）需要多源印证

调查性报道的采访调查，目的是要查出有关问题的事实证据，为了防止片面与孤证，需要特别注意一些重要问题的事实要有多源印证，即要有两个以上的人或证据证明发生了某件事或产生了某个问题。调查一个问题，能够印证的源头越多，就越有说服力与震撼力，报道内容就越丰富。

（二）始终风险相伴

在调查性报道的采访中，记者常被夺去相机或摄像机，有时还被打伤、扣留，受到人身安全威胁。即使历经艰难完成了调查，只要被揭露的对象知道了风声，就会千方百计地用说情、利诱、威胁等手段来阻止调查发表。如果编辑部内对作品发表有决定权的领导为此妥协，调查报道就可能难见天日；如果记者要想在其他媒体上发表调查报道，他就要冒背叛原来供职媒体的风险，而且其他媒体也不一定就敢于发表。如果调查顺利公开，新的风险又随之而来。因问题公布于世，社会呼声就会日益强烈，而问题越重要，反响就会越强烈，政府部门也会对问题予以查处，被揭露的对象不仅会身败名裂，还将受到处罚、刑罚等。被揭露的对象就会迁怒于调查记者，跟记者结下仇恨，心理褊狭者特别会如此，而那些一意胡作非为的人大多数都有这种心理特征。骚扰、威胁、恐吓甚至大打出手、谋害等报复都有可能发生。

二、人物专访

人物专访是一种以交谈和问答的方式同采访对象进行交流，人物选择带有定向性，传播意图十分明确的专门访问。人物专访同时也是一种吸引人的报道方式，它体现着较深层次的信息交流，需要高超的采访技巧。世界上许多著名记者都将人物专访作为特别难得的机会和主攻方向加以重视。

视频新闻中的人物专访以记者与被访者之间的谈话为主要内容，但由于视频可以传输影像画面的媒介特性，它不仅能够传达信息而且能够传达影像，在表现形式上会更为灵活多样。

人物专访按照人物身份来划分,类型有名流专访、权威人士专访、新闻人物专访;按照报道题目来划分,类型有观点采访、信息采访、个性采访。

名流专访的特定对象是:有一定社会名气的公众人物,往往是某个领域、某个流派的代表人物。其主要传播意向是:产生名人效应,吸引观众;采访风格是:较为轻松,但格调要高;表现形态是:可以作为固定栏目,也可以作为一档节目的组成部分。

权威人士专访是对某些具有一定权威的人物进行的采访。专访的目的是:体现权威性,增强报道的说服力和可信度。特定对象的选择是:社会政治、经济、文化等领域中的专家、学者、政府部门负责人等具有一定发言权的权威人物;采访风格是:庄重、严肃、客观;表现形态是:可以作为报道组成部分,也可以作为独立的节目。

新闻人物专访的主要特点是:人物本身带有新闻性,专访讲求实效性。采访对象选择的着眼点是:人物是否具有新闻性,新、特、奇是人物选择的代表性特征;专访的侧重点是:以与人物相联系的新闻事件为由头,深入挖掘人物内心世界、精神风貌、思想观点、事件的缘由,充分展示人物特点。

观点采访侧重于思想观点的揭示,对社会问题的看法、主张。记者向被采访者提出实质性问题,然后由被采访者表明态度,阐述自己或代表组织的观点、立场、态度、主张。观点采访带有探索性,往往容易产生广泛社会影响。

信息采访侧重于提供新情况、新动态、新趋向,披露事件的原委,透露新的具体计划、措施、打算、设想。记者要围绕事件本身及产生的连带反应进行提问,以求获得更多的信息。

个性采访注重人情味,力求揭示人物的特征。侧重展示人物的风貌、突出表现、思想境界、内心世界、人生哲学、世界观等,采访的落脚点是揭示人物的个性。

人物专访的表现形式逐渐由单一走向多样化,我们应调动多种综合表现元素,利用视频媒介优势,展示人物专访的人性"魅力"。现在的人物专访形式主要有以下几种:(1)用画面加解说进行提要式引入,然后进行一对一采访问答;(2)画外音提问,将画面让给采访对象,扩大形象画面信息量;(3)多地点活动式。记者跟随采访对象,转换地点进行活动式专访;(4)面对面直接交流式,适用于比较严肃的事件、问题专访;(5)面对屏幕式,即利用通信卫星进行异地专访;(6)电话访问式,利用电话进行专访并配以图表、图片或是典型画面。

三、即兴采访

即兴采访,也称之为即席采访,是指记者在事先不知情或毫无准备的时候,根据现场发生的情况随机应变进行的采访。在采访时,那些突如其来、意想不到的场面、氛围、景物都是影响记者思维的外部环境,这样的环境会激发记者的灵感,使记者产生一种兴致,提出超出准备范围且高于拟定话题的话题。现场即兴采访往往事先没有确定采访对象,也没有事先准备采访的问题。因此这类采访往往最灵活,最生动,最具感染力和说服力,也因强烈的现场感而最受关注青睐。① 即兴采访具有两个特点:一是采访者即兴发挥,二是被采访人无任何准备。

虽然即兴采访往往是在被采访者没有任何思想准备的情况下,对其进行即兴提问,但即兴采访离不开计划采访,如果对采访对象没有充分完备的了解和认识,即兴采访就成了无源之水。即兴采访往往可以深化计划采访结果,使采访增加预想不到的附加值。即兴采访还可以生发另一个新的"计划采访"。②

在实际工作中,记者时常要使用即兴采访来完成视频新闻报道,在平常的运用中,即兴采访有一定的方法和技巧。

即兴采访准备阶段的技巧主要体现在信息开发与挖掘方面,也就是说,采访者需要对被采访者的信息进行分类、梳理、整理、分析。在即兴采访环节要明确具体的采访内容和采访目标,全面了解被采访者的相关信息,保证不犯低级错误,要具备基本的职业素养。即兴采访者通常会根据收集的资料信息,划分信息的类型,在信息后面进一步"备注"可能涉及的问题。按照主次,合理地设计提问清单。③

即兴采访活动开展时,被采访者经常会不回答或是拒绝回答记者的问题。即便如此,被访者不想回答的态度或者不能回答的神情,也说明采访者达到了即兴采访的目的。一般来说,即兴采访问题的设计方法主要有以下四种:

(1)即景生真情法:记者把自己放置在某种情景之中,并与其中的采访对象产生思想和感情的共鸣,从而采访到真实的东西。

(2)迂回寻契机法:记者应试着去寻找多个切入点,以工作、生活、家庭、孩子等多种话题来调动被采访者的兴致,说不定不知是哪句话撞击出被采访者心灵的火花,这

---

① 曹莉.提问是记者的天职——电视新闻采访技巧探析[J].曲靖师范学院学报,2009,28(4):117-121.

② 陈晓.电视新闻采访中如何应用计划采访与即兴采访方式[J].新闻与写作,2011(8):94-96.

③ 顾玲.电视即兴采访技巧策略研究[J].记者摇篮,2022(2):53-55.

时他会忘记面对的是记者，是陌生人，把你当成朋友，想一“吐”为快。

(3)原始回归法：一个人被某种环境所感染，脱口而出的东西大多是最真实的，因为面对此情此景，他掩饰不住、修饰不了。

(4)引导与追随法：在记者产生了兴致而被采访者无兴致的情况下，记者一方面要引导调动被采访者的兴致；另一方面要顺水推舟，看被采访者对哪些问题、问题的哪个侧面感兴趣。①

即兴采访在实践中往往是从聊天开始的，话题是即时的、随意的。此时，采访者就需要刺激对方兴奋点，采取合适的方式引导对象进入主题，让对方说得自然，说得兴奋。要避免单刀直入，避免被采访者产生不适应。当被采访者的言论逻辑不太清晰，或过于专业，可能对观众的理解造成困难时，采访者需要适当总结谈话内容，突出新闻主旨。

融媒体环境下，在线采访与即时连线逐渐增多，即兴采访已经成为节目常用的方式。在做好采访铺垫之后，应该让即兴采访有层次、有节奏、有高潮。具体而言，即兴采访中的提问方式有“连珠炮”式的发问、偶尔问一句的“问题牵引”等。如对社会热点话题的即兴采访，往往牵涉到对同一问题的逐层追问。而对一些善于言谈的公众人物的即兴采访，则以倾听为主。

抓住采访主动权有利于采访者沉稳应对各类突发性事件，降低采访事故出现的概率，同时可以有效调节采访氛围，把握采访进度。在采访中，采访者利用主动权优势可以提前给被采访者设置“约束条件”，当被采访者回答的内容与采访主题不符合时，采访者可以采用合适的方式引导被采访者回到“正轨”，加强对整体采访节奏的把控。

面对持续时间较长的即兴采访活动，更需要采访者把控好采访节奏，不能过于拖沓，也不能急三火四。采访者要学会察言观色，当被采访者出现抵触心理和消极不满等情绪时，采访者要通过转移话题的方式来调节尴尬的气氛，避免引发采访事故，降低采访质量。只有把控好每一个小的环节，才能保证整体的采访质量。

除此之外，即兴采访还应注意以下几个方面：学会引导被采访者；要善于从被访者的回答当中发现问题；提出的问题要简单明了、意图表达要清晰；要注意提问的深入性和连贯性等。② 即兴采访对记者的要求很高，需要记者具有现场应变的能力、现场组织问题的能力、与被采访者沟通的能力、极强的观察能力以及充足的耐心。

---

① 张连英. 浅谈广播新闻中即兴采访的技巧运用[J]. 太原城市职业技术学院学报，2008(8)：158-159.

② 赵伟明. 论新闻报道中如何发挥即兴采访魅力[J]. 中国传媒科技，2012(18)：218-219.

四、其他采访形式

(一)新闻现场采访

新闻现场采访是对事件具体形象的现场纪实报道,离开了具体的新闻现场,视频新闻采访便无法进行。视频新闻的现场性要求记者必须亲临现场,在具体的时间内,在特定的环境中,对新闻事件进行采访拍摄。有一多半视频新闻都来自记者们的现场采访。摄制组人员到达新闻事件现场后,在摄像机开机前选择正在进行的、有明显特征的采访现场,找准了解情况的被采对象。记者设计一些问题,让对方就某个话题发表自己的真知灼见,以便在视频新闻中使用。如果被访者比较有经验,记者的报道目的也很简单明确,记者就可以刺激对方做出比较实质性的问答。因而,在视频新闻采访中,一个重要的任务就是拍摄好画面,重视展示整个采访的过程,包括采访的环境、气氛、人物的情绪,等等。

(二)追随式采访

追随式采访是符合新闻客观规律的纪实报道的手法之一。多时空的新闻题材报道,适宜于追随记者足迹,再现记者在现场的采访、调查活动,将采访的过程记录下来。《新闻调查》《焦点访谈》《法治在线》等节目,追随记者采访调查的过程,采用进行时态中的报道纪实手法,现场感强,真实可信,因而增强了新闻的表现力、说服力、感染力。

(三)演播室采访

演播室采访的场面非常复杂,主持人不但要处理好谈话,保持与采访对象的目光交流、倾听、想出新问题,还要留意工作人员所做的时间提示、信号提示,同时还要面对灼热的红色灯光,它会告诉你哪台摄像机正在工作。

(四)隐性采访

隐性采访,即通常所说的暗访,这种采访方式隐瞒记者身份和采访意图,然后,在此基础上采取种种办法设法了解到事实真相。这是做调查性报道的记者最常用的办法,它与一般新闻采访中记者都是表明身份与讲明采访意图完全不同。比如央视的"3·15"晚会上,多数新闻都是使用隐性采访方式,用非正常手段拍摄而成的。

记者进行隐性采访大多是为了获得真实的第一手信息,采访多数是发生在正常采访难以获得全面而真实的材料的情况之下,比如被采访对象弄虚作假、态度恶劣,甚至是以暴力手段抵制或阻碍采访的进行。

然而,记者开展隐性采访必须符合“三公原则”,即公开场合、公众人物和公众利益。除了明文禁止拍摄的公共场合外,一般公共场合是允许人们用摄像机记录下自己所见。公众人物既包含了政商名流和文体明星,也包含了类似于公务员的工作人员。三公原则中最为重要是公众利益,即记者拍摄这段视频是为了保卫多数人的利益的。但是,需要谨记的是,带有偷拍、暗访性质的隐性采访并不是一种主流的新闻采访方式,需要谨慎使用。

第三节　视频新闻采访的关键环节

在新闻现场,采访是非常关键的环节。对于新闻工作者来说,这是工作常识。在视频新闻中,画面叙述了故事,而采访则是对故事的强调。没有声音,画面故事在本质上是空洞的。采访提供了基本的细节,给故事带来了灵魂和气氛,赋予画面故事自然真实的感觉。记者在收集事实的同时,还要展现采访对象,这是记者的作用和职责。好的采访通常会产生较大的影响力,以至于新闻播出几天后,采访对象走进演播室,受众仍然能认出这个人,这就说明采访不仅在播出时有影响力,而且持续产生影响,并且留给观众的印象非常深刻,使他们能够轻易地将采访对象与之前的交流联系起来。

视频新闻采访活动的开展,主要涉及采访准备、被采访者的甄选、采访计划、采访问题的设计、采访现场的摄录,等等。

新闻线索是新闻事实的简单信息,它告诉记者发生了某件事、某种新情况,但新闻要素不全。记者投入采访之前,先要发现新闻线索,然后凭借自己的新闻敏感就这些线索进行追踪采访。

一、采访准备

(一)明确报道思想

报道思想是指新闻机构在一定时期内,组织、策划报道的指导思想和具体实施这一指导思想的大致设想。报道思想有时也称为报道意图。它包括编辑部依据一定时期内组织有关报道的目的、预期效果、内容重点、报道范围、步骤和要求等。报道思想是采访实践经验的概括和体现,它能帮助记者在采访时克服盲目性,增强目的性。

如果记者总是在采访的路上匆忙列出采访问题,那么这个采访很可能不会是一个精彩的采访。有研究表明,当记者开始提问时,被访者的第一反应就是想知道“他为什么想知道这些?”与此同时,如果记者采访的目的不明确,被访者往往倾向于拒绝回答。

因而,在见到采访对象时,记者应再次解释采访目的。一定要将采访目的说清楚,只有这样,谈话才能够向特定目标直接前进。好的采访对象会自动陈述细节,满足你的采访目的。

(二)搜集采访资料

搜集采访资料包括搜集与新闻事件或是人物有关的背景资料。新闻事件有两种,突发新闻事件和预知新闻事件。突发新闻事件要求记者尽快奔赴现场,没有时间准备,如果有必要,可以让留守的编辑或其他记者研究相关新闻背景资料,以备记者第二阶段的后续采访能够深入些。由于没有时间准备,对于采访突发新闻事件的记者来说,采访前期的准备全靠自己平时的积累。如果是采访预知新闻事件,记者采访前就应该尽可能多地了解新闻事件的背景资料、相关报道,明确采访目的、采访思路。为了达到目的,还要千方百计寻找知情人的线索,以便到达新闻现场时能更快地找到采访对象。

(三)获得信任

视频新闻采访需要展示与被访者相关的某些细节。只有当记者和被访者之间建立起信任,采访活动才能顺利进行。如果记者很大方、谦恭而且真诚对待被访者,那就很容易创造出一种信任的气氛。

视频新闻如果没有被访者的配合,记者就很可能完成不了采访,所以记者的首要任务是,尽你所能消除他们关于你为什么会在那里的质疑。采访开始之前,要去设计如何与首次见面的被访者打招呼,准备一些看上去微不足道的打破僵局的语言,以便开始你的采访。为了获得被访者的配合,记者必须尽量坦率、外向,以此来获得人们的了解与信任。

因为视频新闻往往通过视觉形象来传达思想,最引人注目的故事和采访是要表现人物个性的,采访是视频新闻故事结构中的一部分。在采访中,被访者把注意力集中在他们熟悉的日常工作和生活环境上，要比集中在他们自己或他们的“表演”上更放松。例如在被访者工作的时候，和被访者交谈，被访者会更加自然，采访也会进行得更顺利，而不是把被访者放置在一面墙前进行采访。因为与直接面对记者的拍摄相比，在熟悉的环境中，被访者一边做着日常的事儿，一边接受采访，会显得更为放松，所以，为了避免访谈中出现表演痕迹，请不要要求或建议被访者该怎样做，除非他可以在记者在场的时候“表演”。

（四）赢得采访机会

采访机会往往具有不确定性，赢得一个采访机会，这是每个采访者都有的愿望。有时候，采访机会来得十分容易；有时候，却又漫长而艰难，甚至要耗费几年的时光。为了增加赢得采访的机会，记者或许可以尝试以下的方法：

（1）事先电话预约。记者应当有预约的习惯，除非时间不允许。这样既能方便对方安排时间，又能给他们以思考的时间。

（2）侧面迂回战术。与采访对象周围的人打交道的确是影响采访对象的好方法，例如：一些要人的秘书、朋友就是常被记者攻心的对象。如果采访不到新闻人物，也可以采访新闻事件的知情人。

（3）让你的目标采访对象对你产生兴趣。

（4）说实话与不说实话。赢得采访机会的方法十分灵活，有时候说实话可以促成理想的结果，有时候不说实话则更理想。

（5）灵活之外，更要强调耐心。无论记者准备得如何充分，都有可能遭到采访对象的拒绝。应对这种情况，记者的对策首先是打消他的思想顾虑，语气和蔼可亲很重要，不可急躁，要耐心说服，边等待，边引导。如果上述努力不奏效，记者仍不要放弃，如果面对面采访被拒，可以考虑电话采访，或是书面采访，同时可以发给采访对象采访大纲或是一些简单的问题。有时候耐心亦是获得采访机会的重要因素。在约访的过程中要为对方着想，帮助对方解决困难。同时一定记住留下记者名片，才能建立记者与采访对象的信任关系。

（五）了解被采访对象

充分的准备是采访成功的先决条件。在采访前，记者可以通过各种信息渠道，充分了解被访者。只有这样，在采访进行时，记者才能集中精力去倾听，而不用担心要问的下一个问题是什么。记者只有在充分了解被访者情况的基础上，才能提出有价值的问题,并把访谈重点放在重要问题的挖掘之上。

记者熟悉采访对象不是从和采访对象见面那一刻开始的,而是从一些文字材料、其他形式的间接介绍中就开始的。对大多数记者来说,了解被访者的信息来源有很多,比如百科全书、年鉴、政府手册、姓名地址簿、杂志和报纸、公共图书馆、网络,当然记者还可以打电话给采访对象的熟人、朋友、亲戚,或亲自拜访他们。在没有采访对象详尽、可靠的资料时,记者肯定不会挖掘出潜在的信息。

查阅一切相关资料,比如简报、资料库文档,或是初步采访一些熟识你的采访对象或是了解你的采访主题的人,这些相关资料会帮你预先了解曾经发生在采访对象生活中的事件。只有通过调查,回顾以前发生的一切,才能找到带你走向新领域的问题。"新"是关键词,没有相关的背景,你就会重复相同的已经被问过100遍的问题,最后形成的报道内容就会是别人早已报道过的。

只有通过充分的调查,尽可能了解到采访对象的任何信息,采访才能完全发挥它的潜力。通常记者都是分两步来进行背景调查的:第一步是帮助记者进行采访预约的初步调查;第二步是开掘报道深度的深入调查,这需要进行大量而又透彻的背景研究。

背景调查的基本环节如下:

(1)广泛浏览。从已成文的资料中获取采访题目涉及的历史与社会背景、现实状况、发展动向,以及相关人物的个性特点、职业生涯、人生观念等。

(2)分门别类。这是对背景资料进行定性研究的过程,它依靠事物不同属性进行规范化研究,从繁杂的资料中提取有价值的部分加以归类。美国著名新闻节目主持人巴巴拉·沃尔特斯是名人专访的行家,她在采访前往往要进行极为透彻的背景研究。为了采访影视明星卡罗尔·伯内特,她从大量的背景资料中归纳提炼出38页的研究报告,并在研究的基础上设计出100个探索性的问题。沃尔特斯的研究报告和问题单都是按事物的不同性质归类的。背景研究归为4类:童年、家庭;职业生涯;婚姻;个人习惯。问题设计归为8类:儿童时代、青年时代、职业生涯、母亲时代、个人变化、社会观念、婚姻、人生观。

(3)综合分析。可使记者获得判断事物的可靠依据,得出比较符合实际的结论。

(4)消化吸收。这是将死材料变成活材料的过程。吸收背景材料要注意它同主题的关系,通过背景研究认清报道事物的本质特征,然后选择能够说明、衬托、深化主题的特定背景资料对号入座。

（六）采访前保密你所提的问题

最好的采访会给人自然涌现的感觉，通过记者和被访者之间真实的交流，来捕捉被访者思考的瞬间、神情与反应。但是，大多数情况下，记者会制订采访计划，事先确定报道主题、采访日期和时间、采访地点，但为了确保采访过程的自然呈现，不要在采访前告诉被访者采访的问题。否则，被访者会把大部分精力放到其中的一个问答上。对于其他问题，被访者会因为事先已经告知记者，采访时会省略一些细节。

（七）准备采访设备

视频新闻采访一是拍摄，二是传播。记者和摄影师必须真实地表现采访对象，要让采访在视觉技术上有助于受众接受被访者提供的信息与形象。记者如何结构、拍摄采访及其发生的环境，不仅会影响到受众如何看待被采访对象，还会影响受众对被采访者提供信息的关注度。因而，采访开始前，画面构图的设计就要尽量让受众能够看到采访对象的眼睛，展示人物个性时通常用特写镜头。

灯光同样会影响采访。不要用单调光，因为这样会在采访对象后面的墙上形成阴影。如果出现了阴影，可以通过移动灯或采访对象来消除阴影。为了创造出更柔和、更满意的灯光，让采访对象身上的灯光不过于强烈、明亮，可以考虑在灯上装上伞式反光器或超低强度灯泡。

为了保障采访摄录与传播正常进行，记者采访前不仅要检查拍摄器材，还要尽可能多地了解新闻发生地的传输情况，熟悉掌握海事卫星、互联网技术、电脑和手机等数码产品。遇到特殊新闻事件报道，如战争、地震、登山、探险，在装备方面要保证拍摄器材正常运转，带足电池、照明灯、先进的卫星通信设备等，还应该有特殊的准备，像准备防毒面具、登山服、压缩食品、纯净水等。

（八）帮助被访者忘记采访设备

当你近距离做一对一采访时，如果被访者不习惯耀眼的灯光和摄录设备，尽量不要用手持麦克风，甚至是短枪式麦克风，因为这些东西会提醒被访者他们正在被录音。这种情况下，使用无线麦克风会让被访者更容易忘记麦克风的存在，被访者表现会更自然，采访效果会更好，被访者也容易说出通常不会讲的内容

记者首先要帮助被采访者克服由太多的技术造成的物理障碍，例如摄制组要提早到，组装好设备，用低强度灯，把它们提前立好，给被访者时间去适应。最好能让被访

者忘记这是一个视频采访,那么他大概率可以在自由谈话的状态下进行采访。

很多被访者从来都没有接触过记者、麦克风、照明灯和摄像机,他们往往会难为情、紧张、不知所措,如果照明灯、麦克风和其他的报道设备不显眼的话,采访会更顺利。为了帮助被访者放松,记者可以尝试以下方法:

(1)如果你有时间,就先和你打算采访的人交谈,再拿出设备。

(2)无论你有几分钟还是半小时,你都要花尽可能多的时间了解被访者。相互交流的这段时间通常是采访中最有价值的一段时间,因为它给你和被访者提供了一个相互了解和信任的途径。

(3)谈一些能够使被访者感兴趣的事情;千万不要谈论你自己,除非被访者一开始就表现出对你很感兴趣。

(4)更好的办法是,使用微型颈挂式麦克风和无线话筒。

(5)不要谈论你的设备以及它值多少钱。

(6)给被访者时间来适应摄像、记者、三脚架、灯箱以及电缆。

(7)让被访者尽可能多地说话。

(8)录制的时候,关掉信号灯,这样被访者就不知道摄像机正开着。

(9)提前定好记者和摄影师之间的暗号。有时候,被访者在采访开始前的状态最好,他们精力充沛而且善谈。有些记者和摄影师为了捕捉到采访对象有活力的状态,会提前定好开拍暗号而不打断采访对象。例如,记者可以把圆珠笔放到衬衫兜里来暗示摄影师开始拍摄,而采访对象全然不知。

(九)倾听的艺术

效果最好的采访就是两个人之间的真实交谈,但是没有倾听者就没有交谈。很明显,倾听者的工作落在了记者身上。事实上,倾听是一种报道艺术。如果记者是一个很好的倾听者,而且确实对被访者要说的话感兴趣,那么就会有一个非常好的机会来做一个很棒的采访。

倾听也会帮记者设计出更有意义的问题。如果你的问题是通过对方的反应或是神态自然地提出的,那么采访就显得更自然。认真地倾听也会把记者从因为太集中精力想下一个问题而没听到被访者正在说什么的状态中解脱出来。

倾听更大的好处是可以帮你确认潜在的“编辑点”。在视频采访中,被访者的手势、动作、神态、表情、语气、语调,都是具有潜在信息的。有经验的记者往往能从被访者的回答中,觉察到其情绪或是神态的变化,进而提出新的问题来对此进行追问。采访结束后进行视频编辑时，或许这些片段是最有说服力的访谈瞬间。

二、采访氛围的营造

（一）与采访对象见面：打破僵局

作为一名记者，大多数情况下是一个局外人。尽管如此，作为采访者，采访活动能否开展取决于记者是否具备很快被陌生人接受和信任的能力。这个工作对于平面媒体的记者来说比对于视频新闻记者更容易一些，因为他们不带摄像机走向被访者，可以很快建立起一种友善的感觉，而摄像机、照明灯、麦克风和卫星转播车都成了视频新闻记者走近被访者的负担。

陌生人初次见面，通常会使用一些社交中经常运用的打破僵局的技巧。“你好吗？今天天气真糟糕。你遇到过这么冷的天气吗？顺便说一下，我认识你的一个朋友——你的大学同学……”仔细观察对方的工作环境会帮助你制造一些现场感。（“我很喜欢你书架上的那幅字……”“你墙上挂的照片使我想起了……”）

谈论些小话题能使谈话具有人性化的特点，而不仅仅局限于机械化的提问、回答模式。但有些工作繁忙的采访对象想马上谈到正题，不喜欢在小事上浪费时间。另外有一些人似乎需要谈论些小话题以建立信任和安全感。

对方也会抓住这些机会来评价你，判断你是否真诚和可信。一位权威人士曾经指出，陌生人见面后的前四分钟在很大程度上决定了接下来发生的事情，所以好的开端非常重要。这些早期的谈话能使友好的、平易近人的气氛弥漫开来。幽默是谈话的润滑剂。

（二）选择恰当的时机

记者应充分把握采访对象的心理特征，选择他们思想上乐于接受采访、对采访内容有兴趣的时机进行采访。例如，要采访某位科学家，如果他所进行的科研工作正处于关键的突破时期，他就不会有闲暇的时间去应对采访。

（三）得体的仪表

记者要能够根据不同的采访对象、不同的地点、不同的场合选择不同的装束与打扮。譬如：你面对一位“专家”，你的衣着就应大方；你面对一位“农民”，你的衣着就应朴素；你面对一位“官员”，你的衣着就应正式……美国新闻学者约翰·布雷迪在其所著《采访技巧》一书中曾说:“首次与对方见面,在开始时往往最好是庄重客气些,绝不可以放肆失礼。审慎的记者甚至要等到对方提出要求才肯坐下来。此外,未经对方同意,绝对不要嚼口香糖、抽烟以及摆弄被采访对象办公室或家里的东西。”①

(四)融洽的气氛

谈话之初最好要全面具体地解释——你是谁,你需要什么,为什么需要。采访开始前往往要有些“热身”的谈话,对方的服饰饰物、周围的摆设,都可以成为话题,建立在共同兴趣和相互信任基础上的和谐是采访的核心所在。有经验的记者会尽量避免争吵、愤怒的指责和不友好的行为。

记者的身体语言和衣服样式不可避免地会影响受众如何看待采访对象。如果要创造出融洽而友好的采访状态,可注意以下几点:

(1)让人感觉到记者很外向;记者表现出友好和关心:离采访对象近一些。

(2)在采访对象旁边坐下,彼此之间不要有任何东西,哪怕是话筒。

(3)把身体转向采访对象,要比与采访对象直接面对面好得多。

(4)把采访对象带到室外,能够创造一种自由的感觉。这会给观众传达出一个清晰的印象,那就是采访对象接受你的采访是完全自愿的。

如果要创造出调查性的或敌对性的采访状态,那么记者的身体语言也要随之改变。在敌对的状态下,不同的身体语言会更恰当,以下的行为可以表现出这种状态:

(1)在记者和采访对象之间放一些东西(一张桌子,一个棒式麦克风,等等)。

(2)记者和采访对象之间的距离远一些。

(3)记者穿上外套、系上领带,或是穿类似的工作装。

(4)记者正面对着采访对象,而不要有角度。

通过视频新闻采访,新闻事件的参与者可以说出他们自己观察到的现象,这种第一手信息的力度和可信度是其他形式的新闻报道所不能比的。记者很少有机会能看清采访对象的精神世界,只有当采访对象面对摄像机很自在,把自己的内心世界表现出来时,这才有可能。如果记者营造了令人舒服的采访环境,做好了采访的准备,也让采访对象感到记者是一个通情达理的、可信赖的人,那么记者就为一个精彩的报道打好了基础。

---

① 布雷迪.采访技巧[M].范东生,王志兴,译.北京:新华出版社,1983:66.

（五）合理的关系

记者采访的对象形形色色，上至国家元首、社会名人，下至平民百姓、三教九流，因而在采访中要正确处理同采访对象的关系，这两者之间的关系应该是平等的，相互尊重的。面对高层人物时，绝不可低三下四，或阿谀奉承；面对普通的采访对象，不应盛气凌人。

在任何采访环境下，记者都必须有良好的谈吐和谦逊的态度。如果被访者对一个记者的行为和所提的问题感到不舒服，这个采访很可能失败。如果采访时间很长，就不要只在一个地点采访。变换采访地点可以使采访更有活力，也为变换采访对象提供了机会。

（六）恰如其分的表情

在访谈过程中，有声语言起主要作用，是交流双方沟通的主要形式，但是恰如其分的体态语言能对双方的交流起到辅助或是深化作用，可以充分激发采访对象的谈话兴趣。

对被访者的回答作出反应是采访艺术的一部分，但是这种反应不要表现出你同意采访对象的观点或对采访对象表示出不合时宜的同情。点头或说“我知道”和“说得对”都属于这类反应。多数情况下，记者作出反应的意图是表示听懂了，或是通过身体语言鼓励采访对象让他“继续说”，但是受众会认为你这样的举动表示出你对采访对象的认同。更严重的问题是，如果在那一部分有你的声音，编辑也许不能清楚地辨别声音的开始点。

为了避免这些问题，记者可以轻轻地歪一下头表示对采访对象的回答很感兴趣，或者偶尔“嗯”一声，但音量要低得不会被录下来。你还可以偶尔眨眨眼睛，恰当的眨眼可以表示你的兴趣和关注。改变身体的位置也是一个好办法，前倾表示你对采访对象的回答很感兴趣，但无论是出于多好的目的，也不要说“我明白”“说得对”。

此外，沉默是非常好的采访技巧。视频新闻采访中，问一个好问题，然后停留两秒、三秒或四秒钟，被访者也会因为记者的沉默而感到些许尴尬，更容易引起被访者的注意。问题问完后的沉默，往往会让被访者觉得记者还在期待着他的回答，进而会出现更为精彩的回答。

三、采访问题的设计

如果被访者是经常接受采访的公众人物，他们都经历过无数相似的、可预见的问题，作为采访者，记者最好不要问过于简单的问题，而应当试图去问一些新鲜的问题。如果你不知道从何问起，也许你可以给采访对象大学时代的一个老同学打电话，从他那里获得一些背景信息，这会给你指出新的报道方向。或者充分了解网络民众对于这位公众人物的讨论、争议或是成见，并沿着这个方向，设计有意思而且适度的问题。当然，你越了解采访对象，你就越容易想出好问题。

最有力的采访问题能够不断地索求到信息，这些问题总是出自以所有记者都熟悉的五个"W"为开头的质问：谁(Who)、为什么(Why)、哪里(Where)、什么时候(When)、什么(怎么样)(What)。这些词有独一无二的能力，它们能够激发出有价值的回答。以"为什么你反对恢复这个提案"开始的问题要比只能回答"是"或"不是"的"我想你反对新提案"的问题强很多。

(一)准备采访问题

记者采访最主要的目的是获取新闻信息，采访前准备问题是为了能在有限的访谈时间里，让采访对象提供更多的新闻信息。记者在设计问题的时候，最好是换位思考，考虑采访对象是否有兴趣回答，怎么回答，回答的内容是否会是受众所需要的。

采访多有不可预见性，但不可不做任何准备。相反，为了应对可能出现的变化，记者应该多准备一些问题，从不同的角度来思考并设计问题。一方面，记者可以从研究采访对象本人的实际出发，问题到采访对象的生活中去寻找，而不是对所有采访对象都提同样的问题。另一方面，记者要尽量预料到如果受众有机会提问，他们会问采访对象什么问题。记者是受众在现场的唯一代表，提问要得体、中肯，可以尝试围绕五个"W"来设计问题——谁、为什么、哪里、什么时候、什么(怎么样)——以激发出有信息量的回答。尽量少问只能引起简单的"是"或"不是"的回答的问题，也不要同时问两个问题，这会把被访者和受众搞糊涂。

随着新闻记者的增多，采访活动越来越为广大群众所熟悉，被访者采访活动对记者采访程序的要求也越来越严格。许多政府部门、企业公司要求记者先寄采访提纲给采访对象审阅，如果采访对象对记者采访的问题感兴趣才会同意记者前来采访。如果都是采访同一个话题，先来者肯定比后来者占有优势，要想就同一个话题访问同一个人，准备的采访问题一定要变换角度。

（二）采访场景与时机

尽量选择新闻人物出现和新闻事件发生的典型场景，并且尽量提前对采访现场进行勘察。当为“人物故事”做采访时，专业人士一般遵循两条规则。第一条规则：不要只在一个地点采访人物；让被访者边走边说。采访地点的变化可以帮助采访焕然一新，还能提供从温和的问题到强硬的问题的机会。第二条规则：不要只是对采访对象进行提问，而要和他交流。少用一些采访对象可以机械地回答的谈话问题。“我敢打赌外边天气很冷”和提出一个直接的问题一样，可以引出有意义的回答。然而，这种技巧只是为了引出有意义的回答，而不是引导被访者做出特定的回答。

当被访者不习惯在摄像机前谈话时，有经验的记者会在他们正在做日常工作的时候来采访他们，我们可以用以下四个标准问题来衍生出更多的谈话：

发生了什么？

进展得怎么样？

你怎么看待这件事？

现在怎么样了？

通常，这些问题可以在突发事件的新闻现场提出。例如在被访者正清扫他们被洪水淹了的店铺的泥浆或查找财产时，提出问题：“找得怎么样？”水灾的受害者肯定会这样回答：“太可怕了。我的房子已经被洪水淹了，我刚刚逃出来；我什么都没了。”这种即兴的问题让人们来不及准备如何回答。

（三）采访问题设计

1. 小话题的设置

所有采访的问题都要有事先的设计，但是也不能被问题所局限，必须随机应对。优秀的采访者能在对方意识不到的情况下，把最初的小话题顺利地引向第一个严肃的问题，就是把谈话从小事导向正题。例如当被访者正在谈论钓鱼的时候，采访者突然提出第一个“正式”问题——钓鱼是不是缓解压力的好办法？你会不会建议其他警官也参加一些像钓鱼这样的业余活动？该不该带妻子和孩子一起去？就这样，记者的采访在不断追问下得以顺利进行。当然，在采访进行的过程中，不要忘记采访目的。

2. 提问语言直接、明了

提出的问题要做到直接、明了，避免把问题描述得太复杂；提出的问题要传达采访者真实想法，避免词不达意的情况发生，不要让被采访者利用语言上的模糊来逃避你的问题。

3. 使采访开始的提问

采访开始时某些提问在后来可能要被删去，很多记者认为这样做只是为了本次采访的顺利进行。采访开始时的提问有两类，一类用于打破僵局，一类用于帮助迈出采访的第一步。第一次与采访对象会面可以使用一些打破僵局的技巧。比如聊聊办公室的背景、双方共同的熟人、两人都感兴趣的话题。

不管第一个严肃的问题是什么，它最好比较好回答，视频新闻采访更是如此；它最好能增强采访对象的自尊心，敏感问题稍后再问；问题应显示出采访者为此已经做了充分的准备；在逻辑上符合采访者已经阐明的采访目的。

例如，许知远在《十三邀》中采访罗翔时，以探讨杰出的法学人物作为切入点，既符合罗翔的职业身份，又以轻松愉快的话题开启了后续的深度采访。

例：【《十三邀》许知远对话罗翔】

许知远：如果找一个非常杰出的法学人物，鼓舞你的是谁呢？

罗翔：想起来其实很多人，马丁·路德·金、甘地、林肯。

许知远：他们身上最触动你的是什么呢？

罗翔：勇敢。其实在我的词汇中，我觉得勇敢是最高级的词汇。因为我自己不够勇敢。在人类所有的美德中，勇敢是最稀缺的。

许知远：当你愤恨自己不勇敢的时候怎么办呢？

罗翔：愤恨没有用，就当命运之神把你推向那勇敢的时刻，希望你能够像你想象中那么勇敢。

4. 开放式问题和封闭式问题

开放式问题是比较宽泛的问题，为答案留有足够的余地；封闭式问题通常都很具体，也需要对方的回答足够具体。

许知远在《十三邀》中采访罗翔时，首先提出“是否认为乌托邦是必要的”这个开放性问题,而后根据罗翔的回答,进一步深挖答案背后的原因,即罗翔为何对相对主义具有警觉性。

例:【《十三邀》许知远对话罗翔】

许知远:所以你也认定乌托邦是必要的?

罗翔:我认为理念意义上的乌托邦是有意义的,但是现实中的乌托邦是不可能的。我们画不出那一个完美的圆,我们无法追求到绝对的美,但是你不能推导出这个世界没有美、一切都没有意义,那就是说人的存在是没有意义的,人类追求美德是没有意义的,是一种伪善。

许知远:你对相对主义的这种警觉,你觉得是怎么来的?

罗翔:就是我会发现,人类中很多概念具有相似性,但在这些相似性的概念中间,一定是有一些细微的区别的。而现在我们的思维,为什么人们习惯于标语化的思维?就是因为觉得世界太复杂。当我理解不了那么复杂的世界时,我就选择一种简单化的世界。但是复杂一定是存在的。

5. 漏斗式的提问顺序

典型的提问顺序有两种:一种是从具体到一般,另一种是从一般到具体。被访者在回答一般问题时发表的言论自然会使采访者产生获得更为具体信息的需求。反之亦然。

许知远在《十三邀》中采访许倬云时,以许倬云提出的"因为现代世界都陷入某种精神危机"观点发问,从许倬云的回答中进一步细化问题,具体包括时代特征、如何应对该时代、解决方案等。

例:【《十三邀》许知远对话许倬云】

许知远:包括您说,因为现代世界都陷入某种精神危机。

许倬云:对。

许知远:人无法安身立命,西方、东方都有相似的问题?

许倬云:现在世界全球性的问题是人找不到目的,找不到人生的意义在哪里,找不到目的,找不到意义,于是无所适从。而世界上诱惑太多,今天我们生活起居里面,有多少的科技东西,这些东西都不是自己做出来的,都是买的。今天你没有金钱,你不能过日子,在大陆说你没有卡不能过日子,没有手机不能过日子,于是你必须要在这种生活中间。你不能独立,既然不能独立,你就随着大家跟着跑，大家用什么，你跟着用什么。

尤其今天网络、媒体，每一个人都在影响别人，你们今天做节目也在影响别人，你采访我，我回了话，你拿着我的话传出去可能影响别人。每个人彼此影响，但是难得有人自己想，听到的信息很多，不一定知道怎么拣选，也不知道人生往哪边方向走，人生活着干什么。只有失望的人，只有无可奈何之人，他会想想我过日子，为什么过。顺境里面的人不会想，而今天日子过得太舒服，没有人想这个问题，忙的是买这个机，买那个机。

许知远：那这个盲目最终会导向一个很大的灾难吗？

许倬云：对，忙的是赶时髦，忙的是听最红歌星的歌，不管那歌星的歌是不是你喜欢听的。人家告诉你听，因为他有名，因为他有名，所以我就听他，不是因为他好，是不是？就人的判断能力也没有了，人没有目标，没有理念，也没有判断能力，这个是人生是灰白一片，这个是悲剧。自古以来最重要的人类，历史上最重要的阶段，我们用德国人雅斯贝尔斯的意见，转轴的时代。

许知远：轴心时代。

许倬云：那个时代每个文化圈都冒出人来，冒出一群人来，提出大的问题，多半提出问题不是提出答案，那些问题就始终今天还在我们脑子里边。那一批人问的问题，历代都有人跟着想，我们都在做注脚，可现在对大问题做注脚的人越来越少，因为答案太现成，都像麦当劳一样，思想上的麦当劳，现成答案。随手一抓就一个，短暂吃下去，够饱了，不去想了。所以这些是今天物质生活丰富方便，精神上空虚苍白，甚至没有。人这么做走下去，也就等于人变成活的机器，我们来配合 AI(人工智能)，不是 AI 来配合人，没有自己了。

许知远：那怎么应对这样的时代呢？如果一个人不甘心，他的力量又这么微薄，他怎么应对这样一个潮流，怎么自我解救呢？

许倬云：这个就是你们媒体和新闻界，和知识界第一线应该做的事情，我愿意给你做讨论、谈话，就是希望借助你把这消息告诉别人，有一千个人，有一万个人，有两三个人听，到他耳朵里面去，听到心里面去，我也满足了，你也满足。

许知远：您的解决方案是什么？

许倬云：叫每个人自己懂得怎么想，看东西要看东西本身的意义，不是看它的浮面,想东西要想彻底,不是飘过去,今天的文化是一个打扮出来的文化,是舞台式的文化,是导演导出来的文化。

6. 过滤型问题

记者常用过滤型问题来判断对方是否具备回答提问的资格,这类问题在采访身份不明的人时作用更明显。

7. 探究型问题

对事实进行深度挖掘是采访的中心环节,这类问题既是鼓励采访对象就已经说过的话做进一步的解释和说明。提问"为什么"是深度挖掘事实的最好方法,在你想不出其他问题的时候,它就是最好的问题——"您为什么这么说呢?"

8. 概念界定型提问

概念界定型提问旨在挖掘新闻事件背后的原因和规则。理解表面事实背后的概念依据与其说是个提问技巧问题,还不如说是个复杂的学习和理解问题。对概念的挖掘有时需要不懈地探究。

例:【面对面:王顺友,马班邮递员】

王志:为什么不住老乡家呢?

王顺友:有些地方没有老乡,大山里没有人户,找不到人户的地方就必须在山上睡。

王志:安全吗?

王顺友:要说不安全还是安全的,要说安全还不算安全。

王志:怎么说?

王顺友:在心里想着,最怕的还是怕狼、熊。

王志:遇到过吗?

王顺友:狼、熊遇到过,但是我的感觉,这些野生动物还是怕酒,喝了酒酒气大,野生动物都不到人面前来,跑得远远的,晚上就叫、吼。马看见野生的动物它就跳、抓,但是一个人,总还是睡不着觉的,都是喝了酒,自己麻醉自己,我迷迷糊糊就过了,但是心思是没睡觉的。有些时候不想干了,这么孤单,不想干了。

王志:怎么个孤单法?

王顺友:时间长了,我都变成了一个不肯说话的人了。

拉吕·吉尔兰教授曾经为概念界定型采访提出辅助公式GOSS。大凡制造新闻事件的个人和组织总是出于某种目的和目标(Goal)——“你们要实现的目标是什么?”总是面临或即将面临实现其目标的障碍(Obstacle)——“你们遇到过什么难题吗?”新闻制造者已经找到或者正在寻找某种避开障碍的解决方法(Solution)——“你们是怎么对付这些难题的?”追问这一目标是在什么时候由什么人的意见而开始的(Start)——“这一设想是什么时候开始的?”为了使采访获得一定的概念深度,还可在GOSS后再加上Evaluation(评估)+Why(为什么)。

9. 数字问题

过去10年来,人口增长率是多少?回答这类问题最好不要模棱两可,应该用具体的数字去说明,这样才能使正在探讨的话题的精准度更高。

10. 评论性问题

从严格意义上讲,评论性问题并不是真正的问题,而是采访者为了获取对方的观点,自己先做出的评论。这些评论大多是推测性的,通常表现得比较随意,能增强对方的自我意识。

例:【面对面:服务大局 为民司法】

记者:我觉得这不仅仅是业务能力问题。

张耕:所以我讲,法律监督能力是一个综合素质,不是光说你的业务水平很高就行,你会办案就行。那不行,还有你的政治素质,你的道德修养,一个检察人员,我认为最重要的就是,你必须有一个公正的良心。

11. 创造性问题

有些记者善于从谈话的细节中筛选出些许信息,而这些信息可能是新鲜的、独到的,甚至还包括一些非语言的信息。

例:【易立竞采访郭敬明】

易立竞:曾经发生作品抄袭的案例的风波和你现在保护知识产权有矛盾吗?

郭敬明:没矛盾。(神情严肃)

易立竞:你觉得它是污点吗?

郭敬明:我认为有影响,但不会一直……因为我现在向更多领域发展了。

易立竞：你觉得这种形象是在扭转的，是吗？

郭敬明：也不是扭转，只是想要证明一直说是没有用的，得不断去做。（皱起眉头，整理衣服）

易立竞：抄袭风波这件事算你吃的苦头吗？

郭敬明：我觉得其实也让我成长很多，对。（点头）

易立竞：你现在把它视为一种财富吗？

郭敬明：不一定是一种财富（不断摇头），差不多了这个问题，下一个吧。（端起水杯喝水）

易立竞：它现在在你心里还是一种障碍吗？

郭敬明：过去好多年了，而且老是聊一个十年前的（问题）没有太多意义。（继续喝水）

在采访中，就算被访者否定了记者的推断，那也没什么损失，也许被访者会为困扰记者的问题提出其他的解释。

12. 提问敏感问题

先问一些问题热热身，但是要把最好的、最有力的、最尖锐的问题留到采访的最后部分，把采访推向高潮。那些敏感的或是令人难堪的问题最好在采访的后半部分提出，这样，先前建立的和谐氛围就能像预期的那样，使谈话度过危险的雷区。在策划采访的时候，就应该意识到有些问题回答起来既轻松又愉快，而有些问题则刚好相反。

一位知名时尚设计师在采访初期轻松地谈论了他的最新时装秀、设计灵感和与模特们的合作趣事。随着采访的进行，记者通过细腻的问题和真诚的态度逐渐赢得了设计师的信任。在访谈的后半部分，记者触及了一个极为敏感的话题，询问设计师如何应对自己被诊断为艾滋病后的生活变化。

由于之前的和谐氛围已经建立，设计师感到足够的信任，开始深情地分享自己在被诊断为艾滋病后的心路历程。他描述了当时的巨大恐惧和孤立感，如何一度被朋友和同事疏远，甚至在职业生涯中遭遇过歧视。设计师进一步透露了他在确诊后的抑郁症状，以及为了应对这些心理挑战，他不得不接受长期的心理治疗和药物控制。

在这个过程中，他也谈到了如何通过艺术创作找到情感的宣泄口，并借助设计工作重新找回了生活的意义。设计师还坦诚地讲述了他如何在面对病魔和社会偏见的双重压力下，逐步学会接受自己，并利用自己的影响力为艾滋病患者发声，争取更多的理解和支持。

或许由于之前的和谐氛围已经建立，被采访对象会感到放心，今与你分享，因为你作为一个敏感而富有同理心的采访者，是前来表达理解和支持的，而不是来惩罚或审判他的。

13. 提问敏感问题之后的情感恢复

如果敏感问题在处理上做到了小心谨慎，双方的信赖不会遭受任何损失。有时一点点充满人情味的安慰很起作用。如果原来的气氛已经很和谐，就算问题很令人尴尬，也应该不会破坏整个采访。但如果先前的和谐氛围不稳定，你就要庆幸是在采访的最后才提出这些敏感问题。

（四）采访同期声素材整理

尽管采访永远不能代替故事，但它是记者讲述故事的重要组成部分。一天之内，记者往往会参与很多报道，因而在写稿之前，他往往会回放每一个采访，并记下采访同期声的开始和结尾，把它们组合成一个完整的报道，因此准确的措辞是必要的。为了解决这一问题，有些记者会用一个不显眼的手持录音机给采访做一个声音备份。然后在回单位的路上或去报道下一个故事的路上，在汽车里回放采访并准确地记录下故事所需的同期声。

如果记者训练自己能在采访中就听清同期声，那么这个过程会成为工作流水线。听的时候，留心剪辑点，当你觉得被访者做出的回复有用的时候就记下来。接下来的工作就简单了，找到需要的同期声的位置，然后告诉编辑。

如果你的便携式摄像机装有时间码发生器，你可以把发生器的时间码调节到跟你手表上的时间分秒不差。这样，在采访中，可用的讲话一出现，你只需看一眼手表就能确定可用的讲话在录制素材的哪个时间节点。

课后思考

1. 记者开展隐性采访应符合哪些原则？
2. 如何能赢得采访机会？
3. 如何能获得采访对象的信任？
4. 结合你感兴趣的主题，设计采访问题。

Chapter 5

第五章
视频新闻的叙事与美学观念

☑ 了解并学习运用视频新闻的镜头叙事开展新闻报道。

☑ 了解并学习运用视频新闻的镜头造型元素开展新闻报道。

☑ 了解并学习视频新闻的镜头表意。

☑ 了解视频新闻的美学观念。

第一节　视频新闻的镜头叙事

借助网络信息技术,用事实说话是视频新闻的核心原则。视频新闻特有的表现手段只是作为一种叙事载体(形式、手段),复制、刻画、摹写现实,以表现“社会真实”,讲述发生了什么。杰姆逊等文论家认为,随着影像技术的发展,西方出现了“图像转向”,也就是说,视觉文化成为整个社会文化的主导。视频新闻立足新闻现场环境,抓取关键细节,构建故事情节,强调对纪实性叙事策略的探索。与此同时,新技术的出现、叙事方法的不断突破也是视频新闻叙事模式不断调整的动力。

画面首先是一种影像载体,进入表意序列的画面,它的影像大多附着了意义。单幅画面的意义常常由于形象空间的局限而不够完整和明确,如果把它置于特定的画面组合中,它的意义就会因受到情境叙事的规定而变得明晰具体了。

对于任何一个视频新闻摄制人员来说,在现场拍摄时,所面对的是一个个具体的形象,要在此基础上,完成一个个单一的镜头(画面),而在拍摄时,记者头脑中会形成一组组镜头(画面)的预设和影像,以此来指导视频新闻取材工作。

作为意义载体,镜头靠形象“说话”,但形象还远远不足以涵盖画面的“说话”手段。形式,是镜头“说话”的另一种重要方式,即以“纪实”为风格特征的视频新闻不可能忽视、回避画面形式本身具有的意义内涵。

一、故事化叙事

故事性在新闻报道中具有重要作用。故事性指的是采取对话、描写以及场景设置等方式,充分呈现事件中的重要情节,使新闻叙事故事化,突出其中能够引起人们兴趣的内容。普利策新闻奖得主富兰克林认为,故事是新闻学的本质,视频新闻的故事化集中了新闻、故事、视听等多种特征。因为新闻是对新近发生事实的报道,视频新闻故事化应该以坚持新闻真实性为前提,确保所呈现的内容客观真实,并在此基础上,通过画面以及声音来传达内容,这种视频新闻故事化的叙事形式,可以提高新闻的真实性,使受众更加接近事实本身。

故事的魅力在于其具有可读性,传统的新闻报道往往千篇一律,内容较为枯燥,而通过故事化的叙事手法来讲述新闻,可将枯燥的内容故事化,让受众在阅听故事时产生新鲜感。故事化的叙事在具有更强的可读性的同时,其情节化的内容更能够将新闻中的人性、情感挖掘出来,呈现真善美,并将情感与理性相融合,使观众更能够感同身受,拉近观众和新闻的距离。

视频新闻一般来说篇幅有限,画面很难在有限的篇幅里把一个复杂事件的来龙去脉讲清楚,常规的视频画面往往需要在现场记录,受此特性所限,很多时候画面取材并不能得到完整的事件发展过程的影像,这也制约了画面叙述能力的发挥。与此同时,画面不像语言文字那样,在叙述一件事情时可以很容易地进行时空跳跃、转换,画面的展开顺序给观众的感觉就是事件发展的过程,或代表了某种视线运动、对事物的认识的过程,如果忽视人们对画面特有的这种接受习惯和视觉活动,将直接导致信息传达的混乱。

因此,在事件性或过程感较强的视频新闻的故事化叙事中,需要在画面叙事上注重事件的序列性。曾经有这样一条消息,报道的是一位妇女为救别人家的耕牛而爬上土崖不幸跌落下来摔伤的事。解说词采用的是“倒金字塔”结构,把事件的结果——妇女摔伤放在了导语中,画面编辑可能为了与文字稿内容相呼应,在最开始编上了一段妇女正在爬土崖,然后跌落下来的镜头。导语之后,解说词开始交代事件始末,于是,妇女正在往土崖上爬的画面又出现了。这样的画面组接,让人弄不清楚两组镜头究竟是一种什么样的时序关系,因为凭本能,人们总愿意把影视叙事节目中画面的顺序(除特别说明外)看成顺时序的,由此分析上面这个例子,两组镜头的顺序给人感觉是妇女摔下来后又向上爬过。但是,此条新闻的解说词又没有为这种猜测提供依据,于是,很简单的事件,很明了的过程,只是因为画面没有清楚地显示事件的序列性而直接导致了理解的困难,甚至导致歧义的产生。由此可见,在过程性较强的视频新闻中,画面在叙事上、逻辑上的要求比解说词要严格、苛刻得多,不注意这一点,新闻传播最起码的清晰、准确传达信息的任务就不能完成。

在完整的视频新闻故事化叙事结构上,画面也理应构建起一种局部叙事。所谓“局部叙事”,就是对事件发展的关键性过程、片段的完整记录和表现,它展现的是被切割成不同大小块状的事实,及其相对完整的局部发展过程。如果不是通过画面影像,或者不是用一组连贯的镜头去完整清晰地叙述这一过程,那么,这条新闻将会损失掉许多视觉信息量和情绪能量。(前面的叙事是为后面的情绪触发提供支撑的。)例如新闻短片《景区突降暴雨　消防溜索救三人》，报道了当地武警战士洪水中奋力救人的感人事迹。6月26日，贵州遵义地区突降暴雨，赤水河风景区洪水暴涨，三名游客被困小岛，武警战士在湍流的洪水中拉起绳索溜向小岛，滑行中被河中的树枝缠绕，几经努力终于登上小岛，将困于小岛的三名游客带到安全地带，被救游客上岸后激动得失声痛哭，连说："太感谢你们了！"该片通过镜头将武警战士救人的过程进行了完整的记录，将事件最精彩的情节和动作不间断地连续展示出来，构成一段相对完整的叙事段落，惊险紧张、惊心动魄的场面给人震撼与感动。

二、光影叙事

镜头叙事是用镜头语言讲故事的方法。镜头语言是一系列互为因果的成组的画面的连缀。"关掉声音，去掉字幕，看得懂吗？"这是镜头语言最基本的要求。镜头叙事对摄像师的要求是综合的，镜头里的画面是光影的高度调配，是动与静的逻辑协调。光影是镜头的语言，场景是光影的舞台。

"场景"是电视节目中人物等主体活动的背景或事件发生的地点或场所。这仅仅是一般意义上的概念，如果从更高的审美角度而言，"场景"的设计与选择应该与节目中的主体之间建立一种有机的内在联系，它是一则视频新闻或一个镜头画面的重要组成元素和主要构成方式，应该融入整体节目的创作与构思中。"场景"因素作为构成一部电视节目内容的主要方式，常常被视频新闻制作和摄制人员所忽视，这是视频新闻制作中的一个误区。在视频新闻制作过程中，制作者更多考虑的是人与人、人与社会、人与事件之间的关系等，而对于"场景"的作用及其在节目中的意义只停留在一般的浅层认识上，或是被动地接受和处理。同样的一则视频新闻或一组镜头画面，在什么样的场景中拍摄，在什么样的环境中展开，才能使新闻内容更加丰富，使人物和其他主体的行为得以自然伸张，使新闻的思想内涵得以充分表现，主题得以揭示和深化，却很少考虑，只是简单地停留在所谓外形的造型上去孤立地看待场景的构思、设计与处理。

叙事的基本要求之一是解读事件发生的场景，这是事件得以清晰叙述的基本要求。而对场景的把握和控制起着非同凡响影响的是对光影的把握和控制。

理解了"光线书写"，也就理解了镜头何以能够叙事，何以能够独立叙事，何以能够表达文字无法言传的东西，以光线参与叙事和表意，这是镜头说话的基础。影像的形成、复制和呈现也取决于光，它是光（能量）的印记，创造摄影影像的关键是光的结构和组织，它传递着影片的信息、形象、气氛、情绪、态度和意义。

新闻现场拍摄对光线的基本要求如下：

(1)当新闻现场的光线能保证画面的基本亮度，以获得清晰的图像时，不需要运用任何人工光源来修饰现场光线。

(2)当新闻现场的光线照度过低时，可以用人工光照亮新闻现场，提高现场光线照度。但布光时仅以获得清晰图像为目的，不追求任何以光线为表现手段的艺术效果。

(3)当新闻现场的光线本身已成为新闻内容的一部分时，如警方半夜突击行动，现场环境昏暗，这时应真实记录和表现现场的特定光线效果，切忌人为提高照度，破坏新闻的真实性。

三、蒙太奇叙事

视频新闻以镜头为基本构成单位，而镜头记录的是客观事物某个局部的运动形象，具有一定的分散性、独立性，如果把它们随意组织在一起，不能表达任何意义，必须把它们按照一定的思维规律组织起来，才能构成完整的叙事，这种镜头组织的思维规律就是蒙太奇。视频新闻即是通过蒙太奇这一方式来叙事的。此外，将“真实”视为生命的视频新闻虽然强调在拍摄中应尽量原原本本地记录新闻发生的始末，但如果过分强调客观、全面而过多地使用纪实性较强的长镜头拍摄手法，就会造成新闻文本结构松散、节奏拖沓、内容杂乱等问题；况且，许多的视频新闻都有复杂的新闻背景，离开这些新闻背景的介绍，观众无法理解整个新闻的来龙去脉，但视频新闻的容量又十分有限，因此必须运用蒙太奇手法进行剪辑，才能保证叙事的完整性。

但正如爱森斯坦所言：“两个蒙太奇镜头的队列不是二数之和，而更像二数之积。”[①]由于蒙太奇叙事过程中易注入记者、编辑的主观意识，制作出的新闻可能会类似电影，由此带来的多义性可能伤害到视频新闻的真实性，进而失去观众的信任。因此视频新闻叙事时一定要讲究策略，注意镜头间的时间、空间、因果等逻辑关系，对可能误导观众的剪辑要用语言进行必要的介绍，使镜头语言组合尽可能通畅合理，对新闻事件的叙述真实而完整。

随着技术的进步，新闻报道更多地使用了新颖的传播符号来满足受众的审美变化与需求，通过形象、趣味、重构等多种方式，模拟再现新闻现场信息，改变了新闻中多空

① 张晓峰.电视编辑思维与创作[M].北京：中国广播电视出版社，2001：109.

镜头、重复镜头的现状，充分体现出动漫符号的信息价值。视频新闻叙事采用动漫形式能够呈现一些不易拍摄的内容，增强新闻的视觉性，通过更容易被感知的符号，让受众能够迅速获取关键信息，而借助于高浓缩的图像语言呈现，可以将事件艺术化呈现，从而切中信息要点。

通过画面的组接真实呈现现场而非扭曲新闻事实，以充分地挖掘故事中的情节资源，使画面、声音以及声画之间能够巧妙地连贯起来构成统一的形象，这种构图思维方式，需要对事实要素进行充分选取、组合、编辑。在影像采集的各个阶段，新闻工作者在构思、拍摄以及编辑的过程中进行独特的思维活动，这是切实提高新闻报道可视性的重要手段，也是制作视频新闻时需要强化的方面。

例如，很多关于新冠疫情的视频新闻报道都使用了以下这种蒙太奇局部叙事，即先用成组镜头的方式真实地呈现抗疫过程中遇到的各种困难以及危险，随着情节推进，开始组接人物特写镜头。与此同时，背景音乐从紧张到舒缓，并通过同期声、闪回以及音乐等综合表现形式来展示当时的危急状况、紧张气氛，从而调动观众的情绪。

四、情感叙事

在新媒体平台中，用户碎片化的使用场景与移动化的消费习惯促使网络空间集聚了海量片段式的信息。与传统资讯类新闻节目冷静、客观的播报不同，新媒体的新闻资讯常使用强反差或冲击力强的视听语言，如激烈的音乐、强对比的字幕、运动的影像……这些情绪化的视听元素吸引受众的注意力，它们往往能迅速与用户建立情感共鸣，使新闻与受众实现同频共振。

伴随数字技术与移动互联网技术的成熟，媒介间的功能日益重合，边界也越发模糊，内容在跨媒体空间的高效流动成为电视新闻提升其传播效力的重要手段，新媒体平台已经成为电视新闻生产者进行跨媒介叙事的重要基础，央视新闻抖音账号不会直接“复制”电视新闻的画面，而是将其“转译”成符合新媒体传播的话语。例如在转发“应急使命 · 2022”演习画面时，该短视频号除了将原本采集的横屏画面裁切成适合新媒体传播的竖屏构图外，还精练提取出演习中如爆炸、无人机灭火、消防战士冲入火场等极富视觉冲击力的画面，并用特效转场方式进行组接。丰富的画面，配合解说词、现场环境音和后期加配的激昂音乐，在极短时间内展现了令人震撼的演习现场，从多个视角呈现出救援人员的专业度。

从“大众门户”模式发展到“个人门户”模式，从公共传播发展到个性化传播，这是网络媒体演变的必然结果。在此背景下，新闻生产者越发广泛应用个性化算法推荐和社交化媒体，愈加重视受众多元化需求，注重个性与情感传播。与央视《新闻联播》所塑造的宏大叙事不同，新媒体平台中的视频新闻更倾向于采用更贴近生活的小切口选题以及以人为主体的叙事视角。如对东部战区在台海方向进行联合战备警巡的报道，央视新闻抖音账号发布短视频“驾驶轰炸机绕宝岛巡航是啥感觉”，以空军飞行员的个人化视角切入新闻，将个人情感与国家意志相统一，激发了观众强烈的爱国情感，实现了网络平台中主流意识形态的再生产。

需要注意的是，虽然背景音乐可以为视听影像渲染氛围，但在新闻资讯类节目中如滥用背景音乐，则会影响新闻客观性的传达。纵然个人化的情感传达与社交化的传播是互联网语境下提升新闻传播力的有效手段，但新闻内容生产者仍需把握分寸，避免视频新闻的过度情绪化。

五、VR 叙事

与传统新闻叙事方法相比，“VR+新闻”的叙事结构发生了根本性的变化。“VR+新闻”的空间化叙事，取消了传统影像的视域限定，新闻现场主要以 360°的全景影像展现，赋权给受众自主选择想要观看的空间画面。由于受众在“VR+新闻”里拥有更大自主权和选择权，他们可以根据各自找到的不同线索完成对同一个新闻事件的推导和概括，留下不同印象并通过各自理解得出不同的结论。这对新闻传播及舆论引导显然是不利的。

“VR+新闻”内容的高交互性，体现在受众和新闻事件呈现双向影响。在“VR+新闻”影像中，事件的线索可以引导受众的注意力。因此，“VR+新闻”的后期编辑就要在场景内诸多新闻线索中预先梳理几条主要线索，并沿着制作者想要表达的叙事逻辑进行剪辑。多线索选择中，通过内容、声音交互、增强现实等设计引导受众跟随主叙事链继续探索，特别是在不中断、不破坏受众体验的同时，提醒受众注意在 VR 环境中的视觉焦点。同时，受众可以自主选择关注点，并顺着自选的焦点了解事件结构，反过来影响新闻事件呈现的效果和价值。

“VR+新闻”全景式的展示特点，淡化了传统的蒙太奇叙事特征，代之以在传统新闻叙事中不常见的长镜头进行叙事。虽说蒙太奇叙事法所特有的刺激与快感，是以稳定持久见长的长镜头所不具备的，但如果运用蒙太奇的叙事方法，内容影像就会被割裂,受众沉浸式的体验就会受到干扰。

随着 VR 技术的发展,全新的报道模式和操作手段要求记者以有别于原有的报道传播逻辑进行叙事。由于受众被技术赋予更大自主权,因此“VR+新闻”的叙事呈现空间化发展的趋势,这要求记者在新闻影像摄制过程中更注意掌控节奏和把握焦点,在不破坏沉浸式场景体验的前提下,有效引导受众进入新闻现场,提高新闻内容的传播效力。

对于“VR+新闻”的题材选择,媒体应当在考量题材本身价值的同时,兼顾 VR 技术特有的属性。以时政新闻为例,重大突发新闻及部分深度报道或许比较适合用 VR 技术,比如前文提到的温州动车事故等现场实录。而类似政治会议、经济政策解读等新闻追求的是短平快,受众只需要第一时间了解梗概即可,VR 沉浸式报道反而增加了受众的“体验负担”。因而,目前“VR+新闻”在题材选择上倾向于以下题材:(1)突发性的重大新闻事件及事件类深度调查报道;(2)满足受众猎奇性的场合与环境,诸如深海、太空、极地、沙漠等;(3)旅游和体育比赛等题材。

VR 报道中的新闻现场,融合了文字、图像、声音和环境等多种表达,并将这些要素集纳到虚拟现实的“场景”中。这个场景就是受众获取所有信息的“空间”,它使得叙事逻辑链从原先的扁平化转变为全景式,从线性和非线性转向空间立体化,用全景的视角打造虚拟的“真实感”,增强新闻的“沉浸感”“现场感”和“体验感”。即以真实新闻报道为基础,利用重构的虚拟现实场景,制作出沉浸式的新闻报道,让观众回到新闻现场,以自己的感官体验去触摸新闻,让新闻更具有冲击力和震撼力。“VR+新闻”的叙事研究才刚刚开始,未来还有很长的路要走。

第二节　视频新闻的镜头造型

叙事手段的优劣能够影响到视频新闻的信息传输,造型的主要形态是由新闻叙事决定的。一条出彩的视频新闻就是精彩的影像造型与清晰的叙事手段二者相结合的产物。影像叙事能够更好地展现出新闻故事的情节性。叙事是主要内容,造型是表现形式,叙事能够在一定程度上展现出造型的思想内涵,但美观的形式就如锦上添花,内容空洞的新闻报道,即使影像技巧再丰富,终究是失败的报道。

视频新闻的造型手段会影响受众看什么、不看什么,通过什么角度去看,对所看内容产生什么样的感觉、印象、评价,因此制作者需要在镜头语言上多下功夫,明确镜头语言的重要性，才能准确传达新闻的信息和内涵。在视频新闻中，只有正确、规范地使用造型手段，给受众提供正确的视域和观看方式，造型才能更好地为报道内容和报道主题服务，达到报道所期望的传播效果。同时新闻记者要紧跟时代，利用新技术和新手段辅助完成一些精彩的新闻镜头，提升镜头语言的运用水平，发挥镜头语言的积极效果，使新闻视频实现真实性、逻辑性、艺术性的统一，最终达成更好的传播效果。

一、景别

通过对主体在画面空间范围的调度，也就是景别表现，来规范观众的视域，引导视觉内容，以形成表现重点。一般说来，各种景别的空间表现范围及表现侧重点有比较明显的差别。

远景——表现广阔或开阔场面，注重对景物和事件的宏观描写，力求在一个画面内尽可能多地提供景物和事件的空间、规模、气势、场面等方面的整体视觉信息。

全景——表现人物全身形象或某一具体场景全貌，同时保留一定范围的环境和活动空间。在纪实性节目中，由于全景画面具有无间隔地直接再现被摄体和场景全貌的特点，其充当了介绍、记录和表现的重要角色。

中景——表现成年人膝盖以上部分或场景局部，重视人物的具体动作和事件的具体情节。在有情节的场景中，中景画面常被用作进行叙事性描写。因为中景既展现了人物形体动作和交流的活动空间，又不与周围气氛、环境脱节，可以提示人物的情绪、身份、相互关系及动作目的。

近景——表现成年人胸部以上部分或物体局部，常被用来细致地表现人物的局部神态和情绪或人物与物体富有意义的局部。

特写——表现成年人肩部以上的头像或某些被摄对象细部，通过描绘事物最有价值的细部，排除一切多余的形象，从而强化观众对所表现的形象的认识，并达到透视事物深层内涵、揭示事物本质的目的。

不同景别的画面包括不同的表现空间和内容，这实际上是摄制人员在不断地规范和限制被摄主体的被认识范围，决定观众视觉接受画面信息的取舍，由此引导观众去注意和观看被摄主体的不同方面，使画面对事物的表现和叙述有了层次、重点和顺序。运用不同景别有效支配受众的视听注意力，并赋予被摄主体以恰如其分的意义，是视频新闻制作的重要创造性活动。视频新闻中景别运用是否得当和有效，是检验创作者思路清晰与否、表现意图明确与否的重要尺度和标志。

从视频画面中的被摄主体来看,镜头景别可以分为“远、全、中、近、特”五种常见类型,此外还有极远景和大特写等不常见的景别。景别在产生之初就带有一种造型功能,塑造一种视觉效果,因此景别的合理使用能够直观地塑造人物,展示环境。同时在一些常规和非常规的构图形式上,合理使用景别镜头既能够增加构图美感,也能够传达记者意图。一些新闻短片中单一景别镜头的叙事功能不强,这就需要借助多个不同景别镜头的组合展开叙事,以丰富新闻内容。但是,由于小屏幕观影设备的普及,为了更好地向受众传递新闻主题、展示新闻内容、揭示新闻思想,就需要在多景别镜头组合叙事的同时,增加特写镜头。一般来说,特写镜头可以放大被摄主体的某些关键部位,因此可以更好地表现人物细节特征和微妙情感,从而更深入地刻画人物,形成很强的视觉冲击力。

视听造型同样能够丰富视频新闻叙事,视频新闻会由于光影、色彩及景别运用的不同而呈现出其个性特征。新闻结合视听及表现空间,通过蒙太奇方法将新闻报道中的人物形象、故事情节,多角度、多层次地展现在受众面前。即使是同样的题材,不同的记者、编辑采用不同的造型手段,就会制作出不同主题风格的视频新闻。

更为重要的是,视频新闻影像造型设计的根本目的在于通过镜头的不断转换和组接来进一步表现真实。镜头之间通过蒙太奇手法进行重新组合,能够在荧屏上展现出近景、远景、中景及特写镜头等观众需要的画面,这比较类似于人们在现实生活中对事物进行的观察。在现实生活中人们为了更真实全面地认识事物,总是会通过远观、近看、俯视、仰视等角度来感受事物整体的形象、局部的变化及瞬间发生的变化等。新闻影像造型就是通过蒙太奇的表现手法,使生活中的事实得以真实地展现,并让受众深刻感受新闻事实的真实性。

二、背景空间

在新闻报道中,事件发生地点(背景、环境)属于必须予以交代的“五个 W”之一,背景(环境)空间的调度能传达信息、建构意义。在很多时候,事实所在的特定环境背景有助于提升新闻报道价值。对于视频新闻来说,画面特有的场信息结构能使人物形象及事件发展所依存的环境都同时展现在画面中,增加了单位时间立体信息的浓度,也使新闻更具有真实性和说服力。

环境在事件发展中的意义在画面中如何表现,如何传达得更真实,这既是主体与环境之间的相互关系的表达,也是一个选择、处理的过程,这种表达中的选择与处理与新闻造型手段密切相关。

把画面主体置于何种背景下，一般要考虑背景环境的典型性、代表性和与报道内容的因应关系。比如国外媒体机构对我国进行报道时，大多以天安门广场为主体活动的环境背景，让受众一目了然——这是中国，由此加强了新闻主体的方位感、权威性。如果报道对象是一个先进人物，报道重点亦是要凸显出其“先进性”，可是却将报道主场景置于家里或者球场等环境，显然不与之匹配。由此可见，不同的主体与环境配置方案适用于不同的报道内容和报道角度，通过人物主体与背景环境的选择、组合，形成了某种对应关系，达到进一步的说明、补充、渲染、提示、反衬等作用，这是通过造型手段调度背景（环境）空间的核心内容和主要意义。

调度背景（环境）空间，并不是说创作者对被摄主体指手画脚，规定被摄主体在哪里活动、说话。毕竟在绝大多数情况下，我们不可能也不应该控制被摄主体的行为和活动空间，因为不被干涉的主体行为和活动空间之间常常更具有一种内在的联系和真实性。创作人员在绝大多数情况下要做的是，通过造型手段把人物与其活动空间的关系用画面呈现出来。比如，在《家风是什么》这则报道中，所有的同期采访都是在主体熟悉的自然环境中完成的。浙江杭州退休老人伴着广场舞音乐有韵律地抖动身体（生活原生态），边思索边回答：“我们家的家风就是孝顺……”山西晋中后沟村村民（妻子）面对“家风是什么”的问题手足无措，立刻唤来村民（丈夫），镜头摇向正在干活的村民（丈夫），他一边干活一边回答：“我们家的家风就是不要出去招风惹事。”通过对什么是“家风”的问答，报道串联起日常生活场景中的访谈，被访者神态、动作、语言自然、真实，记忆点的设置具有阶段性，层层递进式的流畅叙事，在京剧表演艺术家梅葆玖老先生的“对国家要忠，对父母要孝”中完成内容寓意的升华。

在某些新闻性节目，比如人物专访中，创作者拥有更多的自由调度主体与背景空间关系的可能，力争在不知不觉中将人物引导进入某种环境为最佳选择。如果处理好了，可以让采访对象在环境的触发下流露出真实的想法和情感，增强谈话的个性、针对性、具体性。否则，很容易因摆布造成采访对象的紧张情绪，使采访效果适得其反。比如在央视《面对面》栏目的《宁泽涛：我不是“男神”》中，专访在宁泽涛日常训练的游泳场地旁进行，穿着军服的宁泽涛在标有“自信 霸气 拿下”标语的游泳池前完成专访。这次专访在被访者熟悉的环境中进行，制作者充分调度主体与背景空间的联系，使采访问题与环境相得益彰，新闻访谈活动得以自然、真实地开展，取得了较好的效果。

三、镜头调度

镜头调度是指摄影镜头处于不同位置、不同运动轨迹时所形成的不同的视角、视点、视觉曲线。镜头调度反映了视频新闻摄录的风格,反映出摄影记者的画面取材能力,同时作用于观众的视觉感受和心理感受,形成丰富的画面表现效果。

一方面,镜头调度是指角度。角度可以是指摄影机与被摄主体所构成的拍摄角度,由两者之间的水平方向(正面、侧面、背面等)和垂直方向(俯角、平角、仰角等)共同构成。角度还涉及摄影机与被摄主体所构成的心理角度。

心理角度有客观角度、主观角度之分。视频新闻中运用得较普遍的拍摄角度是客观角度,即依据日常生活中的观察习惯而进行的旁观式拍摄。受众就像在现场旁观或参与事件进程、观察人物活动、欣赏风光景物一般,有助于构建画面真实感。与客观角度的旁观纪实不同,主观角度强调拍摄者视点,追求的是拍摄者的主体表现性和介入性视点。例如,《中国日报》记者彭译萱制作的“两会 vlog”视频新闻就是从主观角度来报道两会,以记者的第一视角来拍摄记者参与两会的幕后故事,通过新闻摄制报道者主体的摄制活动来直接表现新闻事件客体形象。“两会 vlog”报道以拟人化的视点运动来表现拍摄者在新闻现场的主观参与过程,强化了记者身处现场的这种视觉形式,显示了报道者这一主观视点的存在,借助摄像机视点的运动,调动了受众的参与感和身临其境之感。

另一方面,镜头调度还指摄影机的机位、光轴、焦距在变与不变的组合配置中形成不同的造型。主要分为固定镜头和运动镜头两类。

固定镜头是指摄影机在机位不动、镜头光轴不变、镜头焦距固定的情况下拍摄的镜头画面。固定镜头在拍摄中强调“稳”字当头,捕捉动感因素,增强画面内部活力。整体看来,固定镜头适于表现静态环境、静态人物等,对动态事物表现力不足,给人以稳定客观的感觉。由于受到画面框架的限制,固定镜头,视点单一,往往注重纵向空间和纵深方向上的调度和表现,关注构图可视性,拍摄与组接比较注意镜头内在的连贯性,重在提供信息、营造氛围和烘托情绪。

运动镜头是指在一个镜头中通过移动摄影机机位、变动镜头光轴,或者变化镜头焦距等方式进行拍摄,包括推摄、拉摄、摇摄、移摄、跟摄、升降拍摄、旋转拍摄等。运动镜头主要通过摄影机的运动产生多变的景别和角度、多变的空间和层次,形成多变的画面构图和审美效果;而且,它使静态的主体发生运动和位置转换,直接表现人们生活中活跃的视点和视向,赋予了视频新闻更为丰富多变的造型形式,也凸显了视频新闻逼近生活、逼近真实的纪实审美特性。

新闻现场的“多边形”特征要求摄影记者能够灵活操控镜头①,要有多角度、多景别、镜头成组式的拍摄理念。在拍摄位置上综合运用仰拍、平拍、俯拍,在拍摄角度中将正面、侧面、背面相互结合,这样,运动镜头才能使画面更具活力,镜头运动方式的不同也能传递出不同的意蕴。

一般来说,常规镜头的运动方式有推、拉、摇、移、升、降、跟等,这些运动镜头的造型功能如下:

推摄镜头主要突出主体人物,突出重点形象和细节,同时突出重要的情节因素。在镜头的推动过程中,展现整体与局部、客观环境与主体事物的关系,推进速度快慢会影响画面节奏,产生外化情绪。

拉摄镜头有助于表现主体和主体所处环境的关系。在镜头拉出的过程中,画面的构图能够呈现多结构的变化,通过空间调度,可以创造意义层面的对比、反衬,拉摄时要充分考虑和起幅画面内容的关系。

摇摄镜头能够拓展画面空间,丰富画面的信息量,它通过镜头由一点移向另一点的视觉体验过程,完成对现实时空的选择和重组,建立同一场景中多个事物间的内在联系,用来表达不同的情绪和情感。

移摄镜头通过镜头的水平移动,可以充分表现画面空间感,具有多层次、立体化造型能力。

跟摄镜头是对人物、事件、场面的跟随记录,它通过连续展示被摄体的运动过程,展示背景环境的变化。在纪实性节目和新闻节目的拍摄中,多用于主观表意,传达探究、找寻的意义。

升降拍摄的镜头重在展示更多的空间层次。镜头在升降的纵深空间中完成拍摄内容的转换与调度,在“点”与“面”的关系中,渲染环境气氛。

此外,与常规的拍摄手法相比,航拍具有得天独厚的优势,它能够以普通人难以企及的全新角度俯瞰新闻现场,抓取常规摄影无法捕捉到的极致镜头,这种拍摄手法特别适合展现宏伟壮阔的新闻现场。例如,在 2020 年 2 月武汉火神山与雷神山建设工地上,许多媒体就采用航拍的方式展示施工现场的恢宏壮阔和施工过程的井然有序,给受众带来焕然一新的视觉感受。

---

① 王军民. 如何让镜头说话[J]. 新闻研究导刊,2019(5):138.

在常规的视频新闻中,记者一般会尽量使用固定镜头,较少使用推、拉、摇、移的镜头运动方式,除非运动镜头能在有限的时间内传递信息增量。随着科技的发展,强大的视频新闻摄录和编辑系统可以助力记者或者编辑完成难度较高的运动镜头,使镜头造型丰富饱满,在准确传达信息的同时,给受众较强的视听冲击。

四、镜头长度

在视频新闻制作中,蒙太奇语言、长镜头及空间镜头是视频新闻造型的重要手段,调整镜头长度可以形成不同的视听效果和表意内容。然而,镜头长短没有统一的衡量标准。

一般来说,用短镜头表现新闻事件的发展过程,常与蒙太奇语言联系在一起,经过多次剪辑才能完成叙事。这种手法切换速度快,主观性较强,有利于在有限的时间内充分提高视听叙事的效率。运用蒙太奇手法将不同短镜头剪切组合后,新闻画面之间、段落之间及镜头之间会形成相互对比或相互关联,由此可赋予新闻片段新的内涵,达到深刻揭示主题、表达情意及渲染氛围的目的。

长镜头不需要进行不同镜头之间的剪辑组合,通过在一段较长时间内不间断地记录,长镜头能够最大限度保持事情发生及人物行为之间的连续性和空间的完整性,能够对连续空间中的局部性对应关系进行完整性反映,拍摄的画面在时空表现上具有相对完整连贯的特点,对于情节、动作和场面的介绍和表现一气呵成,而且通过时间的积累常会形成某种情绪、氛围。相对于蒙太奇而言,长镜头的造型叙事更为客观和真实,长镜头拍摄利于再现现实时空的自然流程,以客观记录的视点强化新闻事件的真实性,因而多运用在专题类视频新闻报道中,而在常规的咨询类视频新闻报道中,往往会倾向于少使用或是不使用长镜头。

在用长镜头进行新闻叙事的过程中,视频新闻记者往往会以一种观察者的姿态、以真实的表现方式来对生活原本的状态进行还原,这种手法还避免了蒙太奇手法中对素材进行的整合和浓缩,有助于增强新闻报道的真实感。

然而,镜头语言在视频新闻中不是孤立存在的,镜头语言要与其他造型语言相结合,才能够有效提升镜头造型的表现力。一般来说,常见造型语言包括字幕、同期声、音乐、音效、特效等内容,只有将不同的造型语言合理搭配,才能使视频新闻的造型语言形成一个和谐、动态的系统,达到较好的新闻传播效果。

例如《公仆之路》就借助新手段、新技术,使用不同造型语言进行了创新性表达。

在表现手法上，它精选典型场景、图像、声音，综合运用一镜到底式长镜头语言、"自述体"式的声音造型、三维投射等多种技术手段，在短短几分钟之内完成了 48 年的时空漫游，集中凝练地展现了习近平总书记"永远做人民公仆"的政治品格。在精心选取的习近平总书记原声中，连贯的画面和叙事，巧妙的场景转换和变化，让受众产生一种时空穿越的新感受，增强了观赏性，产生了很好的社会影响力，成为造型叙事的经典案例。

镜头造型是再现现实生活的视听手段，同时也具有很强的表现性特征。造型手段作为一种形式也具有内容的意义。造型也是一种语言，在一定条件下可以形成某种语义，或强调、或淡化、或组合、或分离，对于同一个形象，不同的造型方式甚至可以形成不同的视觉效果，进而给予人们不同的认识和感受。新闻性节目拍摄无法回避它，也不应回避它。如同文字记者用文字语言报道新闻时总会显露个人的特色、显露一定的文采一样，造型手段就是视频新闻记者的"文采"，能不能恰当、有效地运用造型手段，可以反映出视频新闻记者的基本功和创造力。

综上所述，镜头是影片结构的基本单位，而镜头语言是一种泛称，其中包括了长镜头、空镜头、运动镜头以及几种景别形式。只要用镜头来表达思想，传达创作者意图，无论使用何种镜头方式，都可以称之为镜头语言。镜头语言与其他语言形式相比，更具直观性和可视性，这也是大部分受众更倾向于接受视频新闻的重要原因。好的镜头语言能够对所拍摄的画面进行深层次的解析，将新闻资讯快速地展示在受众面前，增强新闻画面的说服力，提升画面的叙事水平。镜头语言可以在给受众提供视听享受的同时引导其关注新闻事件，给受众带来身临其境之感。运用镜头语言，能够引导受众的情感走向，使其产生强烈的情感共鸣。

此外，镜头语言能够比较直观地反映社会的真实心态，在新媒体环境下，能够有力地引导社会舆论。比如在钟南山院士现场勘察武汉疫情这一新闻事件报道中，媒体的镜头通过多方式、多角度将钟南山院士的形象展示在公众面前，给受众营造出钟南山院士面对面客观解答疫情相关问题的观感，在舆论喧哗时期起到了很好的正面导向作用。由此可见，巧妙合理地运用镜头语言，对新媒体视频新闻传播有着相当重要的意义。

第三节　视频新闻的镜头表意

通过组接，视频新闻的视听符号会产生出新的意义，投射某种象征性、思想性和哲理性，这就是我们所说的视频新闻的镜头表意。镜头表意是指视听符码能创造出“无形的形象”，即通过视听符码承载的有形形象，让受众感受到某种氛围、情绪，从而激发受众的情感，调动受众的想象，促发受众某些形而上的思考。为了达到表意目的，视频新闻记者总是尝试着将主观认识投射到客观影像中，在一个或一组镜头中，通过对比、对列、蒙太奇等手段形成象征、暗示、寓意、提示等效果，完成视频新闻的表意。视频新闻中常用的表意方式主要有三种：用典、隐喻、叠加。

“用典”常见于中国古代诗歌创作中，是一种借助典故或者语句来表达诗人思想感情的方法，刘勰在《文心雕龙》中将其定义为：“事类者，盖文章之外，据事以类义，援古以证今者也。”①重大主题视频新闻报道，常通过引用古代经典内容来反映当下的情境。央视网《绘学习》专栏在二十大期间推出了系列创意特稿作品《丹心如画》，每篇作品用一分钟以内的短视频讲述特稿主题。例如在《丹心如画丨汔可小康》中，引用了“些小吾曹州县吏，一枝一叶总关情”。这句古诗出自清代郑燮的《潍县署中画竹呈年伯包大中丞括》，在古诗的情境中，作者表达的是：虽然只是古代州县里的小官吏，但也会被百姓的小事所牵动，是一种当政者应为民解忧的思想。视频创作者将这首诗引用到现在的情境中，配合上十八洞村村民们安居乐业的生活画面，在新的时空下重新解释符号意涵，进行化古通今的意义表达。

传统的“隐喻”概念属于修辞学理论，“隐喻”作为一类修辞格，“通过把属于别的事物的词给予另一个事物而构成”，②使语言表达更具有感染力。基于修辞隐喻理论，认知隐喻理论以及衍生出的概念隐喻理论得以发展。概念隐喻将隐喻建构视作两个概念域之间，由作为源头的可及性较强的概念域指向作为目的的可及性较弱的概念域的跨域映射过程。③ 作为源头的概念域往往是我们熟悉的具体概念，通过概念隐喻我们可以挖掘其与更陌生、更抽象的目的概念域的联系，从而更好地认知社会。视频新闻报道中还常常运用概念隐喻的方法，使用人们日常生活中可触可感的熟悉概念来呈现更为抽象的概念。在《非凡十年丨直待凌云始道高》中，央视网用赛车呈现中国知识产权专利的十年发展。画面中各赛车代表各个国家知识产权专利事业，车顶上的数字反映出该国家拥有的专利数，车速的快慢以及位次的变化反映各国知识产权专利事业的发展差异，知识产权数量更多的国家会不断进行“超车”，画面右侧的排名顺序也

---

① 范子烨.“小说书袋子”：《世说新语》的用典艺术[J].求是学刊，1998(5)：87.

② 姚婵莉.谈三种隐喻观的比较——修辞隐喻、认知隐喻和语法隐喻[J].湘潭大学学报(哲学社会科学版)，2005(S2)：155.

③ 石琳.从修辞到思维、从语言到多模态——隐喻研究的多维视角[J].外语教学，2017，38(5)：24.

随之变化。画面下方的仪表盘代表国家研发费用投入金额，投入金额越大，车速越快，同时行驶路途中还有表示国家政策支持的加油桶为赛车“加油”，而中国的国家政策支持使中国赛车在世界各国中遥遥领先。该创意短视频用赛车以及超车、加油、加速等人们熟悉的概念隐喻国家知识产权专利发展的抽象概念，结合音乐、音效等进行多模态隐喻，增强了视频的形象性和趣味性，也让观众更直观感受到十年来我国知识产权专利事业的发展变化。

“叠加”是诗歌中意象组合的常见方式之一，表现为在一个意象之上叠加另一个意象，当二者具有某种相似性质时，便会交融为新的意象，后者不仅具有原先两种意象的功能和特征，并且具有更强的感染力和表现力。[①] 视频新闻可以将两种具有一定联系的符号叠加在同一画面情境中，改变原先单一符号的应用场景，并通过符号间融合产生的新符号传达意义。在《十年画卷丨把中国智慧画进富春山居图》中，新闻报道将拿着旌节、牵着骆驼、沿着古代丝绸之路出使西域的张骞的符号放置于行驶在新“一带一路”的中欧班列的符号之上，把跨越古今的时空压缩并叠加于同一视频场景中，二者交融产生的新符号也进一步强化了视频新闻的主题，即“横跨千年的丝绸之路将新时代中国与世界连到一起”。

镜头产生意义需要依托一定的情境。将符号置于不同的情境中，改变符号的表达空间，能够产生新的意义场域。随着传播理念、传播方式、传播技术的不断更新，新技术给受众带来从“观看”新闻到“体验”新闻的转变，更让媒体从“+互联网”到“互联网+”的转变成为可能，多媒介融合的呈现方式为建构音视频报道的表意空间提供了支持。新媒体平台的算法特质，滑动观看、“赞转评”式参与的受众行为，促使主流媒体视频新闻采用去精英化的叙事策略，形成契合新媒体平台所需内容的风格。音乐、细节、线性叙事手段既迎合了新媒体平台受众的观看习惯和兴趣，又丰富了新闻内容的表意性，在提供更多权威信息的同时，也更好传递了主流价值。“点赞”“转发”等平台推送、引流机制和社交互动模式，“卡点”“延时”等特效模板，平台热门音乐片段等自然融入视频新闻内容中，为信息传播过程中的情感动员提供了强大的行为驱动力。如在“太帅了！平均年龄不到22岁，她们是驰骋在天山脚下的坦克女兵！你愿意为我们的女兵点赞吗？”这则视频新闻中，女兵训练场景作为第一手权威信息，在用叙事性和表意性修辞手法进行剪辑的基础上，配合平台热门音乐、延时特效及“为女兵点赞”的号召式标题，呈现了军人风采，投射出民族自豪感的主题。

---

① 吴敏. 论诗的意象组合[J]. 浙江树人大学学报，2006(5)：95.

移动直播技术的推陈出新,降低了直播的技术成本。更成熟的移动直播技术让受众能够最大限度地接近新闻现场,尤其是在引入多点连线的移动直播之后,受众可以在时空跨越中完成对新闻事件的全景式了解。同时,虚拟现实、增强现实技术不断成熟,并开始在音视频新闻报道中广泛运用。一方面,虚拟现实弥补了过去受众不能以第一视角抵达现场的遗憾,让图像在受众面前拟真再现成为可能。另一方面,增强现实则是将虚拟的模型和新闻现场有机结合,使虚实结合的传播效用最大限度地为内容服务。新技术的应用为音视频新闻报道提供了更多的表达方式与更大的表意空间。

作品《海拔四千米之上》使用航拍、延时拍摄、常规拍摄等多元摄录方式构建了一个新的叙事场景,运用360度全景图片、移动直播、定点VR视频、漫游VR视频和微视频等全媒介形态,实景还原黄河源纵横交错的河流与星罗棋布的湖泊,澜沧江源气势磅礴的高原峡谷,长江源地势险峻的高原腹地,为受众带来了沉浸式场景体验。场景传播是该视频新闻深度报道的重要发力点,作品展示了三江源国家公园的原真与野性之美,聚焦人与自然的和谐共生,引发读者对于人与自然和谐共生的思考,具有高度的社会意义。

场景的英文"context"具有情景、语境的含义。场景传播的本质就是在特定情境下个性化的精准信息与服务的适配,①将受众细化,了解受众对于新闻信息的需求点,并将受众最关注的信息与相对应的场景进行匹配。从视频新闻报道来说,通过视频的画面变化和场景的转换,将采访者与被采访者置于虚拟和现实叠加的场景之中,根据新闻内容的发展,给予场景转换的辅助性变化,适时提供有效信息,诸如文字、图表、图片、视频等。尽管这种表达方式还在尝试阶段,但是场景传播的表意功能扩展了视频报道的新闻叙事能力,符合媒介融合背景下准确、快捷、多样、生动的新闻传播理念,赋予了音视频新闻报道更大的信息量。

尽管任何媒介手段本身都是中性的,但记者或媒体组织机构的主观意图会隐藏在视频新闻的视听符号中,通过画面、声音的组接来完成新闻报道的表意功能。新闻报道的表意功能运用得好,就会成为整个节目的点睛之笔,给受众留下悠长的回味和思考。

镜头的表意功能也会因为记者或媒体机构的立场而被别有用心地利用。作为视频新闻记者应该时刻提醒自己,不能为"表意"而歪曲客观事实,根据主观意图的需要去寻找特定的形象,损害新闻自身的信誉。镜头表意的潜隐性及受众的客观感受提醒

① 孙振虎,刘明君.融媒体环境下时政报道创新路径探析——以2017年两会报道为例[J].现代传播(中国传媒大学学报),2017(7).

我们:记者应深入、扎实、全面、客观了解新闻事实,在此基础上对事件做出判断,提炼出精彩的寓意形象。

视频新闻叙事涉及内容很多,其叙事功能、造型功能、表意功能的实现要建立在动态、连续、成组的视听符码基础上。叙事功能、造型功能、表意功能可能会集中显示在某个或某段画面中,但只有在互相渗透、相辅相成中才能共同构建视频新闻的内容层和形式层。所以,我们无论是认识、分析、拍摄还是剪辑时,都要有一个整体观念,注意各功能的综合利用。只有这样,我们的认识才能是全面的、有依托的,报道的根基才是稳固的,才能获得想达到的效果。

第四节 视频新闻的美学观念

任何学科体系,不论是以人类社会的存在和意识为考察对象,还是以宇宙、物质世界的存在和运动规律为考察对象,都显现出或暗含着对对象的审美观照,其中包括从对象身上发掘出来的,以及在对对象的阐释、表述中显现出来的美的特征、美的原则。

出于"人是目的"的哲学思考,新闻传播活动作为人类精神与实践活动的一部分,寄托着人类的理想和追求,蕴含着对人类本体的关切。因而,新闻传播活动的核心除了事实信息的筛选和传递之外,还贯穿了对信息所指向物质之外的观念和意义的追求。正是对新闻深层次观念和意义的追求,使得新闻传播活动必须关注情感空间和审美空间的创造。由此可见,新闻传播活动不仅仅是事实性的、物质性的,还应是审美性的、符号性的,对于审美取向的关切应该是从新闻传播活动内部生发出来的,这是新闻传播实践应具备的深层意识。

一、真实为美

"真实"是新闻的本质力量所在,维护、尊重真实是新闻传播最基本的美学特征。受众的一切审美体验与反应都是建立在认定新闻传播的是"事实"这一基础之上的。所以说,新闻的本质和受众对新闻的特有期待都要求新闻内容只有是真实的,"美"才有坚实的基础。因此,新闻传播者必须树立起"真实为美"的传播观念,并以此指导自己的新闻实践,注重记录生活原生态和现场的同步记录,坚持以"挑、等、抢"的方式获取素材以确保新闻真实。

新闻报道的事实肯定具备时新性、重要性、显著性、接近性、趣味性等价值特征。事实本身往往就具有感染力、能够刺激人的感官知觉或想象力的个性特征和美感因素。视频新闻记者应该把这样的事实传播出来,给予受众真实的审美愉悦。

然而,进入大众传播媒介的生活现象,毫无疑问,它的“美”不完全取决于自然形态的生活现象本身,与媒介特性密切相关的内容形式化过程及表达方式本身同样也是产生美感、进而形成某些美学原则的源泉。通过摄像的取材活动,把新闻内容本身的特点、美感通过视听手段组织起来,创造出新的表意空间和视听感受。视频新闻对物质世界“复原”的逼真性、影像的直观性、记录和呈现形象的形声一体化结构,以及视听双通道、多符号综合运用的特性成就了视频新闻最为独特的美学特征。

从理论上而言,新闻美学可以分为两个层面:一是内容上的美,二是形式上的美。这两种性质的美是一条有价值的新闻所必不可少的属性,二者之间相互作用,共同为新闻的价值作出贡献。同时,二者又是相互独立的,内容上的美所展现的是视频新闻具体的结构,形式上的美所展现的是视频新闻的外部形式,二者共同营造视频新闻的真实之美。

在更好地表达内容的前提下,视频新闻追求形式感越来越必要,但追求形式一定要适度,不能以脱离内容、失去真实感为代价。形式是为内容服务的,离开了内容,形式是没有意义的。康德曾说,“审美的合目的性是判断力在它的自由中的合规律性”,故而在新闻活动中融入审美视角的同时应当遵循专业新闻生产规制。视频新闻的审美构成与文学、艺术的审美构成并不相同,它受制于“以事实为中心”的原则,不允许对事实要素进行虚构和想象,只有这样,形式才是有效的、积极的形式。

如果记者忽略“真实为美”,过多追求视觉影像的唯美特征,简单地用艺术化造型手段去摄取影像,画面中的形象是变漂亮了,画面造型也好看了,但是受众一旦觉察到事实形象失真,观看时很难进入对新闻报道的感知状态,甚至产生抵触情绪。

二、纪实的叙事风格

视频新闻中的视觉真实建立在视点真实的基础之上。自觉寻找丰富多变、同时又合理可信的视点应该成为对视频新闻摄录的基本要求。通过镜头反映出来的记录视点实际上代表的是拍摄者在新闻现场的观察点。连续的动态画面表现出视点的变化,通过视点的变动,受众能够从中感受到记者的记录视点、记录行为和记录方式。新闻的真实性原则既要求事实本身的真实,同时也要求记录者采集新闻的方式不能对事实真实造成破坏。通过从镜头中感受到的记录方式、记录视点，受众可以推测记者是否对现场进行了操纵、调度，这会影响报道主体在受众心中的可信度。因而记者在计划拍摄和现场拍摄时不仅要用记录者的眼睛去观察，也要用受众的眼睛去欣赏。只有达到两种视角的统一，才能让拍摄的影像画面看起来真实可信。

如果视频新闻的画面是由一些没有具体时空、没有叙事感的镜头组接的，那么受众通常很难感知到镜头所展示的时空，也不会产生一种积极参与的心理状态。营造具体的、可经历的、可感知的情境是为受众营造真实感的有效手段。情境是由一系列时空的视听觉形象选择性构成，通过视听觉形象细节的积累营造出来的真实感必然有着坚实的基础。营造可经历的、可感知的真实情境正是纪实观念的重要表现。人物性格、事件发展、社会环境、自然景观等所有表情达意元素的最小组成单位，尤其是来自新闻现场的具体行为过程是营造情境的基础。

在叙事策略的运用上，纪实性比较注重保持素材的相对完整，完整性既是指现场记录过程的相对完整性，也是指编辑素材有序化、结构化的过程，它有利于突出素材的真实感。另外，现代纪实取材以及叙事的过程往往也是创作主体以不同方式表明"我在场"，"暴露"取材方式的过程。主体出镜的参与、交流已成为重要的叙事策略。

得益于互联网的实时性、开放性，受众对传播反馈更为及时，其在文本阐释中的主动权也得到彰显。因此，在新闻制作的全流程中，受众始终是不可忽视的一环。传播者与受众的期待视野相互碰撞、融合，促使生产者将受众视角纳入文本结构，给予受众多维度"在场"的具身化体验。

摄像机模拟人眼的视觉机制，实现了摄像机与人眼的同构关系，这种关系使得在赛博空间（cyberspace）内营造身体临场感成为可能。兴起于2020年的慢直播运用固定长镜头对事件的全流程进行全面展现，建构起映射在数字空间里的现实世界。而直播中提供的低延迟、高质量的影像和多机位切换的视角，模仿了身体主体的"在场"，让用户突破身体限制，进入到更广大的社会公共空间，参与到某一具体新闻事件发生的全过程当中。如在武汉因新冠疫情"封城"期间，央视频对武汉大学的樱花节进行5G超高清直播，将象征希望的视觉隐喻符号传达给全国观众。

在视频新闻的摄录过程中，记者既要按照"对象的尺度"传播真实事实，也要以专业"内在固有的尺度"对事实进行客观报道。继而在价值层面，自然而然地使用户产生情感共鸣和审美能量。视频新闻报道中视点的统一与情境的营造可以实现传受者之间的文化逻辑的互通和经验体会的接近，从而为不同利益和声音搭建交流与沟通的桥梁,在争议时间上构建起“重叠共识”①。

三、传播客体与接受主体的审美价值

通过对新闻传播活动全过程“传播客体(事实)——传播主体(记者、编辑、主编等新闻从业者)——接受客体(文本)——接受主体(用户)”的研究可知,视频新闻报道首先要建立在真实的事实要素的基础上,通过新闻从业者的价值判断来捕捉和采集新闻事实。这一过程需要综合考量其新闻价值和审美价值,最终在遵守新闻基本规律的基础上,创造性地构思新闻文本。

为了提高传播的有效性,在新闻文本的构思过程中,需要更加关注传播客体与接受主体的审美价值与需求,增强新闻的可读性、具体性、生动性和鲜活性。基于此,视频新闻记者和编辑通常会运用美学技巧对新闻事件进行渲染,通过新闻文本中的符码创新运用,传播新闻内涵,彰显社会文化心态和价值取向,蕴含思想交流和文化传播。

视频新闻报道中的创新实践能让用户从新闻的完全理性中“解放”出来,由对新闻事件的纯理性价值判断,转向对新闻的感性审美,从而使新闻成为一种单纯的审美客体。对于新闻审美的追求蕴含着对用户需求和审美期待的尊重,而真正能够引发受众共鸣、获得广泛传播的新闻产品,也必然充分体现新闻生产者的审美立场,即在对事实的选择与呈现过程中,不断调和新闻价值与审美价值,遵循新闻报道自身独立的基本规律与品质要求,搭建与受众沟通的桥梁。

四、新闻价值与审美价值的融合

新闻价值与审美价值的融合既要体现对事实准确的追求,也要包含多感官刺激的审美表达,以期达到对信息高层次的意义理解,而非简单的信息传递。媒介技术的发展使得新闻规范性话语形态发生改变,新闻话语实践在事实准确和感觉真相之间移动。在可验证的事实和参与审美体验之间,共同完成对客观存在事实和真相的理解,使得新闻产品从信息产品晋升为对“人类自由发展、社会文明进步”起到作用的精神产品。

媒介技术的提升影响着人们的生活方式、价值观、世界观和审美取向。传播的平权化让用户直接或间接地参与到新闻生产中,用户的审美取向也形塑着新闻生产的审

---

① 邱戈.忠诚于公正:当代媒体报道的伦理原则[J].浙江大学学报(人文社会科学版),2015,45(1):145-153.

美取向。从传统媒介的“单向度”传播到如今社交媒介的“交互性”传播，受众能够以个体化的方式参与新闻信息的提取与传递，在一定程度上颠覆了线性审美范式，审美焦点发生位移。曾经，传统媒介以“严肃性”和“宏大叙事”为叙事的基本原则，而如今，社交媒体所展示出的“荒诞性”和“娱乐性”等叙事特点，让用户从被技术理性“异化”的境地中摆脱出来，展现出作为自然人的“本真性”。

在这种审美取向的影响下，主流话语的传播必须注重对“精英主义”的祛魅，以更加平实、有趣、协商的方式，消解官方命令式话语在传播过程中形成的抵触，让传播能够更加高效地传导给受众。

通过这一系列美学观念的探讨，我们可以看到，视频新闻在追求真实与美的同时，不仅仅是信息的传递工具，更是富有艺术性和文化内涵的传播形式。这种融合不仅提升了新闻的传播效果，也促进了受众对新闻的更深层次理解和共鸣。

课后思考

1. 视频新闻的 VR 叙事有何特征？
2. 结合社交媒体平台中的视频新闻，考察其情感叙事特征？
3. 视频新闻镜头长度会对新闻叙事有何影响？
4. 新闻价值与审美价值能有效融合吗？边界和分寸如何把握？

Chapter 6

第六章
视频新闻题材分类与取材

☑ 学习短视频新闻报道核心与取材原则。
☑ 学习消息类视频新闻报道核心与取材原则。
☑ 学习专题类视频新闻报道核心与取材原则。
☑ 学习直播类视频新闻报道核心与取材原则。

第一节　短视频新闻报道取材

根据社交平台(如微博)发布的用户发展报告,从年龄结构来看,年轻化用户增长趋势明显,用户整体偏年轻化的趋势一直持续至今。清博舆情监测中心用"新生代话语力量崛起"来形容互联网上新生代成为网络族群活跃的主角而带来的一系列改变:他们厌烦死板、套路、场面话,取而代之的是追求个性解放和真性情的流露。……可以预见,随着年轻血液不断向舆论场输入,新生代话语力量将决定舆论话语的主体风格。

随着社会的发展,人们的生活逐渐不再限于为生计而劳苦奔波,他们有更多的精力去探寻生命的意义。如马斯洛的需求层次理论所示,人们在底层物质需求满足以后,必然要求上层的精神需求满足。以微博为代表的社交媒体上的年轻用户主力,会率先达到这样一个需求的层次。如何在用户主体的具体需求转变过程中找到契合点,从而做好舆论引导,这既为主流媒体的新媒体新闻工作者提供了机遇,也提出了挑战。

一、核心特征

目前学界对短视频的概念没有一致的界定,在艾瑞咨询《2017 年中国短视频行业研究报告》中,短视频是指时长在五分钟以内,基于 PC 端和移动端传播的视频内容形式①,篇幅短、精、小,多通过移动终端录制或播放,意在满足用户信息发布和获取的及时性以及彼此间的互动分享。

随着流量门槛日益降低,短视频和移动直播在内容产品中的地位进一步凸显。当然,短视频并不是剪短了的视频,它的要诀是:同期声、大字幕、去电视化。与传统视频相比,移动短视频随时随地传播,信息浓缩,直接与社交平台连接,发布速度快,集生产与分享于一体。为提升传播效果,移动端短视频应侧重于观看情景、信息浓度和社交

① 艾瑞咨询. 2017 年中国短视频行业研究报告[R/OL].(2017-12-29)[2024-03-25]. https://report.iresearch.cn/report/201712/3118.shtml.

属性三个层面。

首先,就观看情景而言,在移动互联网时代,观看视频的设备由台式电脑转向智能手机,设备的轻巧性使得观看场所更加自由,人们可以随时随地、并利用碎片化时间来观看。考虑到多样的传播情景,字幕的匹配可以弥补声音缺位时的信息,使视频在不同场景中的播放更加自如。同时字幕可以提供提示信息,帮助用户消费。从 PC 端到移动端,观看视频的屏幕变小,固有的视听语言规范也会发生相应的改变。一些传统的视听语言禁忌甚至成为一些网络视频的风格特色。比如,生活常态很重要,缩小记者的影响,降低摆拍痕迹。

其次,信息浓度包含三个层次,一是信息量的浓度,二是观点的浓度,三是情感的浓度。对于短视频而言,信息浓度是短视频含金量的重要评价指标之一,它代表着在较短长度内对关键信息的浓缩能力,以及是否能对用户保持持续吸引力的能力。短视频新闻需要在快节奏的叙事中,传递整体信息的浓度,以保证短视频中每一帧的声音、字幕、镜头语言都做到信息浓度最大化,才能取得较高的完播率和收看效果。

最后,就社交属性而言,移动短视频诞生之初,主要依靠社交平台传播,短视频的内容是否具备社交属性,决定了该视频能不能和用户产生交互,话题能不能引起广泛传播,进而决定了短视频的传播速度和广度,这就要求新闻媒体在制作短视频时,遵循社交平台全新思维,贴合用户需求,捕捉用户情感,引发话题讨论。

在移动互联网时代,短视频新闻是媒介融合后出现的新型报道形式,它实现了新闻与短视频在内容、形式、技术等要素上的有效融合,能够满足新闻对时效性和广泛传播的需求。和传统新闻相比,短视频新闻无论是在创作理念还是在传播媒介、技术应用方面都表现出明显的不同。在传播特征方面,短视频新闻不仅具有短视频的社交属性,还可实现新闻实时传播及舆论引导作用;在创作方法方面,短视频新闻重视情感表达,表现出创新性、简约型的特征,它能结合受众的实际需求,对各种形式、内容进行优化整合,助力新闻信息产品的生成与传播。

短视频新闻注重构建与受众之间的联系,有联系才能引起情感共鸣,从而引发社交行为。因此在实际操作中,短视频新闻主要分为两种类型:节点新闻和热点新闻。

(一)节点新闻

节点新闻指对预先知道的特定事件的报道。这类选题被广大媒体所共享,是特定时间段必报的新闻,报道时间比较集中,媒体要想取得良好的传播效果,需摆脱千篇一律的切入点,呈现出与众不同的风格,给观众带来耳目一新的感觉。短视频以其独特的形式，能够在一定程度上吸引用户的注意力。

例如，在建党百年这一特殊时间节点，《超燃混剪微视频：奋进中国》短视频新闻回顾了自1921年中国共产党成立以来，百年间中国社会发生的沧桑巨变。视频将历史影像和现实影像左右分屏放置，同步对比呈现昨日之中国与今日之中国。通过平行蒙太奇的手法，将不同时空里的同一事物同时展示在同一镜头的左右两个画面中。在对应的主题框架内，左右两个画面相互烘托、对比渲染，增强了视频感染力。除此之外，作者巧妙选取了左右影像中的人物和背景画面，有意让历史影像的人物和背景可以与现实的影像相衔接，产生从历史画面走入现实画面的效果，这种结构化的"出画-入画"的符码序列反复刻画存在于序列上的符号所携带的文化意义，使观众感受到中国共产党带领中华民族从站起来、富起来到强起来的百年征程，感受到优秀共产党员在中国的各行各业发挥自己的光与热，感受到奋进的中国人共同为建设富强、民主、文明、和谐、美丽的社会主义现代化强国而奋斗。

（二）热点新闻

热点新闻是指围绕新闻热点进行短视频新闻报道，这类选题往往需要快速聚焦主题，密集输出内容，在短时间内抓住眼球，在"黄金七秒"内留住受众。在创作上，以"碎片+群像"的风格重构讲述情境，采用限时回顾、片段混剪等方式，从完整影像素材中提取其中精华，结合蒙太奇剪辑手法进行内容呈现。

例如《谢谢你，陌生人》这个短视频新闻，限时回顾新闻事实的核心片段，简洁凝练地讲述近期发生的正能量事件，用最简短的字幕表达出关键信息，用特效将重要细节标识，引领受众视线注意力，向受众传递时代精神。再如《中国式拼搏：中国冬奥军团热血高燃混剪》这个短视频新闻，在两分钟时长内通过碎切、平行蒙太奇、音乐卡点等方式，片段混剪式地呈现了冬奥赛场上徐梦桃、苏翊鸣、谷爱凌、武大靖、任子威等中国健儿们的高燃时刻。

二、取材原则

社交平台的用户需求，部分地具有美国未来学家丹尼尔·平克所言的"概念时代"的特征。丹尼尔·平克在《全新思维》一书中指出，当前，我们正从"信息时代"走向"概念时代"。在他看来，所谓信息时代是指大规模生产退居幕后，信息和知识成为驱动发达国家经济发展的主要力量。这一时代的主角是知识工作者。所谓概念时代是指随着当今时代物质财富的充裕，人们正在深化对美感、情感和人生意义等非物质的追求；同时，亚洲的崛起和全球化的推进使大量白领工作被外包；自动化的盛行又使机器可以取代人类擅长逻辑思考和分析的左脑，将某些工种消除殆尽。这样一种时代要求发达国家知识工作者必须掌握不能被外包的能力和电脑无法企及的新技能。这个时代的主角是创造者和共情者，他们擅长构建关系、情绪表达、语境理解和综观全局。

丹尼尔·平克认为，“在信息时代，经济和社会的基础是线性思维、逻辑能力以及类似计算机般的能力；而在概念时代，经济和社会的基础是创造型思维、共情力和把握全局的能力。未来，职业成就和个人的满足将越来越多地取决于这‘六大必备能力’——设计感（design）、故事力（story）、交响力（symphony）、共情力（empathy）、娱乐感（play）和意义感（meaning）”。① 随后，他又进一步指出，在概念时代，“高概念能力包括：创造艺术美和情感美，辨析各种模式，发现各种机会，创造令人满意的故事，以及将看似无关的观点组合成某种新观点”。②

在数字化时代，不能把传统媒介形态的内容简单地“照抄照搬”进手机。文字、图片、音频、视频、直播等媒介形态需要在移动互联网语境下被重新定义，基于移动端传播的全媒体产品标准正在加速形成，复合形态的融媒体产品越来越多。

推动传统媒体和新兴媒体融合发展，要遵循新闻传播规律和新兴媒体发展规律。在社交媒体平台上的短视频新闻有何特征？它的取材原则应该是什么？如何让短视频新闻引发点赞、转发等社交行为？媒体业界人士回答这些问题，总是会提及“网感”，他们认为对于短视频新闻记者或是制作者而言，是否具备较强的“网感”能力是在社交媒体上进行新闻报道的关键，那么“网感”带领下的取材应如何进行呢？

（一）算法逻辑

推荐算法是一种借助大数据分析和信息过滤机制，将信息内容和用户进行精准匹配的技术，已广泛应用于资讯、电商、搜索引擎、短视频等互联网平台中，算法内容推荐已占整个互联网内容分发的 70%③。算法技术对于内容分发的重要意义在于实现从“人找信息”到自动“信息找人”的转变，它既极大地解放了人力，还大大提高了人们获取信息的效率。当前短视频的推荐算法有多种类型，如基于内容、用户偏好、创作时间

---

①② 平克. 全新思维[M]. 高芳，译. 浙江人民出版社，2018：103-104.

③ 彭训文. 移动互联网时代我们究竟需要怎样的算法？[J]. 中国报业，2021(3)：46-47.

与内容质量权重、地理位置等推荐，一个短视频平台不是局限于一种推荐算法，而是同时采用多种推荐机制，使用户（接收者）对算法所推荐的内容感到“千人千面”或个性化。

当算法介入媒体信息传播过程时，媒体信息把关的权力逐渐由人（编辑）转移到了算法机器，算法对信息的筛选和过滤决定了人们接触信息的类型，同时也为人们设置了个性化的议程。由算法驱动的个性化短视频推荐系统根据用户特征进行相应内容匹配，暗含“你是谁”，然后决定“给你推荐什么”的逻辑，而这一决策过程是在“黑箱”中进行的。

推荐算法的运行逻辑包含技术逻辑和价值逻辑两部分，其中，技术逻辑指的是算法对推荐内容的过滤、筛选机制；价值逻辑指的是算法对推荐内容进行“把关”的标准或价值依据。前者体现为协同过滤推荐机制，后者体现为推荐的算法价值观念要素。

大众传播时代，新闻内容分发以人工编辑“一对多”的分发模式为主，社交化人际推荐为辅，这使受众成为被动的“他者”。互联网的发展重构了人与信息的互动范式，使传受双方基于传播内容的实时交互成为可能。智能算法将这一媒介图景继续推进，已然渗透至信息采集、内容生成、渠道分发等全产业链中。短视频平台运用算法推荐实现了用户与新闻内容的有机联结，以今日头条为代表的平台，根据用户画像和阅读偏好进行个性化的智能推送。这种以算法为核心的智能推送和内容适配的运作逻辑，极大提升了新闻的分发效率，满足了用户差异化与个性化的信息需求。

在这一过程中，每个个体都被众多标签具象化描述，成为一颗颗高度精细化的“微粒”。在短视频新闻生成和内容推送的实践中，如何通过机器和人机协作的方式进行短视频新闻生产，并实现基于用户阅读偏好和个人兴趣的新闻分发，成为短视频平台关注的焦点。在智能算法的分发逻辑下，短视频新闻重塑了以用户信息需求和接收喜好为基准、重视用户“长尾效应”、将能见度高的新闻内容精准推送至不同移动终端的新传播景观。在大数据的作用机制下，转发量、评论量、点赞量等构成衡量短视频新闻传播效果的常用评价指标。

（二）情感唤起

微博是典型的社交媒体平台。作为具有鲜明社交特征的平台，它注重人的情感的传递和交流，尤其随着“追求个性解放和真性情流露”的年轻用户群体成为主流用户群体，这一舆论场的高情感特色愈发鲜明。对于信息发布者而言，这并不表示不去传递理性信息，而是要在理性基础上进行感性表达，以适应社交媒体所具有的特点。

而这种高情感的舆论场需要发布者具有共情力来实现支撑，共情力是指“站在别人的立场、凭直觉感知他人的感受，即设身处地地用他们的眼光来看待问题，体会他们的感受。大部分时候，这一行为是自发的，是人的一种本能而不是刻意为之。然而，共情力不是同情，不是惋惜别人的不幸，而是与他人产生共鸣，即想象如果自己是那个人会有什么样的感受”。① 只有善于发现用户的需求与心理、用户的情绪变化，先去感知，在情感上做出共振，才能让自己的内容或产品真正感染用户。具体到微博平台的视频新闻发布中，共情力的关键则是准确体会、把握各个时间节点网友的情绪、情感所在，与网友“同甘共苦”。

与生命、财富、情感等三大主题有关的报道，常常能实现高转发量、点赞量、阅读量。与生命主题紧密相关的有灾难性报道、健康类报道等，如灾难报道中的伤亡事故、致残致死事件等，健康报道中的健康饮食、健康运动等的报道。与财富主题紧密相关的报道有工资、住房、医疗保险、公积金等。与情感主题紧密相关的主要包含两个方面：一个是爱国主义、民族主义情感，另一个是与个人的成长、成功（以及失败）和成才有关的个人情感。

在创作层面上，应契合“以人为本”的思想，用具体的“人”来唤起情感。对受众而言，观看与“人”相关的视频可能更易产生亲近感，从而缩短内容与受众的心理距离，使视频主题在潜移默化中入脑入心。在央视网推出的《解码十年》系列视频报道中，《精准扶贫让 9899 万贫困人口一道迈入小康社会》讲述了“因病致贫”的普通人李文宾获益于政府的“健康扶贫”政策，通过大病救治、医疗保险等措施恢复正常生活的故事，让观众直观感受到精准扶贫的重大意义。

情感类主题是与高情感、共情力直接相关的一类主题。尤其是涉及国家大事、民族情感时，很多人都有爱国情感需要表达。尽管现在是一个人人都有麦克风的时代，但不代表人人都会发声，有时候网友需要新闻媒体发布者提供一些思考的方向或者话题，助他以此为基础、为支点来完成自己的个性化表达。《人民日报》新媒体平台在通过话题唤起用户情感方面做得较好，相关微博内容经常得到很大的关注。例如“我爱你中国”系列报道，《人民日报》新媒体小编们在前期充足准备的基础上，发起了“我爱你中国”的视频话题，迅速激发、凝聚起广大网友的爱国热情，报道瞬间燃爆网络。

（三）视听设计

如丹尼尔·平克所言，“共情力并不是孤立存在的，它是设计感不可或缺的因

---

① 平克. 全新思维[M]. 高芳，译. 杭州：浙江人民出版社，2018：166.

素……故事力也涉及共情”。[①] 在具备后现代特征的互联网时代，产品、体验、服务的方式，甚至生活方式，都已不只是为了满足用户的实用需求，而是越来越需要在设计上做到新颖独特，富有创意，富有内涵。

对于在物质生活相对充裕的现实世界中成长起来的年轻用户群体，对实用价值之上的创意、内涵等意义的获得，正是他们更看重新媒体使用体验的原因。丹尼尔·平克借用约翰·赫斯科特的话对设计感做出解释，认为设计感是“人类以自然界史无前例的方式塑造和改善着我们所处的环境，以满足自身需求，并使生活充满意义……设计感就是实用性和意义性的结合……要具备超越实用性的审美情趣”。[②]

社交媒体平台呈现出越来越明显的富媒体形态特征，社交媒体平台中的视频新闻传播形态也发生了明显变化，由单一的传播形态向立体的传播形态转变，如直播、秒拍、全景视频、微视频、H5 等各类呈现方式。

视频新闻报道形式上的设计感，既包括对画面构图、色彩等的设计，也包括对秒拍、直播等镜头语言的设计，还包括对网页产品的视觉元素、体验载体的设计。短视频新闻针对其载体自身的特殊性与画面表现形式，拥抱技术手段，创新新闻作品形式，具有更加灵动、直观、表现力强和易于理解的优势。

为了富有感染力和吸引力，给受众更好的真实感受，短视频新闻运用 AI、VR/AR/MR/XR、三维建模等技术手段创新视频文本的呈现方式，同时积极探索与 H5 等其他呈现形式的融合，实现了视频内容的多维度、多模态呈现。例如创意短视频《想象力全开 宇宙级浪漫 用 XR 打开这十年》，在现实场景中叠加 XR 技术，并选取大兴机场、C919 飞机、中国空间站等标志物，在给观众营造出一种超现实感的同时，还实现了艺术性和主题性的统一。在《解码十年》系列短视频中，报道者采用高分卫星遥感、倾斜摄影、数字高程模型构建等技术，创新呈现出中国十年来各领域的发展变化。除此之外，短视频新闻制作者还积极和抖音等平台合作，推出创意作品《种花家这十年 一路生花》，将短视频与 H5 相结合，运用 AI 换脸技术，使观众可以在视频中化身宇航员、乡村带货主播、花滑运动员等具有时代典型性的角色，沉浸式体验不同角色的生活。

在内容层面上，设计感指在视频新闻报道叙事中强调故事性。故事性叙事比较容易记忆，也是人类经验中不可或缺的组成部分。从某个层面来讲，讲故事是构建文化记忆的重要方式。例如，由央视新闻客户端于 2018 年发布的短视频新闻《鼓岭！鼓

① 平克.全新思维[M].高芳,译.杭州:浙江人民出版社,2018:176.

② 平克.全新思维[M].高芳,译.杭州:浙江人民出版社,2018:75.

岭!》是一件用沙画、电视资料画面与现场回访相结合的方式来呈现叙事的短视频新闻精品。故事发生在1911年,因历史久远,缺少第一手资料画面,所以创作团队选择以沙画绘制过程来巧妙地将历史进行还原,这种方式不仅丰富了视频内容和画面元素,还将现代技术与古老历史生动地结合在了一起,使故事开篇就极具感染力,引人入胜。其故事化手法,风格化叙事,原声加沙画精巧结合的收尾,突出了时政新闻的感染力与传播力。以情叙事,将情绪和立意都提升至新高度,全片娓娓道来,温馨质朴,充满着人文情怀,将"纯美国血统的中国人"加德纳老人的异乡"乡愁"与习近平总书记亲自促成的一段中外民间交往佳话立体地呈现在了观众面前。

(四)叙述节奏

由于社交媒体具有人格化的特征,其整体的信息流动、事件推进是有节奏的,因此,对视频新闻报道者而言,想要真正实现与广大用户的共情能力,就得在进行总体的方案设计和故事讲述时注意节奏感,并处理好强与弱、深与浅、浓与淡、快与慢、高与低、刚与柔、轻与重等的关系。

具体而言,视频新闻报道方案设计的节奏是指在了解网民的内容需求和情感诉求、把握新媒体舆论场的节奏变化规律的基础上,树立全局意识、具备链接能力,要把握不同信息发布的时间节点,注意软硬新闻的调节,并且熟悉话语形态在"卖萌"与严肃之间的切换,这其中"时度效"的把握尤为关键。

通过分析近期的网络舆情传播规律,不难发现,当下网络热点、网民情感的变化和切换甚至不是以天计,而是以小时计算,一个热点事件热度可能只维持一个上午,这就牵扯到视频新闻报道者对信息发布节奏感的整体把握。比如在报道马航 MH370 飞机失联的时候,第一天发布期待奇迹、表达悲情和哀伤的微博还可以得到网民的认可,但第二天再刊发类似的微博,就会被人批评煽情,因为此时网民关注的重点已经转移到搜救等后续工作,他们想要知道马航事件更多的新的细节信息,因而,为避免无效传播,此刻应该结合受众关切,找到新的报道角度与落点。

视频新闻的故事讲述节奏是指在新闻叙事文本中表现出来的,与有价值的新闻内容信息相协调的声画信息符号在传递的过程中所表现的长短、起伏、轻重、缓急、张弛、动静等有规律交替变化的排列组合方式。视频新闻的讲述节奏会直接影响受众接收信息的心理节奏。适宜的叙述节奏能有效刺激受众收视欲求,与受众形成和谐的心理节奏共鸣。

构成叙事节奏的要求是叙事元素的组合既符合事物内在逻辑,又完美展现内在律动。具体来说,画面素材中不同景别的分镜头转换组合的方式决定了一则新闻的叙事节奏。不同的新闻内容有不同的叙事节奏要求。如各地群众欢度春节新闻的基调是喜庆祥和,新闻编辑可采用以中景、近景、特写为主的短镜头切换方式,使叙事节奏欢快明朗。在编辑突发性负面社会新闻时,现场报道部分宜采用稍快的紧凑节奏,多选远景、中景、近景,以多角度的短镜头为主,快捷展现事件原貌。而在后续的述评部分,则宜选择稍平稳凝重的节奏,以展现新闻核心意义的长镜头为主,突出警示和强调的效果,也让受众释放紧张情绪、稳定心绪,卷入新闻报道"时间"。在重要的时政新闻编辑中,叙事节奏应平稳舒缓,除领导人画面、标志性实物画面用单切特写外,其他画面应以全景、中景和近景为主,用长镜头沉稳切换,着重体现新闻内容的庄重大气。

在新闻事件的拍摄和新闻画面的编辑过程中,也可以按照新闻事件的情感基调,掌控画面的节奏感,并按照新闻事件发展的时间阶段、逻辑关系和因果关系对新闻事件进行分割与组合,从而实现新闻事件的连贯性。在视频新闻播出过程中,字幕、图像、声音等要素之间要保持一种输出节奏。只有掌握了合理的节奏,才能形成合理的播出曲线。才能在动静结构、自然流程和疏密有致的节奏中,形成一种交替的规律,给受众带来错落有致的观赏感受。

(五)现场感、原生态

社交短视频平台使视频创作、分发的门槛大幅降低,使信息得以更快流动和连接。在快手上,每天新增超过 1500 万 UGC 视频,用户不仅刷抖音、快手,也慢慢习惯于用抖音、快手拍摄和制作视频、记录生活,也许有一天,真的会出现人类文明的"视频版百科全书"。入驻抖音和快手的机构媒体账号已超过 2 万家,不可忽视的是,抖音和快手上的个人用户更多,沉淀了大量 UGC 素材。UGC 素材记录的是真实生活,展现的是个体本来状态,在经过严谨核实和适当加工后,UGC 素材往往具有现场感、原生态的特征,它不仅具有"爆款"潜力,而且还直接影响到视听形象真实感的建立。

《手机里的武汉新年》以 2019 年 12 月 31 日为起点,按时间顺序推进,从武汉洪山体育馆的跨年音乐会开始,伴随着新年倒计时和民众的欢呼声进入 2020 年 1 月 1 日,屏幕最左侧永远跳动着电子日历、确诊人数、重要的事件节点等。这种争分夺秒的观感提示着事件的整体进展,并通过对语言和视频材料的剪辑与安排,创造出抗疫发展的时空结构和逻辑结构——从寒冬到初春,从灰暗到希望。该片短视频素材均来自快手平台,片子将来自 77 位拍客的 112 条短视频加以剪辑,把落点放在个体身上,用 77 位亲历者的自述和镜头,共同拾起一段抗疫的集体记忆,构建起个人悲欢与宏大主题的紧密关系。通过收录 UGC 内容进行纪实，以受众的视角将内容展现给受众，“以自己的视角叙述自己”的叙事方式，直接表现真实，极大地激发了受众的共情能力，达到了最佳的传播效果。

为了更多地突出现场感，短视频新闻积极探索第一人称叙事，用更加贴合受众生活的视角与观众进行对话。这一行为也侧面转换了受众与视频内容的关系，受众从原先第三人称叙事视角下观看视频的“他者”，变成进入到视频中，成为视频叙事的第一视角的“自我”，从“离场”变为“在场”。在叙事语言的运用上，主题类短视频摒弃说教语态，用更加平易近人、通俗易懂的语气与观众进行交流。同时积极创新语言风格，用跨界混搭的方式碰撞出新的火花。例如在央视网推出的创意短视频《平凡人唱出不平凡丨一起奋斗一起唱》中，采取“评书+说唱”的跨界方式，用一位说书人串联视频的各个场景，在每个场景中，来自中国各行各业的普通人用说唱的形式“唱”出国家发展给自己的生活带来的变化，用通俗易懂、平凡真实的歌词展现出网络购物、移动支付、AI 主播、直播助农等场景下中国十年来日新月异的变化。

第二节　消息类视频新闻报道取材

一、消息类视频新闻的核心

消息类视频新闻是传播国内外要闻的主要形式，也是受众获知国内外新闻的主要窗口。消息类视频新闻对时效性要求较高，有较强的新闻性。消息类视频新闻的核心是信息，它的编辑制作水准在一定程度上可以反映出一家媒体机构或是媒体平台的新闻报道能力。按表现形式，消息类视频新闻可细分为图片消息报道、图像消息报道、字幕消息报道、口播消息报道。消息类视频新闻区别于其他新闻节目的另一个重要特征就在于其篇幅简短，时长一般在 4 分钟之内。

二、消息类视频新闻的基本撰写规则

消息类视频新闻的拍摄以固定镜头为主，运动镜头为辅。因为消息类视频新闻时长较短，如果频繁地使用运动镜头，会有撑时长之嫌，但是在时政类、会议类消息新闻中常会使用运动镜头。消息类视频新闻的单位镜头不超过 5 秒，5 秒是近景画面的最

长时间，一般消息类视频新闻都是在2—5秒进行镜头切换，镜头间的逻辑承接关系不需要十分紧密。因而建议消息类的视频新闻应多用固定镜头，通过短、频、快的高剪辑率来加大画面信息量。

消息类视频新闻大多数镜头表现的是对一件事的整体描述，是状态性镜头，而不是叙事。消息类视频新闻本身是不叙事的，只是传播信息，一般是说明文体，强调的是信息量，新闻特写可以强调叙事，因为这种文体需要生动。

消息类视频新闻的重点在于要提炼出关键信息。然后，依据提炼出来的信息，进行影像化呈现。在消息类视频新闻报道中，新闻要通过解说词把镜头逻辑和报道诉求结合起来。因而，记者需要依据核心信息、大致文本框架，来指挥摄像拍摄画面，尽可能按照影像化的叙事规则呈现文本信息。消息类视频新闻最好有同期声，但要严格控制同期在消息中的比例，否则信息浓度立刻就下来了。在做时政新闻时需要注意，同期声的选录不能使用现场同期声，因为很多时候领导人现场讨论的会议内容是不能直接以同期声的方式传出去的，需要结合通稿或者现场信息进行提取，再配以画面拍摄完成报道。

三、取材原则

核心信息的取材角度是指记者观察、挖掘、表现新闻事实的着眼点、侧重点。选择报道角度同确立主题思想也是密切相关的，它直接关系到报道的客观效果，因而，有经验的记者都十分重视选择最佳的角度，以增强报道的新闻价值。

（一）从事物的特点中找角度

选择报道角度的关键在于把握事物的本质特点。客观事物既有共性也有个性。忽视共性将难以从事物的联系中把握事物，而只讲共性，忽视个性特点，则必然导致报道雷同。报道想要收到令人耳目一新的效果，防止千篇一律和模式化，就要研究事物的特点，寻找最能反映事物本质的报道角度。

（二）从事物的变动中找角度

发生了变动的事实，往往催生新的事实。新闻敏感度高的记者总可以从变动中挖掘出报道角度，使新闻报道具有新意。能否从变动中生发出新闻由头，取决于记者的新闻敏感。就一个具体新闻报道的采访过程来看，新闻敏感、新闻角度、新闻价值三者之间是密不可分的。

2018 年“两会”，增设了代表委员通道，孤立地看，这仅仅是流程发生了变动，不同的通道进行不同的采访活动。既有以往进行过的部长通道采访活动，又有新增的代表委员通道采访活动。如果记者带着事先制定的报道框架到现场，仅仅是注意部长和代表委员的采访，那么就不可能拍出有创新视角的、有价值的新闻。如果将两个通道采访活动联系起来看，同在人民大会堂，在相隔仅 100 多米的通道两端，代表委员采访与部长采访相继进行，却有其特殊的寓意和内涵。新华社记者就结合当时的情境以及外部环境，把两个符号进行了隐喻处理，“部长通道”和“代表委员通道”联系起来看正是代表着“国策”与“民意”在同一时空共振，它是一种中国式民主的细节，也是理解当年“两会”的一个重要切入点。于是，在对代表委员通道和部长通道以直播、短视频快讯等形式进行报道的同时，新华社记者几次从这个角度切入、展开，挖掘，放大代表委员通道和部长通道采访活动的特殊内涵，制作了《百米通道 国策与民意共振共鸣》这一优秀视频新闻报道。

(三)从事物的异常中找角度

求新、求异是人们共有的审美心理。反常的、奇异的现象总是会引起人们的关注和兴趣，具有一定的新闻价值。在一则名为《拳击》的新闻中，比赛场上父子对垒时，被儿子逼急了的父亲，猛伸一拳，错把裁判当作儿子打出场外，记者抓住这个不同于寻常比赛的奇趣情节作为报道角度，使新闻妙趣横生，令人看后忍俊不禁。

(四)从事物的对比中找角度

对比，即对事物的分析比较，是提炼新闻主题不可缺少的过程。一般情况下，对比是作为有关的背景材料运用在新闻中，以深化主题思想，即把两个相反、相对的事物或同一事物相反、相对的两个方面放在一起，用比较的方法加以描述或说明，给人以深刻的印象和启示。

例如《寒酸的县委办 不寒酸的民生》，这则报道的对比具体有：新的民生工程、新学校与老旧的县委办公楼的对比，政府在办公设施建设方面的抠门与民生建设中“莲花文体中心、新教育园、新农村”的上亿元投入的大手笔的对比，政府工作人员的心声——“外面下大雨，里面都是下小雨”与当地群众评价——“翻天覆地地变化了，比如我们城市变化很好，你看高楼大厦也很多，比如马路也宽了”的对比等。通过这些对比强化了“民生为先”的报道思想，符合“县委办寒酸”与“民生不寒酸”这一主题，给人留下深刻印象，莲花县委、县政府“以民为先、心系百姓、勤俭朴素”的形象由此深入人心。

（五）从新闻现场/采访中找角度

消息类新闻一般选择的是那些事件、场景单一的新闻，很多新闻发生时或发生后不久记者就已置身于现场了，作为对事件能以最快、最先、最简短的方式作出反应的一种报道体裁，消息类新闻一般现场感较强。事件发生时或刚发生过后，现场会有一种不同寻常的氛围，比如人群的行动、人们的表情、事发场景、事发后的遗留物等等，只要抓住典型形象，忠实于事件原貌地进行记录，现场感自然而然就会表现出来。例如 CNN 依据美国总统特朗普在联合国现场发表的一次演讲中的“很多历史发生在这里”这一句话，拍摄的视频新闻《唐纳德·特朗普的世界观》，使用不同历史时空中的特朗普自相矛盾的发言来呈现这位总统混乱的世界观。

第三节　专题类视频新闻取材

专题类新闻是对当日或近日已经报道的重大新闻事件进行延续、深入和补充报道的一种独立播出的新闻形态。从功能上看，专题类新闻旨在对新闻事件进行深入报道和过程性展现，可以增强新闻报道的说服力和影响力。从节目选题上看，专题类新闻选题必须是重大的新闻事件。比如：我国每年召开的全国人大、全国政协“两会”和党的全国代表大会、北京冬奥会、抗击新冠等重大新闻事件，都应通过专题类新闻的形式进行详尽细致的报道。从内容上看，专题类新闻侧重于对新近发生的重大新闻事实进行更加充分、详尽、具体的报道，较为全面地反映某一新闻事件的全貌及其关键场面和典型细节事实，不仅要报道“是什么”，还得重点回答“怎么样”和“为什么”。

一、核心特征

（一）过程性

不同形态的新闻，时长都有较为严格的控制，时长与类型有着高度相关性。一期专题新闻的时间容量是大专题 30 分钟以上，小专题 30 分钟以下，微专题 8 分钟。正是因为专题新闻时间长度够，所以允许展开，在统一逻辑主线的基础上，展现专题新闻的过程感和层次感。消息类视频新闻是一个由无到有的过程，专题是从有到深的过程，因而专题类新闻需要通过多侧面、多角度、深层次的调查，剖析新闻事件（现象）发生、发展的过程。

（二）新闻性

新闻性是专题类新闻有别于文艺娱乐类专题节目、服务类专题节目等其他专题节目的本质所在。专题类新闻围绕事实的真实，深入挖掘相关的背景事实、细节事实和隐含事实等。它的时效性，虽然不像消息类视频新闻那样快捷，但必须是“新近发生”的事实。新闻性决定了专题报道的刊发时间最好在新闻事实发生的时间周期内。

（三）重要性

专题类新闻节目的选题必须是重大的、重要的，值得特别重视的人与事，或是具有潜在价值、深远影响的事实。比如：四年一次的奥运会，它的召开对于世界各国来说都是重大新闻。

（四）故事性

无论是对典型人物、典型经验的宣传，还是对典型案件的揭露，都不应当是抽象的、概念的，而应当由一件件具体的事构成，其中包含着事件的起因、背景、细节、冲突、起伏和结束。受众对于抽象的、概念的、模式化和说教式的宣传，记忆不深。专题报道要注重对人的心态的展示和对典型细节、情节的捕捉，需要到生活中去寻找、发现、认识典型价值，让典型真正具有“个性”，而不是模式化和概念化。

二、取材角度

专题类新闻的取材重点在于如何呈现过程。“事、人、情”是构成专题类新闻内容的三个方面，也是过程性信息选材的切入点。其中，“事”是基础，占据最多的篇幅，即使是以“人”为主要表现对象的新闻专题，对人的介绍，对人的精神气质、人格魅力的表现都是建立在具体的事件基础之上的。而“情”，则是作品所表现的内容获得观众认同的催化剂。专题类新闻的取材主要是以“事、人、情”这三者为基本内容展开的。

（一）事

“事”是专题类新闻的取材重点之一。在以“事件”为重点的专题片中，有一些是主题性较强，有些是叙事性较强。有很多专题类新闻题材，针对的并不仅仅是一个突发性的、很快就结束的事件，而是社会上持续出现的、长期存在的某些现象或者问题，由此折射出的意义或主题是许多专题片最初创作的缘起。随后的取材工作中，就自然而然地围绕这一主题而展开了。由于有较充裕的摄制周期，较长的篇幅容量，专题片对一个重要的主题的挖掘和展示都是比较充分的。

由事件生发出的主题性、针对性、新闻性是这类专题新闻的特色。近年来，针对社会现象、社会问题进行的专题视频报道，常常通过对个案的记录、具体事件的呈现来反映主题。这样，主题仿佛是从事实中自然生发出来的，化解了主题呈现的表面性，形成了"主题是专题的着眼点，事件是取材的落脚点"这一取材规律。如老有所医解难题的相关报道，配合政策传播提炼专题报道的主题"如何让老年人老有所医，健康养老"，从老年人就医难的具体难点出发，用典型案例对应政策的施行方向。再如"双减"相关专题报道，持续关注同一主题，就"双减"政策从施行到施行一年后的效果进行了报道，结合具体事件进展——怎么减，效果如何，一年有何变化——探明了政策施行的益处以及施行中的难处。

在专题类新闻中，有一类是事件性很强、主题性退居次要地位的节目。这样的专题节目，新闻性要更强一些。就题材而言，事件性专题一般选取那些事件本身即具有很强的吸引力和视觉听觉呈现效果的题材，取材时应更注意对事件本身的叙述，事件自身的发展就是构建内容的线索、脉络、推动力。例如，突发事件报道或灾难报道就是典型的事件性专题报道。新闻本身具有很强的吸引力与关注度，救援进展、事故善后、事故调查等事故本身的发展就是构建突发事件报道内容的核心线索。像东航MU5735航空器飞行事故报道、"东方之星"号客轮翻沉报道、"8·12"天津港爆炸事故报道等都属于以事件本体进展或是发展时间为主线的专题性报道。

专题新闻大多数是"主题性"与"叙事性"相结合的混合物，即将主题寓于事件的叙述中，在事件的叙述中揭示主题。在取材上，也是两者兼顾。因而可视性更强，内涵更为丰富、深刻。

（二）人

"典型人物"塑造也是专题类新闻的取材重点之一。主体人物可以是来自各条战线、各个行业和各个阶层为社会作出贡献的优秀人物，如全国五一劳动奖章获得者、劳动模范、三八红旗手等，又可是某一社会现象、社会活动当中的突出者，如见义勇为者、劳动致富者、自学成才者、自强不息者等。

以“人物塑造”为重点的专题类视频新闻，注重挖掘人物的内心、个性气质，在内容的选择、素材的取舍上，更注重人物性格的展示。《看见》中的阿里木是一个有些油嘴滑舌的卖羊肉串的小贩，抠门且节俭，被人贩子伤害过，但却对帮助过他的人心存感恩，还坚持做着资助贫困学生读书的事儿。片子在看似矛盾的性格特征中完成了立体、真实的人物塑造，整体节奏紧凑，极具张力，每一个人物特性对应的片段具体而有情节，易产生记忆点。主体人物所从事的工作、事迹是表现人物的重要因素，片子把事件放到更广阔的社会、人生大背景上去展现，以此为切入点引出对人物心理状态、行为动因的追问。通过对不同事件中人的描写与刻画，让阿里木这个人物真实可感，引起了受众情感上的认同，从而传递了人物精神。

《大国科学家》系列人物专题报道，通过一个个具体可感的人物故事，展示了中国科学家的群像，彰显了老、中、青科学家们的信念、理想与使命，弘扬了科学家精神，传播了科学思想。在片子中，个性化的人以他（她）作为事件承担者之一的身份出现在取材者的观照下，通过他（她）的处境、情绪、心境等去揭示历史、现实、社会大背景下个体的生存境遇以及事件的深层影响。同时，个性化具体化也使受众更容易找到情感寄托与投放的对象，加深对报道所表达内容的认同。

（三）情

绝大多数的专题类新闻都不忘在“情”字上用力。在专题类新闻中，“情”可以是题材、内容中固有的，也可以通过画面、声音等符码的运作，来调动受众情感，以“情”来把内容传播与受众认同连接起来。

专题中的“以情动人”，往往要注意以下取材方式：（1）在大的主题下寻找具体的事件，大主题小切口；（2）直接书写情感，捕捉动情点。能捕捉到拍摄对象真实的情绪，最是吸引人，也最容易引起受众的情感共鸣；（3）在细节上做文章。细节有利于人物情感、人物形象的刻画，揭示事物的本质特征；（4）适度的音乐表意。因为音乐往往是带有情绪和情感的，但专题中音乐的使用要有选择性，不同阶段要配以不同节奏、不同情绪的音乐。

《梁家河的新生活》是关于改革开放40周年的主题报道。记者接到报道线索，需要前往延川县梁家河村拍摄，反映贫困小村40年的变化。记者从接到报道任务的那一刻开始，就在思考如何才能既展现改革开放40年来这个贫困小村的巨变，又突出其中不变的精神内核。到底是一种什么样的精神引领着这个贫困小村发生了巨变？如何表现过去与今天的生活？如何在传统与创新，小人物与大时代之间找准一个契合点？为此记者翻阅了大量的资料，查看了能找到的所有素材，走遍了村里的每一个角落。经过反复调研与对比之后，一位未被详细拍摄过的铁匠老人进入了记者的视线。

铁匠老人不善言辞，习惯闷头干活，面对镜头感觉局促，但从现场对他的观察中，记者发现了一个细节：老人手头正在修理一件老工具。陈旧的工具木板上每一道裂痕如同褶皱一般写满岁月的斑驳，这个工具是存放在村史馆里的抿节拖子，是过去做陕北粗粮小吃抿节用的。他仔细地把摔成两半的木板对接到一起，然后用自己烧制的铁件固定住。就在那一刹那，记者找到了感觉，也确立了拍摄重点，它可以承接起40年的沧桑岁月。

在采访中，记者了解到这个铁业社在40多年前曾经发挥过大作用。那个年代，村里公路、水、电都不通，“贫穷”与“落后”是梁家河村的代名词。1969年，十几个北京知青的到来让这里的一切发生了变化。习近平就是知青中的一员。在梁家河插队的7年时间里，他从知青成长为大队党支书，并带领全村人不懈奋斗，开创了新生活。通水、通路、通电，这里的人们靠自己的双手创造了一个又一个奇迹。而他们手中的工具也见证着那个改天换地的大时代。1974年，习近平在村里开创铁业社，梁玉前作为村里为数不多的铁匠肩负重任。那些年，几乎村里所有的生产用具都出自他的手，这些工具像一支支画笔在重新绘制着村落的模样。

作为一名编导，重要任务是现场发现灵感，从中升华，找到大主题下的小切口。在充分拍摄了铁匠在炉火中打制农具之后，记者又一次陷入困惑：如何从铁匠的身上发现新的生活细节？就在这时候，记者发现了新工具。于是就有了铁匠创意制作适合现代生活的小工具，并深受年轻人喜爱的片段。这一件件小工具，让记者看到了打造新生活的热情，由此展现出这个小村落进入了与过去完全不同的时代。

拍完铁匠，记者仍然觉得少点什么。经过冥思苦想，他感觉应该走进窑洞。但片中所拍摄的大妈是被无数媒体拍过的人物，如何能够出新？在新的难题面前，记者找到了之前拍摄中所欠缺的精神文脉。记者用煤油灯做衔接，将大妈在灯下穿针引线的画面，与隔壁知青灯下读书的细节相连。正是在这盏小小煤油灯下产生的大智慧、大学问为全村人带来了光明和希望，点亮了人们的新生活。如今，新的生活召唤着村里年轻人的回归，他们也靠自己的双手打开了一片新天地。片中铁匠的侄孙、大妈的女儿正是新时代的新面貌的体现。

《梁家河的新生活》在现场观察中找到了报道角度，在实际生活中挖掘到了细节，在现场采访中捕捉到了动情点，在音乐表意中充分调动起受众的情感共鸣，是一个成功的主题报道。

第四节 直播类视频新闻取材

视频新闻现场直播,概括来说是指在新闻现场将新闻事件及人物的图像和声音,以及记者在事件现场的报道和采访等转换为电信号直接发射、即时播出的一种报道方式,也包括将现场信号与新闻演播室信号相互连动,构成新闻现场与新闻演播室互动播出的方式。现场直播强调的是,它对新闻事件进行报道和画面取材的过程就是播出的过程。视频新闻现场直播流程主要包括采集、传输、分发链路三个方面。

这里有一个问题,是不是新闻现场直播要求必须每个画面都来自现场,所有的报道内容都是对现场正在进行情况的解释呢?完全符合以上两点要求的当然是新闻事件的现场直播,但是,多年来国内外视频新闻现场直播实践说明,完全是现场情况的呈现和介绍,这并不是现场直播最好的内容构成形式和叙述方式。为了把新闻事实的信息传达得综合、立体、全面、生动、多元、深刻,有历史纵深感,在现场信息量少,或是现场事件安排进展的间隙,可以适当地加入一些事先录制好的背景介绍,以及与该直播内容相关的资料、图表乃至专门制作的专题片或演播室主持人、嘉宾对现场情况的评说等。这样,对新闻事件的现场直播就不仅仅是一种实况转播了,而是在以对现场的报道为主要内容和报道主线的情况下,报道者对内容进行更多、更系统的组织、处理、呈现,由于这种组织、处理、呈现是在对某一核心事件进行现场直播的进程中完成的,所以整体地看这种直播已经形成了一种新的报道方式。

直播选题一般包含以下三类:(1)重大突发事件及热点新闻事件;(2)与新闻相关的现场与人物、新闻外围的访谈等;(3)以文化、科技、生活、时尚、现场大型活动为主的软、特新闻。

视频新闻的直播形态主要有:(1)纯现场画面展示;(2)记者以体验式出镜介绍现场,由出镜记者串场,形成"出镜+现场展示+旁白解说+现场访谈"的直播形式。除重大突发事件外,为适应互联网用户需求,直播时长一般40分钟以上。第一种直播形态的节奏等同于纯现场节奏,第二种直播形态的节奏等同于视频新闻节奏,采用现场节奏+小片+专家聊天+记者连线的方式,为的是调整或改变拖沓的现场节奏。

一、核心特征

(一)时效性

现场直播把视频新闻的时效性提高到极限,新闻事件与新闻报道的时差为零,报道与事件同步。新闻现场直播尤其是实况转播,很少对现实时间进行压缩或扩展,随事件的发展同步向前,受众对新闻事件的感受和认识是即时的、连续的、不中断的。直播中的媒介时空与现实中的物理时空是重合的,这是一种非戏剧化、影视化的时空。

(二)现场感

现场直播大都是从不同角度、不同视点进行多机位拍摄,通过机位的调度、画面的选择,来呈现现场的氛围。收看直播时,受众更为关注的是新闻事件本身以及直播画面所传递的现场信息。“信息为先,精美为后”不仅是新闻现场直播的特点,也是新闻现场直播的宗旨。通过传播报道对象的整体气势、细节特征、动情点,给受众一种身体不在现场,感觉在现场,所接收到的信息胜似在现场的视听感受。

(三)不可预知性

现场直播,特别是突发性事件的现场直播,其事件进程与结果难以预知和预测,同时事件的变化性和动态性也给直播带来许多不确定因素。即使是策划型现场直播,其现场偶然出现的意外也会使有序的直播出现混乱或变化。新闻事件发展的不可预知性、不可预测性构成了直播节目的悬念因素,突然出现的偶然事情也增加了直播的戏剧性,尽管这些都给直播增加了摄制的麻烦和难度,但它常常是直播最吸引人的地方。

(四)过程体验

新闻事件现场直播要保证的第一要素是“过程”,其次是“准确”、“到位”和“精美”。“过程”解决的是新闻事件信息呈现的“有与无”“连续与中断”的问题;“准确”解决的是信息呈现的“方向”问题;“到位”解决的是信息呈现的“深度”问题;“精美”解决的是信息呈现的“好看”问题。新闻现场直播有了“过程”后才会有“准确”、“到位”和“精美”等问题,重视直播的“过程”,以及重视观众的过程体验,是新闻事件现场直播重要的、不可忽视的问题。

(五)创作的一次性

现场直播是采、摄、编、播同步进行的,现场创作具有一次性特点。直播状态下,播出去的内容就是一次性完成的采、编、摄的内容。如果在编辑人员作出反应之前问题画面播出去了,则意味着出现播出事故。这无疑大大增加了创作人员的创作难度和工作压力。因而,现场直播要尽可能地做好先期的策划、安排、准备工作,要有预见性地做好失误发生时的多种补救方案。为了加强配合,在直播前还需要进行调试和演练,提高各工种配合的默契程度。

二、直播类型

从对新闻事件的现场实况转播,到策划型现场直播,再到突发性事件的现场直播,现场直播的操作难度无疑在逐级增加,这三种现场直播类型各有其不同的题材、拍摄对象。

(一)现场实况转播

现场实况转播通过对一个新闻事件不间断的、多个摄像机位的记录、切换,及信号的同步传输,让观众能够即时目睹新闻事件发生的相对完整的过程。它是对一个事件全过程的转播,注重对事件过程的纪录和呈现,一般很少出现现场记者、主持人,只是在必要的时候有画外音解说。这种直播形式多出现于时事政治类新闻的现场直播中,如党代会、全国人民代表大会、政协会议等国内各种重大会议,元旦、春节、“五一”、“七一”、“十一”等节日招待会,各部门举行的中外记者招待会,天安门广场的升旗仪式,劳模、英模报告会、演讲会,各种体育比赛的现场实况转播等。现场实况转播的题材具有内容集中、现场单一、程序明确、事件本身意义完整、价值外显等特征,新闻机构不便于过多发表意见。这个特点决定了在这种直播中,对新闻事件的报道更多的是记录、呈现,而不是综合。因此,尽管这种直播类型从直播内容的组织到直播方式的运用上都比较简单,但是它的内容与形式是契合的。

(二)策划型现场直播

策划型现场直播是对一些可预知、预控的重大新闻事件进行有计划、有安排、有设计的现场直播报道。直播人员根据预先提供的有关事件的情况，制定出比较详细的直播报道执行脚本。策划型现场直播的一个基本特征是多点直播报道，把与新闻事件有重大关系的多个地点设置为报道点。在事件进展过程中，各报道点的主持人、记者依次出镜，同步报道所在现场的最新消息，对现场情况做解释分析。多点直播报道通过对同一时间流程中不同空间的信息进行立体组合，可实现对复杂新闻事件综合、全面、及时的报道。

当然，如果在这样的直播报道中只是实现了多个现场即时信息的传递，这样的直播内容构成虽然有了空间上的大跨度，但还缺乏时间上的纵深度，整个报道的立体感还不强。为了弥补这一点，一方面，各直播点的报道者应尽可能通过语言讲述目前情况、历史背景，展望未来；另一方面，在适当的时候可插入演播室的评述和有关背景资料片、专题片。这就像我们在新闻节目中常见的，把一个事件分解成几条新闻，形成组合报道，从而使内容更加清晰，多点直播也正是要完成这样的“报道”。

（三）突发性事件的现场直播

突发性事件的现场直播主要根据已知的事件进程安排具体的报道时间、报道内容。它所面对的报道对象是突发的事件，或者是事先虽有某些征兆，但是事件何时发生、事件进展的状况、产生的结果和影响等都是不可预料的，不可控制的，对于这类事件的现场直播，只能边直播边制定报道方案，根据事件的变化随时做出变更，争取及时地将有关事件的最新动态传播出去。

从世界范围内突发性事件现场直播报道的内容上看，题材大多集中于灾难、战争、暴力事件上。这些题材当然是大多数观众最为关注的，但是，这类题材可能出现的血腥、暴力、惨不忍睹的场面通过直播有意无意地展示出来，对社会可能产生的负面影响也不能低估。

（四）慢直播

慢直播是指借助直播设备对实景进行超长时间的实时记录并进行原生态呈现的一种直播形式。随着全媒体的迅速发展，直播的内容和方式不断创新，慢直播作为一种新的直播生态，它最为突出的特点就是无剪辑、原生态。目前国内影响力最为深远的慢直播当属新冠疫情期间，央视频与中国电信联合推出的《疫情二十四小时》。通过快手平台上全天 24 小时不间断战“疫”大直播，一个账号不够用，就联动《新闻联播》、快手小铁、快手看见等其他账号多链路直播，让网友在家中就能随时多渠道观看前线的最新情况。尤其是央视频的“直播造医院”，使网民在家得以体验新奇的“云监工”，慢直播既完美契合了网民获取信息、消减乏味的心理需求，又通过火热的评论区激发了网民创造力，提供了一次充满“在场感”与“陪伴感”的大型“线上社交”。新闻类慢直播常在重要纪念性节日或突发公共事件发生时才上线，但观看人数可观，具有不可比拟的影响力。

三、视频新闻直播前期准备

(一)直播链路搭建

1. 使用自有直播设备，如卫星小站、4G 背包、5G 背包、海事卫星电话，可用于视频直播传输。

2. 海外分社部分记者已经开通 TVU 手机直播链路，可通过 4G/5G 手机进行现场直播报道。

3. 在重大新闻事件发生时，可向媒体机构组织报件，租用卫星公司、美联、欧广联等机构直播设备传输直播信号。

(二)直播人员准备

1. 摄像记者出发前准备

(1)出发前除对摄像机进行开机等例行检查外，还应准备好三脚架、话筒、音频线，备足摄像机存储卡、电池等；需要强调的是，不论准备了多少块电池，在条件许可的情况下都应准备好摄像机充电设备。

(2)需要配备手机耳机，便于直播中接听编导指令。

(3)如果使用手机 TVU 软件直播，则需要准备两部手机、两个耳机、手机话筒(或者有话筒的耳机)及充电宝，另外一部手机用于和编导联络。

(4)户外拍摄应视天气携带防雨罩。

(5)如果可以预见新闻现场将有多家媒体拍摄，还应准备好便携梯子，以便在现场能升高机位，获得较佳的拍摄角度。

(6)在没有技术人员进行传输保障的情况下，摄像还必须携带 4G/5G 设备或带编码器的海事卫星电话。

2. 出镜记者出发前准备

（1）需提前准备好手机，按照一主一备的思维，最好携带两个分别使用不同运营商手机卡的手机，并备好相应的耳机、电池、充电宝、充电器等。

（2）出镜记者着装应简洁大方、职业干练，服饰颜色不得花哨，应该朴素大方，自然得体，服装服饰应与新闻发生环境相协调。

（3）出镜记者需在直播前为直播出镜和旁白做好充分准备，大量阅读相关素材，和直播编导策划并撰写直播大纲，设计好直播流程及出镜词。

3. 现场导播出发前准备

现场导播需要准备好切换台，与摄像机数量相同的传输线缆，用于指挥摄像的对讲机等。导播应提前查看现场，指挥技术人员、摄像分别布设传输与供电线路，确保现场拍摄与传输链路畅通。

4. 技术工程师出发前准备

需要准备好卫星小站、4G/5G 背包等直播设备及其附属设备。出发前，有条件的话应接通所有设备进行参数设置和检查，最起码应进行通电自检。如果直播点现场没有供电保障，工程师还应准备好便携式发电设备。

（三）直播踩点及信号测试

1. 使用所携带的直播设备，进行直播测试。前后方共同确认直播测试信号质量，如直播信号稳定性、画面延迟时间、摄像机画幅比例、分声道回传的音频等细节。

2. 测试直播点位置手机信号是否畅通，在海上、震区等没有手机信号的特殊环境下，记者还需测试海事卫星和铱星电话信号。

3. 查看直播点是否有电力保障。如现场没有电源，技术人员还需携带发电机。

4. 大型会议活动直播，记者还需了解主办方是否提供公用信号及提供公用信号的方式，并现场测试公用信号回传链路。

5. 如果用大型会议回传直播公用信号，记者需了解现场是否有调音台等可以输出现场音频的设备，并根据后方需求提供包括现场声、同声传译在内的多路音频。

6. 通过信号测试，前后方还可进行技术演练，导播、摄像、记者、技术人员演练设备操作，与后方沟通直播细节并进行各岗位磨合。

四、视频新闻直播取材

(一)景别和机位设置

视频直播中常用的方式是单机位、多机位拍摄,具体采取几个机位,一般由前方直播团队根据踩点情况与后方商定。

单机位直播多使用全景和中景景别拍摄,尽量采用主体视角,保持主体画面稳定。要注意排除干扰因素,如脚架卡榫没有到位、人为碰撞等因素。摄像在进行单机位拍摄时要确保直播安全,不能随意调整景别,如果需要镜头运动使画面更为丰富,变化景别时也一定要慢要稳,切忌急推急拉镜头。

双机位直播,如果双机拍摄同一内容,尽量采取一个机位拍摄较近景别,如中景、近景、特写等,另一个机位拍摄较远景别,如全景、大全景、远景等,两个机位互为备份。其中一台摄像机需要调整机位、景别时,现场导播或后方导播应预先切换到另一机位画面;三机位直播则通常在双机位设点基础上,增加一个游动兼反打机位,用于跟踪和补充现场细节。如果直播场面大、细节多、画面表现力要求高,就需要更多机位参与拍摄。多机位直播需要按照现场条件和画面逻辑,详细策划和设计机位布点图,力图保证景别多样和主题画面丰富,并至少保证一个安全机位画面。双机位或多机位拍摄要避免发生跳轴现象。

现场机位布置好以后,现场导播、摄像及直播组编导之间的配合与沟通将成为直播的关键。直播中,摄像必须通过带耳机的手机、对讲机或其他通信设备,与导播保持沟通,并按照导播指令调整拍摄。在没有得到明确的指令前,摄像需按照无剪辑直播的标准拍摄,确保画面安全可用,所有更换电池、擦拭镜头、调景、对焦、关机等动作都必须获得导播许可后才能执行。

(二)镜头运用

采取多机位拍摄时,一般应设置一个始终开机拍摄的安全机位。

安全镜头设计是找寻一个合适的位置,能够一览无余地拍摄出这一大型新闻事件发生地的全景,最好是制高点,可以履行三项基本职能:揭示直播发生地的典型环境,展现活动的场所、人物、规模;表现场景内所有人、物、景之间的关系;随时提供直播备播的安全镜头。有了安全机位作保障,其他机位的设计就可以更加灵活。

当突发事件发生时,多数情况下只有一名摄像最先抵达现场。这时,“单兵作战”

的摄像首先应具备“无剪辑”拍摄意识,随时保持直播状态。单机位拍摄时,现场没有别的机位可以切换画面,摄像拍摄的就是长镜头,这时需要注意的不仅是构图的完整和稳定,还要注意画面的虚实,在拍摄过程中随时调整光圈和跟焦,保证直播画面的清晰和完整。摄像的基本功一定要扎实,练就过硬的抓拍技术,现场推拉摇移的运用要尽量地稳,只有在为抓拍突然出现的重要新闻画面时才能暂时牺牲画面的稳定性。

摄像在拍摄固定镜头时要注意前景、后景及主体、陪体等的选择和安排,并采用最牢固的执机方式,将画框以最稳定的状态呈现在观众面前。特别是在采访和拍摄新闻当事人现场讲话时,最好采用固定镜头,避免推拉摇移。

随着新闻事件的发展,新闻当事人运动轨迹的变化,直播过程中不可避免会运用到运动镜头,在有明确目标的推拉拍摄中,摄像需要将被摄主体保持在画面中相对固定的位置,注意落幅构图的完整性。可运用匀速摇镜头展示环境。在跟拍被摄主体时,应保持主体在画面中的位置相对稳定,景别也保持不变,被摄者与主体人物运动速度基本一致。

其次,摄像应有较强的应急拍摄能力,根据现场情况做出判断,以最快速度首先获得关键性的一个机位,解决现场画面有和无的问题,而不必拘泥于精美专业的构图。直播时,摄像还要利用镜头让新闻画面“说话”,多用主观镜头,代替观众的眼睛去“扫描”现场,用镜头语言传递细节,记录事态。

最后,摄像还需要注意构图的画幅结构。目前,新华社电视直播线路处于高清、标清兼容阶段,这需要摄像掌握高标清之间、不同画幅比例之间的转换设置,以及对显示器安全取景区的设置。具体做法是采用高清模式拍摄,然后通过菜单调整,在寻像器中加 4∶3 的标识框,把拍摄主体框定在此标识框内,这样就可避免在将高清画幅 16∶9 压缩为标清画幅 4∶3 时,画面内容不完整或图像变形。

(三)出镜记者

允许突发事件,不允许突发直播。直播通常得演练,要有腹稿,要练出镜记者的直播态,要有话语组织能力。直播没法 NG,要保证每分每秒镜头都到位,都提供信息,不中断。直播的内容、场景的组织、对象的采访,都会影响直播节奏以及直播信息量的传输。在视频直播过程中,记者的出镜内容要求“一次过”,因此直播中的出镜记者需要熟悉直播整体流程,与导播、摄像等协调合作,保证直播活动安全、顺利完成。

在正式直播开始前,出镜记者与主持人可进行预演,沟通连线内容,测试声音大小和清晰度,调整状态。正式直播连线开始前 10 分钟,出镜记者需与后方编辑保持交流,确定在线状态。一旦进入直播状态,出镜记者就不要再有多余动作,应全神贯注投入直播工作。

出镜记者在直播中需注意聆听直播编导指令,并及时按指令调整直播细节,但不能在直播中应答,以免联通声音穿帮。如果出现信号故障等突发问题,出镜记者要保持直播仪态,不能慌乱。如果不知道导播是否切自己的镜头,是否仍在直播当中,需继续保持直播状态,按预定规程进行,除了说出镜解说词外,不能说与直播无关的话。

在直播拍摄中,音频和视频同样重要。通常,机头话筒拾录现场音,采访同期声通过话筒或音频线接入机器收录。

室内直播最好通过音频线连接声音源的音频出口来收录采访同期声。以新闻发布会为例,一般优先选择从现场调音台输出音频口收声;在没有现场调音台的情况下,可选择将话筒放至主席台,如果以上条件都不具备,则可选在音响、功放处外录音频。

摄像机设置默认为分声道传输,背景声、采访同期声分两路回传,不要混音,如非特殊约定,采访同期声送一声道,背景声送二声道。

摄像在进行直播拍摄时一定要戴监控耳机,以便随时根据现场情况进行调整。使用无线话筒注意保证不串频;使用有线话筒要保证线路接触良好,避免手持过程中出现电流干扰声。如果现场特别嘈杂,则需提前降低现场背景声音频,保证现场声不盖住采访同期声。

户外拍摄时,还要注意现场噪音和风的干扰,如果条件许可,可以在收音设备上装上防风罩。一些音量大但又必不可少的现场音,如战争枪炮声、音乐等,应该避免机位设置在声音源附近,一般使用自动音量即可。如果现场声过高或过低,可对机头话筒进行手动调节。

在回传大型会议直播公共信号时,前方记者要尽量回传主办方提供的所有声道声音,并告知后方编辑不同语种同传对应的不同声道,以便演播室音频工作人员酌情调整。

(四)案例分享:基于互联网思维的直播式供稿

1. 直播式供稿的技术平台支撑

新华社音视频部在重点考量了新华社新闻供稿业务的实际需求和用户需求的基础上,突破原有的传统采编发流程,搭建了新华社视频智媒体平台,该平台为直播式供稿的实现提供了技术支撑平台。新华社视频智媒体平台建立了视频新闻采集、生产、发布以及用户反馈全流程,打通了与音视频生产相关的所有系统的底层,共享数据、分发信号、传送产品、回馈状态，从而构建了一个音视频内容生产服务技术业务体系。①

依托视频智媒体平台，视频直播的整个生产流程的设计理念体现出显著的互联网思维和可移动化，即突破传统的处于固定物理空间内的编辑部工作方式，通过网络技术和系统控制，完成直播生产流程关键环节或节点的多种组合与调度，实现编辑部直播的可移动化，在实践中可以依据报道需求，灵活地设立报道方案和编辑部结构。

例如在重大时政新闻生产期间，直播式供稿的生产涉及多个编辑点，每个编辑点并不处于同一个物理空间中，但是各个编辑点可以通过视频智媒体平台连接起来。随着视频直播的进行，信号开始传输，在直播流传输到客户终端的同时，通过信号的处理，让每个编辑点同时共享直播数据，依据自己的产品需求，选择直播素材，完成即时的产品剪辑与分发。

2. 直播式供稿的流程管控

直播式供稿业务较为复杂，通常涉及多类产品的生产，有时甚至需要在同一时间内完成多类产品的生产与分发，因而在直播式供稿进行前，对流程各节点进行精准的排查与管控至关重要。

如在 2018 年 3 月，十三届全国人大一次会议、全国政协十三届一次会议（以下简称“两会”）期间，直播式供稿生产流程涉及的节点有：技术团队（负责信号处理和直播推流）、摄像采访团队（负责在新闻现场采集画面与声音）、演播室制作团队（负责直播制作）、直播共享数据处理团队（负责处理直播供稿素材）、各类产品的剪辑团队（负责产品的成片剪辑）、审核发布团队（负责视频成品的审核发布）。在确保直播安全并专业播出的同时，完成直播式供稿任务，需要业务团队与技术团队的无缝式协作，二者应在了解自己任务的同时，关照整个流程。这些流程上的节点必须做好细致的准备，大到整个直播式供稿的指挥与调度，小到素材的编码设计能更有效地提高成品的剪辑速度。

两会直播式供稿进行前，总指挥会对整个流程进行梳理，对信号流和推流分发这两处输入输出关键节点进行重点排查与管控。除此之外，总指挥出于对业务、技术体系能够安全顺畅协作的考虑，往往会召集各个节点聚集，让各个节点汇报各自的准备情况，再由其他节点对单个节点提问题、敲细节，特别注意邻近的上下游节点之间的协作，以期在保障安全、准确进行直播式供稿的同时，尽可能地提高直播式供稿效率。

---

① 陆小华. 最重要的创新是基于新历史方位解析中国[J]. 新闻战线，2018(7)：14-19.

3. 直播式供稿的梯次处理与分发

直播式供稿的生产模式将视频新闻产品的生产内嵌到直播流程中，优化了产品生产中的资源配置，打通了所有产品的生产链路，通过前方采集、信号传输、后方剪辑推送，实现了一体化采集、分级化生产、梯次化分发。直播式供稿是新华社重大时政新闻生产的创新模式，基于此，新华社可以快速完成重大新闻的视频组合式编发，整个过程极大地提高了视频新闻的生产效率，速度甚至快于网站实录，充分发挥了国家通讯社对重大时政新闻报道的“首因效应”。

课后思考

1. 结合短视频的社交属性，谈谈如何创新视频新闻取材。
2. 如何从事物的变动和异常中去完成消息类视频新闻取材？
3. 如何更好地完成专题类视频新闻报道中的主题取材？
4. 结合重大政治活动报道，完成一则直播报道策划。

Chapter 7

第七章
视频新闻影像编辑

☑ 深入理解视频新闻编辑的关联“构件”。

☑ 深入理解视频新闻叙事的基本结构。

☑ 深入学习视频新闻画面剪辑的基本法则。

☑ 深入学习视频新闻声音剪辑的基本法则。

从视频新闻报道开始到结束,剪辑指导着整个报道过程。表现现实生活片段的镜头在某一主题贯穿下组接起来,创造出对世界真实的新认识。每个参与报道的人都是编辑,要运用剪辑去强调重点、组织节奏和结构,重现故事。

第一节　视频新闻编辑基本规律

在电视诞生初期,其叙述语法受电影的影响较大,之后,电视研究者对具有电视、视频特性的叙述特征进行了探索。视频新闻编辑是视频新闻叙事的最后一个环节,它包括镜头分切与组接、场面段落之间的组合与转换、剪接的具体技巧与技法。

一、视频新闻编辑的关联"构件"

(一)内容规定节奏

在视频新闻中,如果故事发展太过缓慢、沉闷或显而易见时,受众就会失去兴趣。虽然没有指导原则指出什么样的节奏是恰当的,但大部分视频编辑和受众都会本能地知道什么节奏是合理的。简单地说,一个视频故事的节奏合理与否,取决于受众是否"感觉"很好或者不好。

要让视频新闻有好的节奏,关键是剪辑师要认识到:内容规定节奏。慢并不意味着乏味,快也并不意味着有趣。好的剪辑师听从他们的感觉,让故事自己来建议其自身的速度。如果仅根据编导、记者的记录提示,那么无论是一系列慢节奏的镜头在屏幕上长时间地停留,还是动作、颜色和声音都像机关枪般快速轰炸屏幕,都不能很好地表现一个摩托车爬山比赛的故事。只有素材中的视觉内容和故事本身可以决定哪种处理方式更有效。

(二)压缩时间的剪辑

一个自然的剪辑逻辑就是,将真实时间转换成媒介时间,新闻记者可以运用剪辑技法来延伸或压缩时间。在视频新闻中,现实生活中发生的几个小时或几天的事实可以在屏幕上用一分钟或几分钟再现。类似地，在几秒钟内发生的事可以用多机拍摄的重复动作或慢动作在屏幕上用更长时间来描述。视觉传播最大的优点就是压缩时间。像这样一个简单的事件：一个警察从巡逻车上出来，进入一个公寓，走上楼梯，进入一个房间，可以用两到三个镜头完成：警察离开车走出画面，警察在楼梯的顶端进入画面然后又出画，警察走进画面进入房间。一个在现实生活中需要足足一分钟的情节，只用了十秒钟的媒介时间。

（三）镜头与节奏

视频新闻的叙事节奏非常关键，它不仅受镜头长度的影响，也受结构、剪辑点和内容本身的影响。在视频新闻编辑中，很少有镜头能全部使用，编辑也时常会对镜头长度和剪辑速度产生疑问和犹豫。解决这个问题的方法则是不要让剪辑速度拖沓，在预判受众经验的基础上，让受众一直沉浸在你的报道中，更直接地参与到情节中来。以下的一些手段或许能为我们如何控制镜头长度提供一定参考：

在预判受众可能参与的那个点上切换，或者在我们刚刚要说"让我们看看这是什么时"切换。

- 镜头足够长，可以使受众充分吸收镜头里的相关信息或细节，也使情节能有更加完整的结构。
- 在两个镜头之间加入叠化、淡入淡出或者其他类似的视觉特技，使镜头之间的连接更柔和，否则最好等镜头外部运动结束（摇、变焦、俯仰拍摄等）时再切换。
- 等对话结束，虽然对话可以移到另一个画面中去。
- 使镜头的长度和故事整体的情绪、速度相匹配。

叙事节奏不仅与镜头长度有关，还与镜头的景别、类型有关，比如切出镜头、插入镜头、反应镜头和主观视角镜头等。通常切出镜头和插入镜头被用来消除视频新闻中不自然的跳跃或跳接。和摄像师一样，编辑也有责任保持屏幕方向的一致。总的来说，让主体在屏幕上以一个方向运动，比在镜头间随机地交换方向，更能体现画面的连续性。

切出镜头又称旁跳镜头，是指从主场景切换到与主场景中的动作无直接关联的镜头上，可以作为转场、伏笔、暗示或隐喻等的工具。最常见的减少跳接的方式就是切出镜头，它拍摄外围的动作情节，使受众的眼睛片刻地转移了注意力。当受众的眼睛又回到主体动作上时，"跳跃"已经不那么明显了。除了切出镜头，一些如叠化、划变之类的特技效果也可以用来减少跳切。

切出镜头还可以代表回忆、压缩时间，使情节的节奏更加紧凑。任何镜头都可以转移观众的片刻注意力，当剪辑师切回去时，时间已经进行到了比实际生活还要快些的时刻。不像切出镜头那样将观众的注意力暂时转移，插入镜头向观众提供了有关主体的本质细节或特写。

在反应镜头中，主体对前一个镜头中发生的事情作出反应。在一个中景镜头中，一位医生在给一个孩子注射流感疫苗，反应镜头就给出了孩子对疼痛的反应。

在主观视角镜头中，主体看见某个东西，或对其作出反应，我们就会从主体的视角去看待事情。比如，镜头 1：一个女人坐在机场候机厅的走廊中低头看表；镜头 2 提供了一个从女人的视角看到的表的特写。从这点上，剪辑师可以将动作快进到几分钟后女人的另一个镜头上去，因此压缩了时间。注意在这个例子中，主观视角镜头也充当了插入镜头的角色。

想要从一个场景的一个镜头切到另一个镜头，然后再切回原始场景时，需要等待一个好时机。这个时机对应的镜头或许就是一个足球运动员进球得分，然后是一个欢呼人群的切出镜头，之后再回到足球运动员的原来场景。在这个例子中，注意借助镜头的切换来完成情节的推动，所以没有必要切回到前一个镜头离开时的那个相同的剪辑点上。如果我们上次看到足球运动员在二十米线处，那么当从人群的切出镜头切回来时，运动员应该已经前进了一段超出二十米线的合理距离。

在这样的例子中，最好的处理方式就是使情节前进的进度与切出镜头在屏幕上停留的时间相符。如果切出镜头在屏幕上停留了两秒钟，那么当切回去时，原来场景的相等时间长度的镜头就应该被减去。偶尔也可以不遵守这个原则，前进一个更为合乎逻辑的时间距离。你可以使情节前进得比实际生活更长的一段距离，但物体穿越时空的进程要自然合理。

(四)结构显示出意义

视频编辑的意图和故事的内容都会规定单个镜头的长度和故事的最后节奏，当然视频编辑不应只是聚焦在新闻事实的内容信息传达上，还需要注重结构。在结构的框架下，通过蒙太奇手法剪辑组接画面来营造视听氛围、传达情绪、生成意义。为了达到表意目的，视频编辑常常在一个或一组镜头中，通过对比、对列、蒙太奇等手段形成象征、暗示、寓意、提示等效果。

(五)新闻剪辑叙事中的留白

在视频新闻制作中,从头到尾的满幅叙述已经成了许多视频新闻的显著特征。这种现象之所以出现是因为尽职的报道者想在有限的时间内尽量去传递更多的信息。然而,如果受众没有理解,就无法完成信息整体且无遗漏地传递,受众需要时间去消化信息。当新闻像机关枪扫射一样面向观众时,新闻没有在他们脑中驻扎,而仅仅是蜻蜓点水式地溅洒过去,并很快从受众的记忆中消退。

因此,在叙述过程中,视频新闻需要有一定的时空留白,使观众在叙述中有一个休息期。例如,在一个镜头中,一架起落架坏了的飞机即将降落到跑道上,即使要消去记者一两句画外音,剪辑师也应该为观众留出几秒钟的空镜。

视频新闻并不是只由不间断的叙述组成的。许多有影响的视频新闻都会偶尔停止叙述,让观众参与到屏幕中的活动中来,消化画外音叙述的信息。视频编辑应当提供短暂的留白画面和自然音响片段。如果受众需要更多的短暂休息时间,那么剪辑师则需与记者商量,是否需要从解说词中删去五秒钟的旁白解说。

新闻的时效性决定了它的报道周期存在时间限制,视频编辑时常面临着截稿日期的压力,或是经常在一堆充斥着许多无用素材的剪辑软件上费力工作,“精编”成为视频新闻编辑的标准。视频编辑虽然精于故事讲述、艺术传播手法,但精巧的剪辑技能时常不得不让位于残酷的截稿日期。在追赶截稿日期的过程中,和时间赛跑,视频编辑通常先试着拟定视频新闻的画外音和兴奋点,在只有叙述的地方用连续的镜头填补这些重点,将可用的画面连接到下一个画面,完成不同场景的集合与组接,此时如果还未到截稿时刻,可以倒回去修改,让新闻剪辑更加和谐。

二、视频新闻叙事的基本规律

虽然视频新闻的叙事具有声画一体、过程化和场信息的特点,但在视频新闻的叙事中,仍然摆脱不了蒙太奇思维和手法的影响。视频新闻的片头、片花和预告片的剪辑手法就更多体现出蒙太奇的色彩。与视频新闻叙事文本的正文相比,这些“构件”具有更多灵动、绚烂的特征,它们是吸引观众观看正文的“诱饵”,是调节叙事节奏和情绪氛围的重要因素。它们的出现与具有视频个性特征的过程化和场信息叙事是并行不悖的。过程展现的对立面是过度地分切镜头,镜头的长短、分切、组合不仅仅是过程展现的问题,同时还涉及叙事中形式上的一个重要方面——节奏,而节奏与叙事文本的美感、观众收看时的心理状态密切相关。如大量长镜头的运用,将使视频新闻节奏舒缓,而分切镜头的连续使用又会给观众造成紧张、快速的心理体验。实际上,在视频新闻的叙事中,蒙太奇的使用是不可缺少的,对新闻现场进行记录的原始素材,必须经过排列、组合,才具有叙事的功能,即便是在现场直播的新闻节目中,也仍然离不开蒙太奇。①

(一)蒙太奇叙事

蒙太奇(montage),这是电影工作者从法国建筑学上借用来的名词,在建筑学中,它表示“安装、组合、构成”之意,即将各种建筑材料根据总的设计蓝图,分别加以处理,安装在一起,构成一个整体,使其发挥出比原来个别存在时更大的作用。在电影中,则用来表示镜头的剪辑和组合。

蒙太奇的含义,随着电影艺术的发展也在不断变化和丰富。就现在学界对于蒙太奇的理解,有狭义和广义之分。狭义的蒙太奇指电影作品的剪辑技术,即画面组接的方法和技巧。夏衍先生说:“所谓蒙太奇就是依照着情节发展和观众注意和关心的程序,把一个个镜头合乎逻辑地,有节奏地连接起来,使观众得到一个明确、生动的印象或感觉,从而使他们正确地了解一件事情的发展的一种技巧。”②广义的蒙太奇,不单纯是画面编辑阶段的剪辑技术,不仅仅是镜头画面的组接,而是电影构成形式和构成方法的总称,指从影视制作开始直到作品完成整个过程中艺术家的一种独特的艺术方法。普多夫金给蒙太奇思维下了一个定义:“蒙太奇就是揭示出生活中的内在联系,那么我们仿佛就在蒙太奇与任何一个领域中的一切思维过程之间划上了等号。”③

随着数字技术在影视领域的广泛运用,原来基于技术层面对电影和视频新闻叙事特征所作的区别将逐渐丧失原有的意义,而二者基于市场定位、文本特征、经营方式、传受模式的区别将会得到凸显。它们都可以利用数字化设备来进行拍摄、剪辑,但所要反映的内容、为观众提供的产品服务等却是不同的。

蒙太奇在视频新闻中是必不可少的,它不仅能概括素材,更好地叙述新闻,而且还能引导受众的注意力,激发受众的联想。而视频新闻的现场感,是区别于其他媒介最主要的特征,其客观性存在于传播的整体过程之中。如何在视频新闻的制作过程中,充分利用蒙太奇技法的优越性,使新闻作品不仅形象生动、内容饱满,而且具有现场感

---

① 蔡海龙.传媒生态视阈下的电视新闻叙事研究[D].北京:中国传媒大学博士论文,2008.

② 司海超.蒙太奇手法在电影中的运用[J].美与时代,2008(3):102.

③ 王桂华,钟大年.电视片编辑艺术[M].北京:北京广播学院出版社,1987:42.

和真实性，需要我们在实践中以一种选择性的眼光，不断探索蒙太奇在视频新闻叙事中的应用，争取做到二者的完美融合，从而丰富视频新闻的表现形式。

法国电影理论家马尔丹在《电影理论》一书中，将蒙太奇的组接技巧分为两大类，分别是叙事蒙太奇和表现蒙太奇。前者是一种叙述式结构，指通过镜头组合来叙述事件发生发展态势，交代情节与事物相互间的关联。叙事蒙太奇是视频新闻常用的剪辑方式。至于表现蒙太奇，它是以加强事物内涵表现力和情绪感染力为主旨的一种蒙太奇。这种组接方式不但是为了叙事，更是为了抒情和议论，以表现思想和感情。

1. 重在叙述

每个新闻镜头自身都会有一种事态性的内容，叙事蒙太奇以交代情节、展示事件为主旨，按照情节发展的时间流程、逻辑顺序以及因果关系，来切分组合镜头、场面和段落，表现动作的连贯，推动情节的发展。叙事蒙太奇重在脉络清楚、逻辑连贯，引导观众理解视频新闻的内容。

用这种顺叙式蒙太奇手法来结构视频新闻，不是为了追求悬念和刺激，而是按事件进展的先后顺序来完成叙述，交代时间、地点、内容，可以比较容易地把新闻事件的要素交代清楚。

2. 重在表现

表现蒙太奇以相连的或相叠的镜头、场面、段落在形式上或内容上的相互对照、冲击，产生比喻、象征的效果，引发观众的联想，创造更为丰富的含义，从而表达某种心理、思想、情感和情绪。表现蒙太奇的主要作用不是叙述情节，它不以事件发展顺序为依据，而是通过细致地表现事物来产生表意的效果，在很大程度上是为了表达某种思想或某种意境，造成一种情感上的冲击力。表现蒙太奇中的积累式思维和对比式思维在视频新闻中比较常见。

在视频新闻中，积累式蒙太奇思维将性质相同、内容相似的事物进行组接，通过一种不断叠加的积累效果树立起一个主题思想。这种思维的逻辑起点是要先确定每个事物之间的含义以及它们与主题思想之间的关系。从微观层面看，这是运用了积累蒙太奇的手段来表现主题思想。从宏观层面看，则是用多个同质或性质截然相反事物的积累来体现主题思想，给观众一个总体印象和较深感受。实际上，事实的积累会更有力地表达新闻的主题思想。

对比式蒙太奇思维是把具有截然相反内容的事物或镜头并列在一起，利用它们之间的冲突因素造成强烈的对比，从而阐明主题思想。对比式蒙太奇思维的作用，是使主题更加鲜明,同地点、同角度的拍摄更突出其中的差异,其生动性能使观众产生丰富的联想。

(二)视频新闻叙事的基本结构

1. 政论式新闻叙事结构

政论式新闻叙事结构出现自电视新闻诞生后,所谓电影化的叙事手法,指的是前期如同拍电影一样,对新闻现场进行组织、对新闻人物进行安排,然后用摄像机逐个地拍摄一系列镜头,后期编辑时,先把完整的新闻稿写好,通过审查后,进行配音,然后根据配音依次往上加画面,不用同期声,也不用现场音响。① 这样的新闻画面单调、枯燥,具有剪辑的严肃性,可视性差。新闻不以讲述故事为诉求,而以理论性、概括性的党政方针和思想的宣传为主,解说词担当主要角色,影像画面的表达则在很大程度上沦为解说词的附庸,镜头之间缺少时空、逻辑联系,这类新闻的叙事文本中仪式化场景居多,缺乏吸引观众的新闻现场。

比如《新闻联播》就是典型的政论式新闻叙事结构。在镜头的构图、景别上有严格的标准,很少使用同期声,因为要"说道理",镜头往往采用强调、对比、隐喻等手法,表现式蒙太奇占据主导,以解说为主,画面为辅。《新闻联播》内部固定的表达方式和严密程序,形成了"联播体"这样一种样式典范。

2. 新闻故事化叙事结构

故事化作为视频新闻的表现手段,体现在影响话语上就是对叙事蒙太奇的选择,即用影视镜头的连续剪辑来讲故事。与以往的叙事模式不同,故事化的叙事手段具体表现为对情节的精心选取和挖掘,对矛盾冲突的捕捉和表现,对细节的抓取和提炼,对叙事节奏的把握和控制,还有就是以形象化的信息为论据,只有少量的解说词、现场同期声和字幕,避免以往一贯的说理,提高了新闻报道的张力,使其更加具有立体感和感染力。以《南京零距离》为代表的民生新闻就将"新闻故事化"的模式发展成电视新闻的常态,叙事式蒙太奇成为视频新闻报道的主要叙事方式之一。

比以往新闻节目更吸引观众的一点是,故事化的叙事模式彻底改变了以往叙事者高高在上的宣传说教态度,以平民的视角,站在客观的角度叙述新闻事件。它关注的是身边的普通人,记叙的是实实在在的事,它注重考虑大众的接受心理,尊重大众的审美趣味,让观众在接收信息时,关注自身的生存状态。偶尔加之人性化的评论,比起传

---

① 蔡海龙. 传媒生态视阈下的电视新闻叙事研究[D]. 北京:中国传媒大学博士论文,2008.

统新闻那种居高临下、客观冷漠的播报方式,这种方式让老百姓感到特别亲切,能触摸到人心最柔软的部分,赢得了观众的共鸣和认同。

与呆板、僵硬、高高在上的模式化叙事模式比较,视频新闻的故事化模式更具可看性、可感性,它是对以往视频新闻"告知"功能独大的超越,引领了视频新闻话语模式的变革,体现出受众需求得到重视的现实,也更具发展性。不管是中央台还是省级卫视,或是地方台还是网络平台,故事化的叙事模式的运用现已成为视频类新闻栏目收视率的重要支撑。

3. 客观记录式叙事结构

客观记录式叙事结构把影像自身的纪实魅力展现无遗,影像本身就是一种语言,我们应该让影像本身去讲述故事,努力挖掘视频画面的内在负载能力,在实实在在的生活中截取富有表现力的情节和细节来反映人类真实的生存环境和思想感情。这种纪录片式的故事讲述方式,真实地记录人物或事件的过程,不过多添加编导者意图,任由人物表现,任由事件自由发展,不摆布生活,尽可能地保持生活的原生态。在叙事结构上,因为要讲述故事,也就更注重叙事节奏和叙事的情节性,在相对短的时间内让观众获得更多、更直接的信息量。它将"叙述"而不是纯粹的审美放在第一位,将一切妨碍叙事的情节尽量削减,使整个叙事结构呈现出简明、直观的特征。这种纪实的制作模式,在传播出极其丰富的信息的同时,也体现了一种对人的宽容和尊重,具有更直接、更强大的感染力。

4. 常规叙事模式

倒金字塔结构:倒金字塔结构又叫"倒三角结构",要求按照新闻事实的重要程度来安排结构,将最重要的事件写在最前面,之后的内容按照事实的重要程度先主后次地来安排。在消息写作中,倒金字塔结构应用非常广泛。

时间顺序结构:新闻事件都是按照时间顺序展开的,因此按照事件发生先后次序来安排视频消息的内容是最简单的,当然也是最常用的。按照新闻事件发生的时间顺序安排结构可以使视频消息的内容一目了然,也方便受众对信息的把握。

悬念式结构:在一些视频消息里,记者会采用悬念式结构,在导语里把事情结尾的片段或者发生在后面的一些事情提到前面,给观众设下强烈的悬念,然后再分析原因或者讲解故事发生的过程。

(三)视频新闻叙事与影视剧叙事的差异

首先,叙事目的不同。视频新闻叙事在叙事视角、叙事模式的选择上,以视频新闻传播效果的最大化以及视频新闻价值实现的最大化为目标。这就是说，无论采取什么样的叙事模式，视频新闻的真实性不能改变，都要以准确、真实地传播新闻为目的。所以视频新闻叙事模式、叙事视角和叙事结构的选择，都要遵循新闻真实和新闻传播的原则，围绕着新闻“事件”来展开。而影视剧叙事是作者主体意识的载体，它是作品抒情主体的主体意识的承载者，叙事视角、叙事模式以及叙事人称的选择，在根本上是为了表达作者的主观情感，而不是为了真实客观地呈现某一事实。

其次，叙事模式自身的表现力不同。影视剧叙事模式本身是可以独立于叙事者、叙事对象之外的“存在”，它可以根据叙事者主观表达的需要，根据叙事者的艺术实验的立场，用艺术变形等方式，采取各种各样的叙事方式，应该说，影视剧叙事是一种非类型叙事，完全服从于叙事者思想表达、艺术追求的需要，是一种纯个性化叙事。有时候叙事本身就是一种审美对象，有着自身的表现力。而新闻叙事在本质上是一种“类型叙事”。如前所述，新闻叙事采取不同的叙事模式，意在让新闻的价值得到最大限度的实现，新闻叙事模式本身是不能成为一种审美对象的。这就是说，新闻叙事在本质上是一种新闻修辞。如果新闻叙事在受众那里激发的审美感受超越了其真实力量，这个新闻本身的真实度就会受到一定程度的损害。有学者说，“近 20 年新闻形式创新的主要表现是：内容讲求意境与深度，结构讲究多样化与自由性，文字优美，表情达意好”。① 由此可见新闻自身叙事模式的表现力日益增强，但新闻叙事的艺术美永远服务于新闻的真实美，而且要从属于新闻的真实美，要为新闻价值得到更充分的实现而叙事。

最后，“叙事寓意”不同。新闻叙事受客观发生的新闻事件的影响，新闻事件发展到哪一步，新闻叙事就走到哪一步。但无论如何，新闻叙事对事件的叙事是完整的，是可以进行客观还原的。影视剧叙事却不是这样。影视剧叙事对一个事件的叙事可以让受众明显地感到有一种完整性，或是一种“潜在”的完整，需靠读者的艺术加工方能完成，也就是艺术鉴赏学强调的艺术接受时的“艺术再想象”。正是有了接受者的“艺术再想象”，影视剧叙事所述对象，可以是无法还原的，影视剧叙事的“叙事寓意”，只能靠影视作品整体的艺术魅力得以体现。

如果我们要报道一件事，往往会有一定的主题，对新闻素材也总要有所选择，“毕竟事无巨细，一律网罗也不符合新闻写作的基本要求，我们不能让次要新闻事实冲淡或淹没主要新闻事实。于是在叙事的时候，我们就不能不考虑‘寓意’问题。我写这篇

---

① 季水河. 新闻美学[M]. 北京：新华出版社，2001：51.

报道究竟是为了什么?到底要说明什么问题?寓意明确了,也就把握住了报道的重点和方向。这时材料的选择、报道角度的确定、新闻语言的运用,也就有了一个标准”。[①]这样看来,新闻叙事的叙事寓意,在本质上体现为记者的事实选择,体现为记者的新闻价值观,而不是仅仅依靠新闻叙事本体得以体现。这与影视剧叙事的叙事寓意有着根本的区别。

第二节　新闻画面剪辑的基本法则

很少有受众为剪辑而看新闻,就像电影很少因为剪辑师的名字而卖座一样。因为真正的艺术是隐形的艺术,最好的剪辑是看不见的。受众看的是连续的镜头,而不会考虑它们是如何组合在一起而变得好看的。一些没有做过剪辑的人会认为剪辑只是将场景连接在一起,或者是“将不好的部分剪掉”,实际并非如此。

新闻剪辑在任何报道中都是至关重要的最后环节,摄像师和记者需要意识到这一点的重要性,正如剪辑师需要了解高质量的摄像和准确的写作能有效地塑造传达的信息。新闻剪辑并非孤立的环节,它与拍摄和写作息息相关。优秀的新闻剪辑师需要充分理解新闻事件的发展脉络,并将其通过剪辑技巧清晰准确地呈现出来。

剪辑可以说是视频新闻制作的“最后改写”。剪辑时常能让一堆无序的素材“呼吸”,赋予它们生命与价值;剪辑能保留素材的兴趣点,叙述完整的故事,创造受众的记忆点;剪辑能给受众提供一段新闻故事时间,让受众在这段媒介时间中去完成体会与认知的滑翔。如果你不理解剪辑,则无法在你的脑中重构故事,无法用视听语言来讲述一个视频新闻故事。

剪辑对视觉故事的讲述过程如此重要,是因为它再现了想法展现的方式。我们都在用我们的眼睛和头脑“编辑”现实世界。对我们脑中的通过眼睛看到的意象的综合理解,形成了对经验的定义。剪辑艺术存在于创造幻影和新的真实、新的关系之中,并且有时刺激和控制情绪反应。

如果视频新闻的目标是讲述一个故事,抓住一个瞬间,交流一种经验感觉,那么每个人——记者、摄影师、作者、解说员——都是剪辑师。这是因为新闻报道者只有通过剪辑才可以选择、强调、解释、结构故事和推动情节进展。

---

① 周胜林,尹德刚,梅懿.当代新闻写作学[M].上海:复旦大学出版社,2004:12.

然而,剪辑并不是开始于故事讲述进程的最后一个阶段,而是一个开始。剪辑,最简单的定义是挑选、排列、定时、表现。在故事确定的时候,镜头和声音的时间安排、排列、设计与组合都成为每个人想法中的一部分。

摄影师对镜头的选择和组合是剪辑的一种形式、一种选择。只有通过选择才能突出重点。镜头出现的顺序是剪辑排列的一种形式。镜头长度是剪辑时间安排的一种形式,它是一种通过快速切换来控制戏剧性压力的方法,使得眼睛漫步于屏幕,直到内心和精神都得到满足。甚至摄影师和记者对匹配动作、主体时空转换的计划决定了表现是粗糙的、显眼的还是平滑的、天衣无缝的。最后,只有当报道、写作、摄像和剪辑对观众来说都是看不见的时候,一个故事才可以传达一种经历感和真实感。

一、切换

在视频新闻剪辑中,最基础的剪辑技巧是切换,即将一个镜头和另一个连接起来。每一个新闻现场都至少有两个相关的场景,前后场景的连接是通过切换完成的。切换通常被误认为只是简单地把一个场景和其他的连接起来,但好的切换受众通常是察觉不到的。切换可以简单理解为一个创造工具,创造新的含义。一个在地上爬的男孩的镜头,插入一条蛇爬向摄像机的镜头,就创造出了原来两个镜头单独存在时都没有的意义。

有效的切换是“手递手传球”,一种将注意力从一个影像转换到另一个影像的方法。这类似于我们观察现实世界中发生的事情,头脑指挥着眼睛的注意力从一个意象转移到另一个意象。我们到处扫视。摄像机成为观众的眼睛,自如地穿越时空,从一个视点到另一个视点。

视频的屏幕法则是传递,剪辑师可以创造受众参与感。因为剪辑师可以从一个影像切换到另一个影像,可以指挥眼睛的注意力到发生的事件以及任何细节上。眼睛在被赋予移动自由的同时,观察视野也无限变化。从鹰眼到大特写,受众可以领略视觉带来的“真实”世界。

因为切换指挥着眼睛的注意力从一个意象转移到另一个意象,所以它们必须有目的性,每次切换都需要理由。通常情况下,不能接连切换同一主体的两个相同景别的镜头,如两个特写或两个长镜头。如果你想切换镜头,请切换得有理由且明显。镜头间的切换主要考虑两个原则:(1)匹配原则;(2)寻找剪辑点。

(一)匹配原则

1. 景别匹配与镜头成组密切相关。“镜头成组”是任何时候组接镜头的一个基本原则,即镜头组接数量必须达到一定的值才能称为一组,镜头组接过程中,至少三个镜头的连接才能被称为一组镜头。除了数量外,在组的概念里还应该包括两个因素:一是同一场景应该遵循相对集中的原则;二是景别成组才能做到景别匹配,不同景别有不同的表达含义、不同的作用,在一个镜头段落里,不同景别成组使用才能使镜头的作用最大化。

2. 方向匹配主要包含以下几个方面:(1)在叙事过程中被拍摄主体的运动方向;(2)镜头与镜头之间的运动方向;(3)人物视线关系与镜头之间的匹配。

3. 叙事主体之间的运动方向应该匹配。如果主体在镜头里有位置的移动,很多时候就会涉及镜头与镜头之间主体的方向匹配,总体的原则应当是保持主体运动方向的一致性,对受众来说应该是清晰的,不能混乱,不能前一个镜头主体向画面左侧运动,下一个镜头主体就向画面右侧运动。如果镜头与镜头之间不能建立方向匹配,就需要镜头提供内容,说明那个关键点的方向为何发生了改变;如果拍摄中遗漏了现实生活中某个关键点的拍摄,则需要利用剪辑技巧来告知受众视觉内容方向发生了变化,而不能完全按照生活流程直接省略,有什么镜头编什么镜头,造成运动方向的不匹配。

4. 镜头与镜头之间的运动方向应该匹配。摄像机拍摄时本身在做运动,被拍摄主体有可能是运动的,也可能是静止的。这里的匹配更多的是指上下两个镜头之间的运动方向,往往伴随出现推拉摇移等拍摄技巧的组接。如果一组带有推拉摇移等运动镜头的连续组接,除第一个和最后一个镜头保留起幅、落幅外,中间部分的镜头一般要去掉起落幅。镜头不能为了运动而运动,镜头运动需与内容有某种内在联系,从技术上来说,一般前后两个镜头的组接不适宜做相反方向的运动,也就是说,上一个镜头向左摇,下一个镜头就不适宜马上接着向右摇。

5. 人物视线关系与镜头应该匹配。人物视线关系包含两个类型:一是人物与人物之间的关系;二是主观镜头视线关系的建立。人物与人物之间视线关系的确立,需要在前后期的创作中对轴线的概念有比较清晰的了解,拍摄和编辑时尽量不出现跳轴、越轴现象。视频编辑所用的素材,可能是由不同的摄影师从不同的视点拍摄的,拍摄时他们可能并不一定明确地意识到轴线的问题,因此,画面运动方向最终是由编辑来确定的。在决定一段素材的剪辑顺序时,编辑首先要考虑建立总轴线,使每个镜头运动的方向趋于一致,否则很可能犯“越轴”的错误。

所谓“越轴”的错误,就是画面中主体的运动方向或视线方向无缘无故改变了,引起观众理解上的混乱。比如一列从画框右侧向画框左侧行进的队伍,如下一个镜头中的队伍紧接着从画框左侧向画框右侧行进,就犯了越轴错误,使受众不知是同一列队伍还是另一列队伍。

编辑的任务不是鉴别运动轴线正确与否,而是正确地把握轴线和校正拍摄时的越轴错误,把轴线自然地转换过来。改变轴线的常用方法有:

(1)借助运动的动作变化。在两个相反方向运动的镜头中间,插入一个有运动物转弯动作或人物转身动作的镜头,利用动势把轴线变过来。

(2)插入中性运动镜头。在两个相反方向运动的镜头中间,插入一个运动物在画面中间纵深运动的镜头。中性运动镜头没有明显的方向性,可减弱相反运动的冲突感。

(3)借助人物视线。比如在车上看外面的景物从左至右划过画面,插入坐车人转头从左往右看的镜头,随人物视线变成景物从右至左划过画面的镜头。以人物视线作契机,使相反运动有了逻辑联系。

(4)插入特写镜头。在两个相反运动方向的镜头中间,插入一个局部的特定或反映镜头的特写来暂时分散人的注意力,减弱相反运动的冲突感。

(5)全景再次交代视点。速度不是很快的运动物体改变轴线时,可以从近景跳到大全景。等运动方向已经改变过来后,再跳到小景别。这是纪录片剪辑的有效方法之一。

(6)位置匹配。画面内主体在不同镜头里的位置是否匹配,涉及两个方面:一是同一主体的位置匹配,一般情况下,应该尽可能保持主体在画面里大体相同的位置,使视觉中心从前一个镜头保持到下一个镜头,保持连贯。二是如果主体处于对应或相反的位置,那么在画面中也应该体现出这种关系来,而不能出现错误。

(二)选择剪辑点

一个镜头结束,另一个镜头开始的那个点叫作剪辑点。每个镜头都有一个理想的开始时刻和结束时刻。如果你“听”那个情节,靠近去观察它,那个情节自己会告诉你到哪儿镜头该结束。假设有两个镜头:(1)一个大学生走近银行柜台,递出汇款单;(2)柜台窗口的特写镜头,学生的手入画,捐给“红十字会”的汇款单被塞进了柜台的狭口。

有多少个剪辑师就有多少种方法剪辑这个场面,但只有一个“理想的剪辑点”。

经过讨论,由于观众都希望看到那张汇款单的特写,所以可以考虑在此处切出镜头 1。

当然你可以在那个学生走近银行柜台,她的身体语言表明她即将投递汇款单的瞬间(让她胳膊的肢体语言决定剪辑点)切出镜头 1,然后切入特写镜头,在这个特写镜头里我们可以看到:开始于镜头 1 中的动作顺利平稳地进入并结束在镜头 2 中。

你也可以在动作出画/入画的时候切。用这种方法,这个学生可以从镜头 1 走出去,然后切换到镜头 2(银行柜台的特写),这个镜头可以持续片刻,直到学生的手入画。这个技巧不是很可取,因为从学生沿着人行横道行走的过程切入到一个银行柜台,这种切换没有什么理由。实际上,编辑可能会说:“这里有一个学生投递捐赠汇款单的镜头,现在我们切入银行柜台镜头,然后等这个学生进入画面。”

动作组接是否流畅,是视频编辑基本功的体现,编辑要善于发现运动中的编辑点,使动作变得流畅、连贯。经常用到的编辑点有:

1. 动作起始点或结束点。动作起始点是指动作从静止向运动转变,而动作的结束点是指动作从运动向静止转变。

2. 动作中动静转换的瞬间。在动静转换中,由于前后两者之间的动作变化形态比较大,对变化瞬间的把握直接关系到前后动作是否流畅,如果没有转换瞬间的过渡,两个镜头就无法完成流畅的转换,可能会出现明显的动作跳跃感。比如在拳击者出拳时胳膊完全伸展的瞬间切换,或者从拳击者吃了一记重拳倒下切到拳击者没有知觉地躺在地板上。

3. 动作中改变方向的瞬间。在动作过程中,如果运动主体发生方向的改变,一般都会相应地发生速度的改变,编辑可以利用速度发生变化的瞬间,这个速度快慢变化不一的瞬间就是剪辑点。

4. 利用视觉错觉。将动作镜头的编辑点选择在动作的高潮点,利用动作本身对观众视觉注意力的吸引,分散观众对编辑点的关注程度,最终达到编辑点的自然切换。

5. 有对应关系的双方。编辑中如果被表现的双方能够建立起对应关系,那么无论场景是否相同,是否都是在运动,可以直接在两个场景的镜头间进行对切,有时镜头之间虽然空间不一致,运动的速度也有差异,但关系被建立后,这种动作的跳跃是能够被接受的。

6. 遮挡。在拍摄过程中,镜头由于某种原因而被某个物体遮挡住了,观众无法观察到镜头刚才所表现范围内所发生的一切,此时镜头被遮挡住的那一瞬间,就是一个编辑点。

7. 消失。即在拍摄过程中，被摄主体由于位置的移动、其他物体的遮挡等原因造成被拍摄主体在画面里消失不见了，刚才有主体的画面现在成了空镜头，这也是一个编辑点。

8. 出画入画。即以画框的边缘作为参照标准，当被拍摄主体移动到画框以外的时候就是出画，当被拍摄主体移动到画框以里，就是入画。

在匹配动作剪辑中，大多数剪辑师不会在镜头转换处把一个连续动作"从编接中分离出来"。换句话说，当主体还在画面中时，就应从这个主体要出画的场景，切到它入画的场景，此时主体已明显进入画面。如果动作在编接线处消失时，就会造成节奏拖沓，观众会想为什么主体消失了片刻。然而，例外常常发生。当拍摄无法控制的动作时，摄影师常常用拍摄出画/入画动作来保持连续性。在这种情况下，他们在主体还没进入到画面时就开始拍，直到主体离开画面时还在拍。一旦主体离开画面，剪辑师就可以切到任何新场景上而不需要跳切。出画/入画剪接可以创造从一个时间、场所到另一个时间、场所的转场，甚至可以使主体穿越时空，因为剪辑师可以从一个空画面切到任何别的画面上去。

如果剪辑师想要保持速度和故事发展的流畅和连续的话就应该使用在动作中剪接，如果主体事件想要处理得更从容，在更慢的节奏下，在静止时剪切更合适。在这儿，"表现服从内容"就是真理。让内容决定适当的处理方式。

不管你做了哪种选择，情节必须剪辑得流畅，而剪辑师的工作本身并不被人注意。如果当我们用自己的眼睛去看，事件进行得不知不觉时，就达到了最棒的剪辑。正是这个原因，我们要避免从一个运动着的摇镜头、俯仰镜头或变焦镜头切换到另一个变焦镜头、摇镜头或其他人为的运动镜头中去。如果你必须将这些镜头剪辑在一起，那么考虑用叠化、淡入、淡出或类似的特技效果使剪辑糅合在一起。除此之外，还有诸如跳切、平衡剪辑等剪辑选择。

跳切是动作不是按自然发生的时间顺序，而是很快地前进或后退的一种切换，属于无技巧剪辑手法。它打破常规状态镜头切换时所遵循的时空和动作连续性要求，以较大幅度的跳跃式镜头组接，突出某些必要内容，省略时空过程。跳切既以情节内容的内在逻辑联系为依据，也以观众欣赏心理的能动性和连贯性为依据，排斥缺乏逻辑性的随意组接。

在《美国丽人》的剧本中，编剧艾伦·鲍尔同时使用了视觉和听觉跳切来表现主角莱斯特·伯恩哈姆(Lester Burnham)在郊区住所的酣睡。虽然编剧的视觉暗示被导演萨姆·门德斯(Sam Mendes)削减了许多，但所有的故事元素都被保留了下来。这个跳切在视觉上是从航拍的全景镜头切换到时钟的特写。听觉上从寂静到闹铃声大作的突变也强化了这个跳切。

图 7-1 《美国丽人》

如果叠化、切出或其他镜头都不合适运用时,至少匹配画面的错觉艺术手法有时可以通过平行剪辑完成,在单独却又发展着的镜头中插入剪辑。例如,镜头在失去控制的汽车和紧急追捕中来回切换。

今天,当叠化很困难或者无法拍摄时,这种技巧可以在视频新闻中被有效地使用。比如,在一个人质事件中,只获得了很少的匹配镜头,那么有关警察包围了人质所在的大楼以及疏散附近居民的镜头可以被插进去。这种来回切换的方式可以加强进程的连贯性,以弥补其他不能获得的镜头。

二、转场

最典型的视频新闻都是由一系列的片段一个接一个地组成的。相连的方法可以是直接切换(直接从一个镜头切到另一个)、特技效果(叠化、划变等),以及转场镜头。

转场镜头给剪辑师提供了从一个片段到另一个片段的枢纽,它是一种将单个镜头联系起来的方法。

(一)转场镜头

转场镜头常常使观众在瞬间晕头转向。比如,在一个有关吹玻璃瓶的节目中,转场镜头可能会使故事从艺术家的工作地转移到了零售商店。在这个例子中,我们首先看到艺术家将融化的玻璃转成一个瓶子。接下来我们看到转场镜头,一个显然已经成型的瓶子的特写(好像这个特写是前面镜头的继续),紧接着是一个顾客在零售商店里拿着瓶子看的长镜头。在电影《小大人》中有一个经典的转场镜头。达斯汀·霍夫曼主演的印度青年骑在马上,沿着山涧的溪流走,然后下马,跪在溪边,将水用手舀起,拍在脸上。这个镜头是一个近景,霍夫曼的手盖在他的脸上。然后当他的手从脸上移开时,我们看到了同一个印度人,但现在他已经八十岁了。

视频新闻记者也可以偶尔尝试运用一下这些技巧,这些在电影中的艺术化镜头甚至更适用于视频新闻。将上述《小大人》中所说的原理运用一下,摄像师和剪辑师可以用一个简单的洗漱毛巾当作一个视频“划变”。

首先我们看到一位田径选手在一次成功的赛跑之后,从场地上拿起一块毛巾去擦脸,接下来是一个毛巾擦他的额头和脸的特写,然后就可以再接一个选手放下毛巾在更衣室和他的教练谈话的中景或全景镜头。

再举一个例子,摄影师和编辑可以商量完成以下片段:一位举重运动员向下看着什么东西,然后是一个将要被举的杠铃的镜头,然后再切回运动员向下看的镜头。现在拉镜头就可以看到举重运动员正在和一个采访者说话。

如果摄像师在拍摄中记住三个镜头:刚拍的镜头,正在拍的镜头和即将要拍的镜头,那么这样的片段拍起来就相当容易。当拍摄运动员用毛巾擦脸的镜头时,摄像师可以等运动员再擦脸时拍一个特写。过一会儿,在更衣室里,摄像师可以重复运动员擦脸的这个拍摄过程。

尽管摄像师不能有意识地创造转场镜头,但在剪辑中仍有转场的机会。例如,一只黑天鹅将脖子伸到水面下,接下来再从和之前的画面完全相同的角度,拍摄一只白天鹅将脖子从水中伸出来。这样的机会并不会常常出现,但如果摄像师足够机警,就能捕捉到这样的机会。如果摄像师总是忽略给视频编辑提供创造有意义素材的机会,那么二者应该互相交流,这样做的目的是保持创作的持续性和受众的参与性。

(二)声音转场

常用的转场技巧还有声音重叠、渐近等,即声音在画面出现前的一段时间提前渐近。声音重叠、渐进是指一种声音逐渐淡出,同时另一种声音逐渐增强,以实现画面和声音的无缝衔接。虽然声音可以更早出现,但通常情况下是在前一幅画面即将结束的前一两秒,渐近的声音才出现。例如,这个技巧可以使用在下面两个镜头的组接中:一个镜头是一艘航船悠闲地停靠在码头,另一个镜头是船鸣笛之后乘客上船。在船停靠在码头的镜头最后两秒钟时鸣笛声渐进,然后就是乘客上船的镜头。在船停靠镜头的结尾,鸣笛声可以伴随着其他音响出现。除了转场的作用外,声音搭建的桥梁还可以在空镜中或者画外音解说词空隙中帮助营造新闻故事的真实感。虽然声音可以更早出现,但通常情况下是在前一幅画面即将结束的前一两秒,渐近的声音才出现。例如这个技巧可以使用在下面两个镜头的组接中:一个镜头是一艘航船悠闲地停靠在码头,另一个镜头是船鸣笛之后乘客上船。在船停靠在码头的镜头最后两秒钟时鸣笛声渐进,然后就是乘客上船的镜头;在船停靠镜头的结尾,鸣笛声可以伴随着其他音响出现。除了转场的作用外,声音搭建的桥梁还可以在空镜中或者画外音解说词空隙中帮助营造新闻故事的真实感。

声音转场还可以帮助视频编辑消除连续的乏味的硬切。如果一个镜头结束,伴随着它的声音也就结束,然后仅仅用新的画面和新的声音拼接上去,就叫硬切。为了避免硬切,可以让声音覆盖拼接线或者让剪辑在有说话和声音时进行。要避免在一段画外音的结尾处剪接,也尽力避免在声音暂停或结束处剪接。如果这种情况很难把握,可以在看视频新闻时,注意镜头和伴随的画外音片段同时结束的情况。

视频新闻报道时常会伴随着音乐进行剪辑,闪切或快速蒙太奇切法的剪辑方式适合使用于此,尤其适合使用于同类素材的集锦式呈现中。在这种技巧中,简洁的镜头伴随着音乐的节拍或声音而剪切,视觉信息切换得非常快,但并不会快到留不下任何印象或信息。电脑、手机等终端介质因它的小屏幕、快速切换的画面以及伴随的卡点节奏,能迅速调动起受众的视觉快感。

三、特效

最常见的连接两个镜头的方法是直接切换。直接切换暗示了一个镜头和另一个镜头间的关系,带领受众从一个相关的镜头转向另一个镜头,但有些时候,剪辑师可能要运用诸如叠化、划变、渐变或其他更复杂的视觉效果来表明两个不同却又相关的镜头的关系。

叠化表现了时间、地点或主体的变化。一个画面融进另一个画面,换句话说,即一个画面渐渐淡出,而在它之上重叠的另一个画面慢慢清晰,直至全部明朗,一个画面就叠换成了另一个画面。重叠的时间越长,分离就越明显。常见的叠化长度从三分之二秒到两秒半甚至更长。有时候,对那些知道叠化意味着时间、地点或主体的变化的受众来说,剪辑师用更艺术化的方式连接真实片段,可能会让他们感到混淆。

划变,不管是水平的还是垂直的,常常用来表示画面间更明显的分离。划变帮助观众了解,一个新的主体、想法或地点被引入了。

渐变,包括淡出淡入,都是最明显的转场。画面渐变成黑屏、白屏,或从黑屏渐变到全部显现。渐变在新闻节目中较少使用,在商业广告、纪录片中较为常见。

没有什么相关准则告诉视频编辑什么时候、如何使用特效,特效产生的最好视觉效果是由于运用恰当、合理而不被受众注意。好剪辑的关键是视觉流畅,所有的剪辑技巧是看不见的、连续性的、天衣无缝的,进而使受众达到“身临其境”的感觉。

第三节　新闻声音剪辑的基本法则

一、声音的类型

在视频新闻节目中,一类声音是在前期拍摄中现场录制的,另一类声音是在后期编辑过程中录制或添加的。视频新闻主体信息的传递主要依靠同期声与解说词,音乐与音效的添加更多是为了渲染某种情绪。

(一)同期声

同期声是在拍摄画面的同时录下的新闻事件现场声或采访声,其声源为画面内物体或人物。同期声可分为现场环境声、人物采访声等,其价值在于增强报道的真实性,增加报道的信息量,增强报道的感染力。语言表达是视频新闻传递信息的一个重要表意手段,无论这种声音的呈现是以采访的形式还是以客观记录的方式。同期声的采录由于受环境、技术等限制,往往很难做到技术上音质的完美,同时也很难做到表意的准确性。同期声包含两类声音:一类是被拍摄人物的说话声,另外一类是拍摄地周围的环境声。被拍摄人物的说话声音，由于其语言组织是随机的，表达上自然无法像解说词一样经过深思熟虑。

（二）解说词

后期编辑更多的时候要考虑解说词是否能更好地表达画面所要表现的内容，解说者的风格、语速、音质等是否符合视频新闻要求。后期编辑一般要考虑每个段落的解说词与其前后部分的衔接，解说词多数时候是与同期声衔接，内容的衔接与否不完全由写作水平的高低来决定，需要在两种甚至多种形式中做选择。解说词不是完整的表意，而是段落的表意，解说词的段落与段落之间往往不是一个完整的内容表达，所以段落与段落之间也应该不是完整的逻辑关系，中间还穿插有其他表达形式。解说词的衔接关系除了与同期声相连接之外，还可能与画面表意中的其他形式相连接，不是单纯的文字与文字的逻辑连接。由于表达形式上的变化，解说词以文字方式创作，然后以声音方式传播，表达语气是否能够相互衔接，这种衔接除了意义表达的顺畅与否之外，还需考虑前后的语气、语调等，虽然前后声音不是同一个人，但意义和表达的整体连贯感很重要。

解说词的表达还有一个很重要的特征，解说词很多时候都以"停顿"的方式来转折，因此在解说词的写作过程中，应尽量少用转折连接词。视频新闻主要通过画面承上启下，单独看解说词可能读不懂，结合画面才能理解。解说词并不是一篇文章，编辑过程蕴含着视觉逻辑，而非仅仅是书面文字逻辑。

（三）音效

加上音效后，视频新闻会有一种画龙点睛的感觉，无论是在前期的录制还是后期编辑过程中的添加，音效都是一种呈现手段。

（四）音乐

作为声音元素之一，视频新闻中的配乐越来越普遍。音乐更多地用来表达喜怒哀乐的情绪，但加入的时间点要与情绪点匹配，与铺垫情绪呼应。音乐结束时，也要寻找到情绪的落点，既不是戛然而止，也不是人为生硬地停止，而应使音乐与画面的动作、节奏和谐、匹配。

二、声音的处理

解说词属于旁白的性质，不需要出现在画面里，不用考虑口型问题，因此编辑时需要考虑的仅仅是其所表述的内容与画面之间的匹配关系，应努力去寻找那些与语言表达关系最紧密、信息量最大的镜头。创作者在写作过程中应注意声音语言逻辑表达应尽可能简洁生动、口语化。

由于在同期声的表达过程中大多数人是一边思考一边表达，在语言方面同期声没有解说词精练、准确，甚至很多地方带有一些不必要的语气词或重复等。为了让屏幕上的语言“变得精练”，编辑需要对表述者的语言进行再加工，即进行剪接。每个编辑点都意味着一个断点，在采访镜头里，这断点如何从画面上来处理？语言的流畅并不意味着画面的流畅，而这些地方可以用来掩盖编辑点的手段比较少，经常会用到的是反打镜头以及插入与谈话者内容相关的镜头，但如果这两种方式重复出现的频率太高，也会影响画面的流畅。对这类语言的选择，要在一个完整的语言段落里尽可能使其没有或减少编辑点，以减少画面处理的难度。编辑在选择材料的过程中应该尽可能选用那些能够独立成“意群”的语言段落，或者是将一个完整的意思分解为几个段落，中间用解说或画面来调节，让节目既有节奏的变化，又减少了语言编辑点。

编辑在结构片子时必须对表达方式进行判断，原则上能够用画面表达的应该尽可能选择画面去表达，人物的心理活动和速度、颜色、形状等个人感受性比较强的内容，以及涉及表达者立场的一般首选语言同期声的方式。但是由于同期声多为口语，表达者的语速、语言组织能力、表达习惯等都会影响意义表达，因此话语同期声通常会选择那些表达最精彩、最重要、最有意思的部分，删减冗余信息，必要时可以采用一句话同期声。对于一些较长的但有价值的同期声段落，可将同期声转为报道词处理。

声音衔接要顺畅。当同期声与同期声组接时，需要考虑语气是否相互衔接，如果由于说话者的语气、神态等问题可能需要两段甚至三段话语同期声，那么中间过渡的解说词如何表达，需要在一个段落里调整结构，保持语气的连贯和音调的连贯，不能忽高忽低或情绪不协调。同期声与解说词之间的衔接则相对容易，一般只需考虑内容的衔接与否。

注意搭配。人物的话语同期声与解说词都是重要的听觉元素，它们与视觉元素一起共同承担着传播内容的功能，所以选择的过程应该是一个搭配的过程，需要考虑以下几点：

（1）在需要负载过去的形象时，采用人物同期声有助于还原现场。人物同期声未经任何转述或加工，有更强的真实性和说服力，同样的内容如果改为解说，虽然意思也能传达出去，但其效果却是值得商榷的。

（2）在展示人物个性特点时，采用人物同期声有助于表现人物的思想、感情，没有人物同期声,单靠画面和解说词很难表现人物的性格特点。

(3)在向受众介绍有关情况时,采用人物同期声有助于将拍摄者的主观倾向客观化。人物搭配同期声,既有助于烘托真实氛围,又有助于增强权威性。

(4)表现人物心理活动时,尽可能让当事人自己来描述,而不要过多采用解说词。

同期声在一个节目中每次出现的长度是有限的,例如:一般情况下每个段落不适宜一两分钟以上的长采访镜头,即使内容很重要,也需要将其切碎,让节奏打破采访镜头单一的表现形式,比如将部分同期内容改为解说词,或是插入与同期声相关的图像、资料镜头等等。

拍摄者在前期拍摄中最好具有后期编辑意识,应让被拍摄对象尽可能集中、精彩、生动地表达所要表达的内容,减少编辑过程中语言的编辑点。对于语言编辑点需注意以下几点:

(1)采用人物话语同期声时,人物表述要通俗、简洁。

(2)表达内容要与人物年龄、职业和身份等吻合。

(3)在前期拍摄时,需要拍摄些反打镜头、被摄者讲述时的某些局部特写,比如神态特写、手部特写、环境特写等,它们将有助于后期编辑,使画面和同期声匹配。

(4)话语之间的编辑点一定要干净利落,不能有重复或多切掉的内容。

三、声画的组接

进行视频编辑时经常会剪辑现场的同期声、解说词以及音乐音响等。由于涉及镜头转换时就会涉及同期声的处理,而其他的两种声音一般都是节目编辑完成之后在后期合成时才涉及,处理起来相对要容易一些,那么编辑过程中的同期声如何处理呢?

同期声主要包含两大类:(1)环境背景声;(2)采访同期声。

在同一场景下,由于镜头拍摄时是分段完成的,所以每个镜头中的背景声都有可能不一致。由于记者往往亲历新闻现场,对应环境中的背景声记者能够接受,但是对于观众来说未必能接受,因此,同一场景、同一空间的背景声在镜头组接完成之后一般都需要单独处理,控制适当的声音比例。一般来说,环境背景声只能对节目总体内容起到辅助的作用。如果声画匹配,它可以起到很好的环境烘托或塑造作用。

相对来说,记者获得同期声则需要参与意义表达,因而同期声的处理更为复杂,处理方式一般有以下四种:

(1)声画对位的镜头处理方式。在这种方式里,如果是一个段落的采访,从被采访者的第一句话直到这个段落的采访结束,完全是声画对位的镜头,这类镜头的编辑主要考虑的是内容的连贯。

(2)声画对位—声画分离,或者是声画分离—声画对位。如果将某个采访段落一分为二的话,那么一部分是声画对位的,一部分是声画分离的,只不过这种情形前后位置互换的话就会出现两种不同的,但实质上是一种类型的处理方式。一种是先见其人闻其声(声画对位),然后是闻其声,不见其人(声画分离)。另一种是未见其人,先闻其声(声画分离),而后是见其人闻其声(声画对位)。

(3)声画对位—声画分离—声画对位或者是声画分离—声画对位—声画分离的方式。这是同一种处理方式出现的两种不同的变体。一般适合于那些采访段落相对比较长,但内容又比较重要的部分。这种方式既考虑到采访内容的完整性,同时又照顾到镜头的可视性,适当地加入一些与谈话内容相关的镜头,一方面解决镜头表达单一的问题,另外一方面也使采访内容与之对应的具体形象画面互为印证。

(4)完全声画分离的方式。在整个采访段落里,观众只能听到被采访者的声音,但看不到被采访者的形象,这种处理方式一般不适宜用在节目中采访镜头第一次出现的时候。因为观众对被拍摄者的声音有一个识别过程,如果节目中一开始就用这样的采访镜头处理方式,唯一解决的办法就是解说词里用专门的语言解释叙述者是谁,无论解说词是用直接的方式还是间接的方式,但一定会出现解说词介绍人物的情形,所以这类情形不是万不得已,一般不主张将其用在节目开始的第一个段落里。

在所有这些处理方式中,编辑点的确定是一个既简单又复杂的事情。说简单是因为编辑声音段落时,首先要考虑声音的完整性,所以所有的编辑点应该是以声音能够完整连续表达含义为第一目标,在考虑了意义完整连贯的基础上再来做相应的画面处理。在处理过程中,有些地方可以根据画面及其他相关影响因素做适当调整。除了意义的连贯外,还有语气、语音、语调等都是需要考虑的因素,总的原则是以意义为主体,同时参照画面等其他因素。

结构是有效编辑的关键。制作前的预编结构可以决定编辑的速度,所以在编辑前,先看你拍摄的镜头,然后写一个编辑脚本,列一个镜头编排方案来帮助你运用非线编系统,以免陷入无序状态。

课后思考

1. 结合剪辑时间,谈谈你对视频新闻剪辑的理解。
2. 结合具体视频新闻剪辑,谈谈你对声画匹配的理解。
3. 结合具体视频新闻剪辑,谈谈你对剪辑留白的理解。
4. 结合视频新闻剪辑,谈谈视频新闻叙事与影视剧叙事有何差异。

Chapter 8

第八章 视频新闻形态设计

☑ 深入理解形态设计的基本原则。

☑ 深入学习视频新闻形态设计的主要因素。

☑ 深入思考视频新闻形态设计的分寸把握。

第一节　形态设计的基本原则

一、时、度、效的方法原则

2013 年 8 月 19 日，习近平总书记在全国宣传思想工作会议上指出，舆论引导关键是要提高质量和水平，把握好时、度、效，增强吸引力和感染力，充分发挥正面宣传鼓舞人、激励人的作用。这一思想的提出背景是多样化的，包括了全球化进程中复杂多变的国际环境和充满困难与挑战的国内环境。同时，在技术环境层面，以互联网为代表的现代传播科技的急速发展，从根本上改变乃至颠覆了传统的信息生产方式、传播方式和接收方式，深刻地影响着社会舆论的生成和传播。网络和社交媒体日益成为常规的公共话语表达空间，舆论的形成机制、表现形式、传播方式进一步复杂化，舆论环境表现出多元化的特点。在当今时代，“时、度、效”的思想内涵也具有了更多的现实意义。

“时”，一指“时代、时期”；二指“时机”；三指“时刻”，其内涵是三者的有机统一。时代、时期指的是新闻舆论工作的时代大局和宏观视野。我国将进入新发展阶段，开启全面建设社会主义现代化国家新征程，实现中华民族伟大复兴历史进程的大跨越。因此主流媒体要坚持正确舆论导向，适应国内外形势发展，从党的工作全局出发，坚持党性原则，坚持正确的政治方向，坚持正面宣传的工作导向。“时机”指的是报道节点的时间部署。只有准确把握报道时机，才能在舆论引导中推出特定的宣传内容。什么问题第一时间报道，什么问题看看后续发展再报道，都要有精准的时间概念，不滞后也不超前。这对于主流媒体把握时代特性及新闻传播规律，发挥好自身的中枢作用，不断提高舆论引导的影响力、公信力提出了更高的要求。“时效”指的是对于新闻“第一落点”的把握，即把握发声的时间，抢占先机。传播研究证明，受众第一时间接收的信息虽然并不总是正确的，但却是最鲜明、最牢固的，一经形成便很难被修正。主流媒体要想在舆论引导中抢占先机、争取主动权，就需要遵循“首因效应”，在事件发生的第一时间就迅速发布权威信息。如果延误了信息发布的时机，一旦舆情形成质变，将极大地影响介入和干预的效果。

“度”代表着准度、尺度、频度和温度。准度是对于新闻报道严谨性的要求，主流媒体对发布的新闻信息必须进行多方核实，要经得起检验。尺度是对于报道深度的要求，主流媒体必须审时度势，在重大问题、敏感问题、热点问题上坚决把好关，要有利于社会和谐稳定和经济的发展。频度是对于报道数量与频次的要求，对某类题材报道量的多少与报道量的分配都需要权衡，让该热的舆论热点热起来，让不该热的舆论热点冷下去。温度是对于报道角度的要求，主流媒体需要抓住与用户的情感共鸣，基于专业理性的准则重新构造话语的传播体系，并从人文关怀的视角延伸公共议题的影响范围。

“效”指舆论引导的有用性、影响力，可以分为正面效果与负面效果、短期效果与长期效果、预期效果与非预期效果，它是对用户在认知、态度、行动层面整体的塑造。新闻舆论工作的最终效果体现在群众的口碑与社会共识上，只有布好局，占领传播制高点，才能抓住受众，赢得机会和市场，进而增强舆论引导工作的社会传播效果。

“时、度、效”分别体现在事实的选择维度、创意表达的分寸维度以及对于用户反馈的把握维度上。“效”的达成是“时”与“度”实现的目标，而“时”与“度”的把握也直接影响传播与影响的效果。事实属性、创意表达与受众思维的具体运用则是对“时、度、效”三者的统一考量，在理念层面契合了新闻舆论工作的内在要求。

在事实的选择维度上，存在一个何种事实属性的类型与质地更合宜的问题。从宏观上看，“时”是对时代趋势的把握，主流媒体要反映人们普遍关心的重点热点问题，承担时代使命。在事实属性的把握上应当尊重事实的价值属性，合理安排软硬事实，突出时代主题，反映网络和社会舆情的当前态势和发展趋势；从微观层面看，“时”也是对时效性的要求，对于重大突发事件，主流媒体要在新闻发生的第一时间快速反应，发布真实准确的报道，利用互联网的技术优势，形成全方位的信息获取和传播体系，实时跟进事态进展。充分利用微博、微信等社交平台，抢抓抢发新闻，掌握舆论引导先机。

在创意的分寸维度上，存在着传播观念对于新闻生产界限的要求。不仅要精简新闻的体量，以适应社交平台上的碎片化传播，还应当注重报道的深度，以小观大；不仅要注重新闻的故事性与情感性，充分引发用户共鸣，还应当避免过多地偏倚情感叙事，否则会对新闻公共性造成一定影响；不仅要通过新奇、意外的表现方式以获取注意力资源，还应当规避过分“标题党”的负面影响；不仅要充分利用新型媒介技术，丰富新闻形式，还应当合理、规范地利用技术来为人类社会服务，实现工具理性与价值理性的统一。

在用户反馈的把握维度上，存在着新闻报道如何才能深入人心且产生最大正向效应的问题。我们要转变传统报道中单向传播的思维，在充分认识用户偏好的基础上，与用户创设连接是社交媒体时代主流媒体进行新闻生产的应有之义。主流媒体要善于运用互动式、分众化等服务方式来赢得用户的信赖，最大限度提升用户体验，让用户参与到内容生产和传播渠道中，进一步延展新闻的传播力和影响力。

二、新闻真实的理念原则

在媒介融合的大背景下，新兴媒介技术的运用以及迅捷的传播途径给新闻真实带来了一定的考验。虚拟现实技术所带来的沉浸感，让用户能够通过"化身"形成"感受真实"。传统新闻的本体论有三大假设——新闻事实是客观存在的，新闻事实是唯一的和绝对的——正在新闻实践中被报道对象的虚拟化、情意化扩容，新闻真相与认识主体的二元分立正在被多层级的主体与对象融合，新闻真相的标准也存在差异化、多样化的解读和反馈的可能，新闻内容随着互动核查等因素造成的液态变动性与以往新闻真相的绝对性、唯一性存在一定差异。① 传统新闻的绝对唯一假设被相对性、变化性改变，新闻反映的对象从客观外物扩展到主体现象。② 杨保军教授针对新媒介环境下的新闻生产方式变革，从新闻真实过程观的角度指出，马克思主义新闻真实过程获得了进一步的提升或扩展，内涵也有了进一步的扩充和丰富。他认为新媒介环境下马克思主义新闻真实观既涵盖了媒体"新闻真实观"，同时也涵盖了受众的"经验真实观"，两种真实观在相互碰撞的话语实践中还原事实真相。

主流媒体在社交媒体平台的新闻实践创新体现出多向度发展的历程，同时新闻效果度量从主体量产转移到用户感知渗透。尽管这类新闻仍旧以新闻生产主体为核心，但也自然凸显出对以人的感受为本位的事实再现新方式的探索，并透露出真相具有多面识读的可能性。在呈现方式上多种媒介形态融合的实践，让新闻文本从单一的图文主导转向更为丰富多元的沉浸式形态，从纯文字转向可视化传播、新媒体交互传播、H5、微视频、微直播等多种可视化表现形态。这种基于用户需求的新闻策略，通过针对用户信息获取习惯生产出结合视觉、听觉等多种感官的新闻产品。这些表现形态按

① 许燕，刘海贵．具身体验：融合新闻的创新实践和理念更新[J]．西南民族大学学报（人文社科版），2019，40（12）：137-143.

② 许燕，刘海贵．具身体验：融合新闻的创新实践和理念更新[J]．西南民族大学学报（人文社科版），2019，40（12）：137-143.

照传播渠道的内容偏向、受众认知的接受心理、元素整合的叙事语言,进行有针对性的融合,实现了传播效果最优化。

新闻产品借助新兴技术能进行更多样动态的呈现,并让用户交互参与,这一方面推进了新闻的科学精准性,另一方面又添加了艺术化的再现方式,甚至带有交互游戏性,带来了新闻事实之外的关系性、感知性的扩容。这在一定程度上体现了社交媒体时代新闻媒体对于受众经验真实的兼顾,以及对受众情感、情绪等多重价值的追求。每一次的媒介革新,都有可能带来更生动逼真以及有说服力的表达方式,从而影响新闻受众对新闻真实的感知和判断。媒介以日益逼真的视觉化生产使信息精准化,用以佐证或展现真实,为新闻工作者的报道提供依据,由此提升了新闻可信度。同时也应看到,在这种媒介环境之下,引导、偏见与误解将成为难以避免的技术后果。因此,在新闻生产实践中,事实之真与价值之善应始终先于受众的体验之真,以避免对公众理解社会、参与社会造成障碍。

第二节　形态设计的主要因素

互联网并不是在旧的生态系统里引入新的竞争者,而是创设了一个新的生态系统①,它改造了人类的时空观和现代社会的权力关系,拥有自己的规则、结构和价值。网络通信技术能跨越地理空间,使来自不同地域、文化的人们相互连接。尼古拉斯认为,"文明社会的核心在于,人们彼此之间要建立连接关系,这些连接关系将有助于抑制暴力,并成为舒适、和平和秩序的源泉"②。

然而,在意义流动、混杂的网络社会中,每个人都成为意义的生产者和传播者,网络空间中的共同体更要关注其间的意义与情感的生产,了解如何通过情感、信任与认同来建构意义共同体。在物理连接的盛况之下,社交平台中新闻从业者的生产行为模式发生了转变,重塑了长期存在的新闻生产惯习,新闻规范正被一套新的职业价值观、原始用户数据关注和点击文化所替代。主流媒体在追寻构建意义共同体的新闻活动中,呈现出事实属性、创意表达、用户思维、多维评价的新特征,旨在通过信息传播建立传受之间共同的、有约束力的思想信念与意志,重组意义共同体。

社交平台中,主流媒体视频新闻从业人员生产行为的核心关切是建构意义共同

① 舍基. 人人时代:无组织的组织力量[M]. 胡泳,沈满琳,译. 杭州:浙江人民出版社,2015:50.
② 克里斯塔基斯,富勒. 大连接[M]. 简学,译. 北京:中国人民大学出版社,2013:311.

体。通过对事实属性的选择完成可感知前经验的连接,通过创意表达来完成新闻信息的领会,通过用户思维来完成交流规则的相宜,通过多维评价来把握价值秩序的认同,并最终达到由“有意义的他者”组成的对话来提供一种支撑认同的道德框架和善的视野共同体,对美好社会图景或价值理想起到范导性作用。①

事实是新闻的物质原体,新闻生产是一种重在将与社会价值、公众需求高匹配的事实由本源态向传播态转化的过程。然而,社交平台中用户的注意力是稀缺资源,信源、渠道同质背景下的新闻生产容易陷入低俗化的内容竞争陷阱中,技术层面的跨媒介传播无力解决内容同质的传播困境,因而在挖掘、选择、组合和设计事实信息的基础上,能否创造性地提供优质新闻构型已成为社交平台新闻生产的重要考量。事实属性的选择、创意表达亦成为建构意义共同体新闻生产的重要行为策略。新闻生产中的创意表达并不是简单地迎合用户,而是一种创造需求的过程,这已成为主流媒体拓展新媒体空间新闻生产的一种常态。

在社交空间里,新闻更多是作为“产品”被从业者加以理解的。新闻产品一旦进入传播状态,产品语境信息、媒介语境信息、社会语境信息会影响用户对新闻产品的选择、阅读、理解与接受。因而从业者应将用户思维、多维评价融入新闻生产中,要了解不同语境信息下的用户深层次信息需求、认知偏好以及行为习惯。在意义传递过程中,要不断迭代新闻符码的运作规则,吸收对新闻产品效果的社会性分层反馈,形成新闻生产活动的双向循环,创造更高的价值秩序。由此可见,用户思维、多维评价亦成为社交平台建构意义共同体的新闻生产特色行为策略。

事实属性、创意表达、用户思维和多维评价作为新闻从业者实践活动中的重要行为维度,协同耦合、相互支撑,共同形成一个有利于意义共同体形成的动态有机整体。事实属性是新闻生产行为的客观基础,创意表达是新闻生产的行为习惯,用户思维是新闻生产行为的方向参照,多维评价是对新闻生产行为的价值判断。在事实属性、创意表达、用户思维和多维评价的协同作用下,新闻从业者对事实属性进行创造性的构思,把握新闻活动的生产目标和传播分寸,实现新闻产品意义与多主体意志之间的相通、相融,构建新闻产品传输的意义共同体,进而扩大新闻产品的传播力、引导力、影响力、公信力。

---

① 泰勒. 自我的根源:现代认同的形成[M]. 韩震,王成兵,乔春霞,等译. 南京:译林出版社,2008:120-129.

表 8-1　视频新闻形态设计要素

具体表现	子要素	要素	目标
重要、有用、新鲜、接近、有趣 时政、经济、社会、民生、娱乐等 软、硬 人名、地点、时间、事件、背景	事实价值 事实类型 事实质地 事实要素	事实属性选择	构建 意义共同体
可信性、具体性 故事性、意外性 情感性、简约性	挖掘力 设计力 共情力	创意表达	
点击率、阅读量、转发量、播放量 精准发布、定向推送、党媒算法 懂用户的槽点、泪点、痛点、爽点	量化用户 联系用户 对话用户	用户思维	
绩效、好稿、内刊业务交流 用户评论、客户反馈 公共服务贡献、社会治理效益 作品批示、报道指示	组织内部评价 用户评价 社会评价 上级部门评价	多维评价	

一、事实属性的选择：连接可感知的前经验

属性是事物本质的体现，本质在认识论上就是对事物主要属性的一种凝结和概括。① 事实属性是对事实特征的概括，是一种“新闻粒子”，在新闻传播活动中发挥基础性作用。② 事实属性是源于对实质性编码中事实要素、事实价值、事实类型与事实质地之间关系的概念化，对事实属性的选择是主流媒体社交平台新闻生产行为的基础维度。在新闻生产活动中，对新闻事实的选择依赖于对事实要素、事实价值、事实类型与事实质地四个要素的具体运作。

事实要素是事实构成的具体部分(如人名、地点、时间、事件等)，具备原生属性。人的原始意志源于真实、客观存在的原生结构，在特定条件下逐步发展成为必然性，形成对事实要素理解的习惯性倾向。新闻是事实部分要素的集合体，通过对客观存在的事实符码的选择，来连接可感知的前经验，让接受者的原始意志“镜像”地经验着新闻事实符码组，传输观念集。

事实价值是新闻从业者选择和衡量新闻事实的客观标准(如重要、有用、新鲜、接近、有趣)。考量新闻特殊素质的事实价值判断活动建立在特定知觉的基础上。新闻

---

① 杨保军.论新闻的本体属性[J].山西大学学报(哲学社会科学版)，2008(5)：104-112.

② 杨保军.论新闻事实的构成(上)[J].采·写·编，2000(2)：10-13.

从业者通过选择现有事实的特殊素质,考察其事实表象及整体认识之间的熟悉关联,为符码意义的知觉秩序与推理活动提供可能。

事实类型是指具有共同特征的事实所形成的种类(如时政、经济、社会、民生等)。各类事实一旦进入新闻生产的具体情境中,原本看似没有任何倾向性的各种事实,会因为事实本身具有的类型特征而在传者和受者之间形成一种客观存在的具有倾向性特征的"关系"。在新闻生产决策过程中,新闻从业者已有的生产经验会使其依据事实自身的特性,形成诸如时政、经济、民生、社会、娱乐等客观类型的差异,采用不同的生产策略,意在从更精细的层面上把握好相应类型事实的报道分寸。

事实质地是指事实的软、硬结构与性质,它与新闻风格选择密切相关。社交平台在开展新闻生产活动时,常常会考虑特定情境中用户的心理感受、风格偏好,有意识地依据事实软硬质地来进行选择、拆解、布局。社交平台中的优秀新闻作品往往会合理安排不同要素构成的硬质事实与软质事实,充分发挥情景的作用,精选"切入点",在构成新闻框架的基本材料、强调准确无误的硬质事实中,内嵌表达情态或意态的软质事实,使严肃、硬核内容更加易于接受,即受众通过事实质地的选择活动,连贯感性知觉经验,增强对事实理解的共通性。

二、创意表达:设计可领会的新闻构型

创意表达是指将创造性的想法、构思运用到新闻符码运作规则中。它源于新闻从业者对事实属性挖掘力、设计力和共情力的进一步概念化。挖掘力是进行创意新闻构型的基础,设计力是进行创新新闻构型的条件,共情力是进行创意新闻构型的功能性体现。在互联网的生产空间中,为避免声音被忽视和排斥,新闻生产者必须创新主流媒体叙事内容和表达形态,以适应网络社会的社交态话语形式及秩序。因而,作为行为维度之一的创意表达重点强调:主流媒体新闻从业者愈加关注如何挖掘出独特的构思与表达、设计出陌生且可领会的新闻构型。新闻从业者通过合理想象、巧妙构思和创新设计生产出各式各样的符号组,传递出相应的观念群集。陌生、新颖的符号组刺激新闻接受者的感官,调动其记忆组件衡量观念价值,即通过神经系统完成对新闻产品的感官体验,召唤先前经验与之沟通、同化乃至顺从,不断建构融合认知结构,修正原有的精神意志。

社交平台创意表达生产行为中的挖掘力源于可信性与具体性的范畴化。在新闻专业操作规范的要求下,可信性与具体性是挖掘力实施的具体策略。例如,可信性表

现为挖掘准确的、令人信服的事实信息,具体性表现为挖掘有助于用户理解与记忆的经验细节,将抽象的或与受众生活有一定距离的新闻报道具象化,采制鲜活生动的新闻事实,通过长年积累的习得模式和象征符号,找到与用户之间的具体的"通用语言",让用户认为真实可感。

社交平台创意表达生产行为中的设计力源于故事性和意外性的范畴化。故事性表现为营造故事化情境,把新闻产品的创作放入一个更生活化的框架中,由理性的说教转向感性快乐,它是一种形象化的报道方式,缩小了接受者与新闻产品之间的距离,具有模拟和启发的双重力量;意外性表现为吸引维持用户的注意,填补用户心中已有的新闻基模缺陷,或是打破用户脑中固有的基模,精心构思新闻"突转"或是悬念,让新闻产品出乎受众的意料,创新新闻接受者经验、意识之外的世界的构型方式。

社交平台创意表达生产行为中的共情力源于简约性和情感性的范畴化。简约性表现为精炼核心信息,用经验知识同构的类比方式集中调动新闻接受者的经验、行为及感受,让新闻接受者从共情心理层面迅速理解精炼信息,触发价值共鸣、观念共鸣、经历共鸣、身份共鸣或审美共鸣。与身体机能相适应的需求和欲望奠定了人的情感内在和谐的基调,因此情感性表现为通过新闻文本的情感张力,把新闻接受者的主体欲望、需求融入新闻产品中,调动新闻接受者的情感体验,领会深层次的新闻构型。

三、用户思维:交流相宜性的规则倾向

用户思维关注用户"确定接受"的程度以及思维"确定倾向"的方向。它源于对量化用户、联系用户和对话用户的概念化,是一种以用户为中心、重视考量用户特征、优化用户体验的新闻生产行为。在社交媒体平台中,用户与主流媒体的关系发生了根本性的变化,用户已经从抽象的"乌合之众"变成实体性存在,[①]成为平台传播关系网中的关键节点,会影响新闻编辑决策过程及新闻产品形态。社交平台新闻从业者的生产思维亦由作者思维、作品思维转化到用户思维,他们可以采用平台技术、行为数据库、情感交流等技术方式来获知用户确定的信息接收活动、交流可传递的规则倾向、理解确定的信息反应倾向。

量化用户源于开放性编码点击率、阅读量、转发量、播放量,即通过服务器日志文件数据来判断、推测、描绘用户本性特征及规则偏好,并在此基础上对新闻产品传播效果进行评估。社交平台强化了用户对媒体的价值,用户不仅仅是新闻来源,更是新闻

---

① 刘鹏. 用户新闻学:新传播格局下新闻学开启的另一扇门[J]. 新闻与传播研究,2019(2):5-18.

传感器，对用户的量化是新闻编辑室改进新闻生产方向、影响编辑决策、评判新闻产品的重要衡量标准。

联系用户源于开放性编码中的精准发布、定向推送、党媒算法，即资料中呈现的生产行为，如在新闻产品与用户之间创设关联，挖掘分析用户消费新闻产品时的思考方式、选择倾向、行为习惯。在行为规则倾向的基础上，运用精准发布等网络技术向用户推荐新闻产品，加强用户需求与新闻产品之间的匹配度，使新闻生产不再仅仅是一个专业组织的封闭生产形态或者机制过程，而同时具有共同参与、协同生产等行为规则交流特征。

对话用户源于开放性编码中的了解用户槽点、泪点、痛点、爽点，即社交平台中的新闻生产充分践行对话与交往的理念，构建新闻产品与用户交流的桥梁。在供需关系转变的情况下，感知用户情感传递，积极回应用户需求，在主体间双向的公共对话中，不断完成与用户原始意志的核心关联，最终形成情感共鸣和思想共振。

四、多维评价：把握可认同的价值秩序

多维评价是指通过搜集有关主流媒体社交平台新闻生产效果、影响及价值的多层次反馈，新闻从业者不断确定能对共同体意志发展产生作用、获取可认同价值秩序的生产行为。它源于对组织内部评价、用户评价、社会评价、上级部门评价的概念化。

表 8-2 多维评价

资料摘编	子要素	要素
我们经常会对社交媒体中的产品开展业务交流，复盘整个报道过程。	组织内部评价	多维评价
网友特别逗，留言表扬报道，我们回复了，网友留言，说："××社交媒体的小编是活人不是机器人哦，真回复我。"	用户评价	
×××报道得到上级领导的批示。	上级部门评价	
这个片子全网推送，社会影响很大，点击率很高，但改了很多遍，主任一句话提醒了我："……找到一种体现硬度的魂……"	组织内部评价	
这个月绩效又提高了一点，好几篇报道有高点击率。	组织内部评价	
疫情期间，我们在 App 上专设了登录通道，链接当地政府职能部门，帮助解决疑似病患的确诊安排问题。	社会评价	

新闻产品进入社交平台的流通环节后，主流媒体失去了对符码意义的控制力，大众书写的内容与专业媒体供给的内容在公共空间中共存与角逐，多元接受者会依据自

身语意环境对新闻产品的符码价值产生不同倾向。在社交空间中，对于新闻符码运作的意义解读存在多义性，受到社会主导话语的影响，因而主流媒体新闻从业者常通过媒体组织内部、用户、上级职能部门、社会影响反馈等多维评价来找寻共同体认同的价值秩序，并对生产实践予以动态探索、干预与修正。

第三节　形态设计的分寸把握

早在2009年，默多克在世界媒体峰会上就提到，“随着信息客户越来越富裕，他们对于所有媒介也有越来越多的需求，大部分的内容将会是在本地生成，而在某种程度上，质量将取决于中国公司能否通过竞争来改变他们的产品……只有不断创新才能保证传媒业的持续发展。新一代中国人既是高标准、严要求的消费者，也是才华横溢的制作者。”①这个发言暗示了能否提供更为优质且异质的内容产品日趋成为新闻媒体内容竞争的核心，新闻生产者应充分发挥主观能动性，用“创意”“创新”来增强新闻产品竞争力。

信息技术的发展导致传媒生态发生了巨大变革，社交媒体平台逐渐成为信息的“富矿”，用户的注意力成为稀缺资源，信源、渠道趋于同质化的新闻生产将会使媒体陷入低俗化的内容竞争陷阱中，技术层面的跨媒体传播无力解决内容同质的传播困境。视频新闻形态设计是指将创造性想法、构思运用到视频新闻表达中，通过合理想象、巧妙构思和创新呈现来开展主题挖掘、内容组合、形式设计，从而吸引用户的关注，让视频新闻产品更加具体可感、深入人心，增强新闻产品的竞争力，以免被湮没在同质化的新闻产品中。新闻形态设计不是简单的迎合，而是一种创造需求的过程。对新闻素材进行创造性挖掘，灵活运用多媒介生产手段，增强新闻产品的创新形式，实现在社交媒体平台上新颖地生产、呈现、讲述和表达“中国故事”。

德国社会学家尼克拉斯·卢曼将信任区分为“系统信任”与“人际信任”。“系统信任”是指对专家系统以及制度体系的信任，新闻实践中则包括对“新闻真实性原则”、职业规范以及对职业身份的信任。“人际信任”是指个体与个体之间的信任关

---

① 默多克：拥抱数字化对今日中国至关重要[EB/OL].(2009-10-09)[2023-02-15]. http://tech.sina.com.cn/i/2009-10-09/15323492585.shtml.

系,产生于个体两两互动之中①。基于此,新闻形态设计不能游离于真实性原则之外,而应在新闻职业规范指导下,提取宏大主题中的重点信息,挖掘准确的、可信的、具体的事实信息和经验细节,将抽象的或与受众生活有一定距离的报道内容具象化;在追求日常生活原生态的基础上,新闻从业者可通过营造故事化情境、设计陌生化构型来加强受众的感官刺激。根据马斯洛需求层次理论,受众满足信息认知需求后,便会产生情感的需求,新闻从业者可采用经验知识同构的类比方式,凸显新闻文本的情感张力,把握用户的泪点、燃点、槽点,抓住重要时间节点和情境,调动用户普遍的情感体验、建立情感连接。

鉴于新闻本体追求整体真实与客观,新闻"创意表达"的主观性和建构性应在"度"的层面予以控制。在媒介技术、新闻形态不断创新的同时,需要考虑事实属性的客观"尺度"与创意表达的主观"尺度"的整体统一,把新闻真实性控制在合理的量度范围,以实现工具理性与价值理性的统一。然而,在遵循新闻客观、真实的道德原则下,如何把握新闻形态设计的分寸,才能较好地将新闻价值和审美价值进行融合?

新闻生产中事实事项与创意表达之间的行为中介是新闻生产者。在不同的生产主体中,同一事实本源会呈现出不同的样态,不同的生产主体介入,会对事实要素进行挑选、组合和创造性构思,最终使得新闻文本中的事实要素与文本呈现之间常会出现偏差。新闻行业早期就曾对摄影术在新闻中的应用展开过关于审美价值驱动的争论,人们常在各种论述中谴责摄影技术,认为操纵被拍摄者、调整色彩强调戏剧性、隐秘的后期处理等创造性摄影实践使得新闻事实与新闻价值不符,摄影沦为印刷新闻的附属品②。直到 20 世纪 70 年代,新闻的职业道德规范将新闻摄影的新闻价值正规化,新闻编辑室淡化了新闻图片的艺术价值、创造性和解释性,才让摄影术在新闻业中占据了更高的地位③。

然而,20 世纪 90 年代,随着读图时代的到来,新闻从业者意识到受众的媒介接受经验开始发生改变,新闻摄影不仅要符合新闻摄影的规律性,还要重视表现手法的创新性④。新闻摄影记者、新闻图片编辑的形态设计成为新闻审美的重要内容,视觉文化亦成为新闻消费的主要形式,引发了专业人士对视觉新闻产品质量的关注,新闻编

---

① 李唯嘉.如何实现"信任性真实":社交媒体时代的新闻生产实践——基于对 25 位媒体从业者的访谈[J].国际新闻界,2020,42(4):98-116.

② Zelizer, B. "Journalism's 'Last' Stand: Wirephoto and the Discourse of Resistance." *Journal of Communication*, 1995, 45(2): 78-92.

③ Levine, C. *Forms: Whole, Rhythm, Hierarchy, Network*. Princeton: Princeton University Press, 2015.

④ 星猎.展开双翼,"拥抱读图时代"[J].新闻知识,2001(11).

辑室不断推动不同领域的跨界合作,文字记者、设计师、摄影师团队、特效师、工程师之间共享"创新"型新闻话语质量的控制。新闻生产者既是主观的构思者,又是客观的目击者。新闻价值与审美价值融合的争论也转移到如今的数据新闻、新闻条漫、互动新闻、VR 新闻等类型的新闻生产中。

随着媒介形态的发展,"事实"代表的客观真实与"创意"代表的艺术审美二分法划分已不再适用,二者应在事实属性认识的基础上,进行元素、形式、风格的创新与融合。为了能有效地完成信息传播功能,精细化构思、创意化表达已成为社交平台新闻生产者的"默会知识",他们常通过"简约型""新奇""意外"等构思,获取用户注意力;通过"故事性""情感性"的构思,创造带有"温度""美感"特质的新闻产品来建立与用户的情感联系。

在新媒体新闻编辑室里,视频新闻生产者经常需要对客体事实要素进行情感调动构思、具体符号提取、文本设计与编排等艺术化再现,重视创意式精练再现新闻事实的某些品质,对客体事实要素进行创造性构思和故事化编制,以完成意义和价值的"简写式"承载①,而非追求符合客体事实的所有品质。这种新闻生产惯习带来了对新闻事实之外的关系性、交互性、游戏性、感知性的设计考量,新闻报道从对信息的严谨报道转向注重感知体验的设计。然而,为避免新闻本体从客观外物过度扩容到主体外化②,新闻生产的具体操作更应从时代的宏观视域、新闻事实的客体视域、生产者与用户的主体视域中去完成创意式再现和叙述的可信性与真诚性。

社交平台的交互特性为不同解释提供了对话机会,包括生产者在内的多元主体对于新闻符号的解释会受到(社会文化的)语境元语言、(解释者的)能力元语言、(文本本身的)自携元语言的影响,主流媒体新闻生产者与用户之间的联系与对话会反向影响新闻文化和编辑决策过程。因而,在新闻"形态设计"的操作过程中,挖掘/设计出既能指向事实真实又能产生共鸣的新闻符码,重视用户对于新闻符号的符号化解释、缩小元语言之间的理解差势,可以提升用户对"新闻符号再现"的认知认同与审美认同。通过间接新闻符号文本来调动用户直接经验感知,对于同一客体事实,不同符号解释主体间能获取相通的感知、认识和理解,在多主体互动中让事实的新闻价值和审美价值有效融合,实现符号表意的终极价值目标:"认识之真""审美之真""理解之真"。③

---

① 赵毅衡. 符号学:原理与推演[M]. 南京:南京大学出版社,2011:37.

② 许燕,刘海贵. 具身体验:融合新闻的创新实践和理念更新[J]. 西南民族大学学报(人文社科版),2019,40(12):137-143.

③ 蒋晓丽,李玮. 从"客体之真"到"符号之真":论新闻求真的符号学转向[J]. 国际新闻界,2013,35(6):20-22.

第四节　形态设计案例复盘

新闻创新离不开实践,每一个优质视频新闻既是推进媒体融合的基础,也是媒体融合成果的展示。通过以下几个案例的复盘,了解新闻人在设计视频新闻报道形态时,如何进行创造性构思?继而又如何运用技术、调度各类资源来解决报道创新等问题?以下对几个案例进行复盘,来回答这些问题。

案例 1:创意思维①

《黑龙江一分钟》《吉林一分钟》……从 10 月 1 日起,“中国一分钟·地方篇”系列视频以一天一集的频率在《人民日报》“两微两端”等新媒体平台推出,并迅速形成刷屏的态势。在《人民日报》微信公众号,每集视频在推出后不到半小时,阅读量就达到“10 万+”;在微博平台,截至 10 月 29 日,#中国一分钟#的话题阅读量已超过 7.3 亿;各大门户网站、视频网站及 App 等纷纷转载,各卫视频道聚焦;同时,视频还在各地的户外大屏、机场大屏、地铁和公交系统屏幕等多处线下渠道循环播放,收到了良好传播效果。

今年全国两会期间,《人民日报》社新媒体中心推出三集国家形象系列宣传片《中国一分钟》,以“一分钟”为时间维度,运用快速的剪辑、精美的画面、直观的数字,展示党的十八大以来的五年中国在经济、社会、文化、科技等方面取得的历史性成就,展现中国人民意气风发的精神风貌。系列微视频上线后,引发了网友强烈共鸣和热烈反响。

从产品形态看,“中国一分钟·地方篇”系列视频是《人民日报》社新媒体中心此前推出的国家宣传片系列《中国一分钟》的延续。为庆祝改革开放 40 周年,全景式展现改革开放的伟大成果,《人民日报》社新媒体中心与中央网信办移动网络管理局合作,联动各地,推出“中国一分钟·地方篇”系列微视频。系列微视频均以“一分钟”为维度,全方位、多角度呈现祖国的山河魅力,突出地域特色与风土人情,全景式展示各地改革开放发展成果,反映改革开放给人民生活带来的切实变化。

从产品创意来看,改革开放 40 年是一个大架构的选题,“中国一分钟·

---

① 张意轩,尚丹.“中国一分钟·地方篇”系列视频创作谈[J].青年记者,2018(11):29-30.

地方篇”系列微视频则另辟蹊径，跳出“大成就”“大历史”的宏观视角，从“一分钟”这个小切口进入，记录中国各地在“一分钟”这个时间刻度内发生的事情，从小角度进行全景表达，聚焦每个人都切身可感的“小视角”“小切口”，用直观的数字和精美的画面生动表现出各地发展。

选择“一分钟”的概念是基于这样一个思路：改革开放40年来，中国日新月异的成就，来自每一分钟；中国人与日俱增的获得感，体现在每一分钟。从这一维度出发，体现改革开放40年来的成就，除了宏大叙事，也可以有小切口的全景式触达；展示面向新时代的决心，也可以用更加可感的方式。

从传播创新角度讲，对宏观数据的叙述和呈现是常用的方式，也是受众比较容易接受的方式，“中国一分钟”系列微视频对宏观数据进行拆解，将其具象为一分钟的直观数字，信息含量丰富，与精心选择的画面结合，对于受众而言，更加真实可感，更容易形成情感共鸣。

此外，从传播效果看，具象到一分钟，对受众而言，这在一定程度上是一种具有陌生感的表达，这种陌生感，也会对传播效果产生增值。

确定了创意，对创意的执行就成为决定传播效果的重要因素。

中国地大物博，具体到每个省份，风土人情、山川江河、人文风貌等，多姿多彩，各不相同；改革开放40年来各个领域取得的发展成就，更是不胜枚举。要将林林总总浓缩在时长不足3分钟、文案短短数百字的微视频中，实属不易。

在具体操作中，无论是文案，还是画面，我们秉承的一个核心原则是“真”——用真材实料传递有价值的信息，用真情实感激发受众的情感共振。

在文案阶段，将海量而宏观的数据拆解，反复斟酌，寻找最能代表当地又可数据化的“干货”；同时，注意避免同质化，努力呈现各地的独特风貌和精神气质。这从系列微视频的主题选择中就可见一斑，“天府之国 守正出新”的四川、“潇湘锦绣 中流击水”的湖南、“业广惟勤 粤创粤新”的广东……这些主题都基于对该地精神气质的深度挖掘。需要强调的是，这一系列微视频是与各省（区、市）的新闻单位联合制作的，这也为挖掘主题提供了坚实的基础。

在画面选择上，我们为避免公式化的镜头，寻找可以打动人心的画面，尤其注重人物镜头的使用。无论是《黑龙江一分钟》里众人在滑雪时飞扬的雪花，还是四川茶社四溢的茶香，抑或云南茶马古道的铃声，都令人印象深刻。

在剪辑中,注重不同景别的有效配合,形成镜头语言的合力,让受众进入一个微观的感受单元,以用户的情感共鸣点为精神核心,与大家对家乡的深深认同感相呼应,产生发自内心的感动。

此外,作为系列视频,“中国一分钟·地方篇”各集既充分保证展示各自特色,又在整体风格、视觉标识等方面保持统一标准,以系列化的形态架构起改革开放40年的整体风貌,这在一定意义上讲,也有助于实现与受众的深度连接,增强受众对国家和家乡的认同感。有网友表示,一集一集看下来,对改革开放40年所带来的变化有了更加深刻的感受,也更加热爱祖国大好河山。

以新塑形,以真叙事,以情动人。其实,不仅是“中国一分钟”系列视频,纵观《人民日报》新媒体推出的现象级产品,虽然形态各异,但都离不开这几个字。外在注重一个“新”字,在形式、角度、互动创新等方面下功夫;内在注重“真”和“情”,注重真材实料的信息传达,注重与用户形成情感共鸣、思想认同。唯有如此,才能在入眼、入脑、入心的传播中建立起用户的价值判断共同体和情感传递共同体。

案例2:强制作

融合媒体时代,报道产品是新闻生产的最终呈现形式,产品竞争力是媒体最核心竞争力。检验创新成效,关键看有没有传得开、叫得响、留得住的优质新闻产品。

中国共产党成立95周年前夕,新华社推出一部9分5秒的微电影《红色气质》。影片发布后,“红色气质”一词被百度搜索自动生成新词条,迅速在微信、微博、客户端等社交媒体上刷屏,被各大网站热播,成为一个现象级传播的全媒体产品。影片先后获得多个国家级奖项,累计超过2亿人次观看,中央和地方一些部门专门将影片作为“两学一做”学习教育鲜活材料,多所大专院校、中小学校将此片作为爱国主义教育新教材、新课件。

中国照片档案馆是我国馆藏量最大的照片档案馆,收藏了1892年以来的珍贵照片1000多万张,其中凝固着大量鲜为人知的历史瞬间,成为记录国家历史的珍贵典藏。《红色气质》成功的关键因素,是微电影以新华社中国照片档案馆馆藏照片这一独家资源为主体构成,使用三维动态等现代技术对影像进行特效制作,是新华社精心打造的第一部以微电影形态呈现的新闻产品,为重大主题宣传开辟新思路。

《红色气质》的本质是独家核心资源与新媒体表现手段和技术的有机对接,也让我们看到新媒体时代独家核心优质资源具有极大开发潜力、开发价值和更为多元化的开发方式,成为创新型融媒体产品常态化生产的重要依托。“国家相册”系列微纪录片应运而生。

微纪录片“国家相册”系列产品依托新华社丰富馆藏图片资源,由《红色气质》主讲人、新华社高级编辑、国内知名影像学者、图片策展人陈小波担任“国家相册”讲述人,带领观众走近这些老照片,将二维老照片实现三维化、视频化,真实再现历史场景,中间穿插三维特效,细述照片后面那些鲜为人知的人物与故事。自 2016 年 9 月 2 日以来,每周五推出一期时长 5 分钟左右的微纪录片,在互联网、电视台、移动端、户外屏幕等平台同步传播。这种产品首次通过“图片视频化”方式对珍贵老照片进行创造性加工,并且首次形成一套“图片视频化”常态化精品生产流程,成为新华社创新产品生产的有益经验。

案例 3:数据视频化

在庆祝中华人民共和国成立 70 周年之际,《中国日报》首先在微博账号上推出了《最燃 C 大调,大阅兵后再看这组外媒数据,忍不住又红了眼眶!》的数据短视频新闻。作品在国庆大阅兵后刊发,先后被《人民日报》、《参考消息》、共青团中央等媒体机构的公众号转载,形成了刷屏之势,极短时间内引起海内外网友情感共鸣,再次点燃了网友的爱国热情,传播量超过 600 万次。

《最燃 C 大调》用数据化的新闻叙事策略,从“他证”和“自证”的两个维度,全球化角度呈现新中国由弱到强的发展过程,记录了外媒对华报道数量和中国 GDP 世界排名的变化。作品起名为“C 大调”,C 既是音乐术语,又代表着 China,一语双关。

在新闻策划时,记者、编辑急需解决的三个关键问题是:1. 全球化角度怎样切入? 2. 数据如何精准实现? 3. 情感如何点燃? 解决关键问题的创意来源于“一个上世纪 80 年代的留学故事”,这个故事让记者编辑们意识到西方媒体报道在议程设置上的巨大变化。因而,《中国日报》以外媒对中国的报道为切口(他证),选择了国外主流媒体之一的《纽约时报》作为统计对象,分析该报头版 70 年间有关中国经济的稿件数量变化。此外,还选取了世界银行历年的各国(经济体)GDP 排名作为统计对象,记录中国 GDP 排名逐步上升到世界第二的过程(自证)。从数据的起伏变化中,呈现中国的历史变迁。

在数据收集、清洗、挖掘过程中,采用优势互补策略,实现“校媒合作”。《中国日报》与中国传媒大学团队开展部校合作,联合策划,耗时两个多月梳理了10万余篇《纽约时报》报道,汇总成数据图表,为数据视频的制作提供坚实的量化支撑。

形式创新。作品把70年《纽约时报》头版涉华经济报道数据,浓缩到一段短视频里,让复杂的数字变得直观易懂,并且根据前半段数据波形图的变化原创一段背景音乐,赋予了数字额外的情感和温度。前16秒:合成器贝斯的音色,突出电子感,音符快速演奏配合镲片,营造钟表不停走动的听感,象征时间飞速流逝;随后16秒:大气磅礴的打击乐展现数据爆发式增长,人声加入,营造听觉上的史诗感,让数据上的巨大变化引发受众听感和观感上的共鸣,用最硬核的视听语言点燃民族自豪感,唱响中国发展的主旋律。与此同时,《中国日报》还撰写了一篇长文,对该视频新闻报道内容展开解读,详解隐藏在数据后的深刻背景,形成了一个由浅入深的传播过程,让网友不只看得明白,更看得透彻。

案例4:善用UGC视角

社交短视频平台使视频创作、分发的门槛大幅降低,使信息能够更快流动和连接。在快手上,每天新增超过1500万UGC视频,受众不仅刷抖音、快手,也慢慢习惯于用抖音、快手拍摄和制作视频、记录生活,也许有一天,真的会出现人类文明的“视频版百科全书”。

抖音、快手上经常出现某种类型的视频暴火,引起全站模仿挑战的情况。比如2019年底,网络音乐人翻唱的《火红的萨日朗》成为热门歌曲,随后马上编舞跟上,各种版本的视频瞬间涌进站内,有网友评论“我好像捅了萨日朗的窝,接连刷到3条”,说明站内同质化视频非常多,也获得了足够曝光度。视频卡点、“技术流”拍摄方式、热门道具……社交短视频平台“套路”很多,不得不承认,自古“套路”得人心,将这些“套路”与媒体采集的原创内容巧妙结合起来,惊喜不断。

《“大写的帅!”带你看全国人大代表、辽宁舰小姐姐张明珠的日常》就是利用站内最火的“卡点+定格”的呈现方式,成为“全网此BGM最贵的拍摄背景”;武警小哥哥的《火红的萨日朗》发布后,多位网友发起合拍;新华社采集的各地绝美风光和航拍素材，也大都通过这种方式发布出去，极大增强了作品的可看性。

入驻抖音和快手的机构媒体账号已超过2万家，不可忽视的是，抖音和快手上的个人用户更多，沉淀了大量UGC素材。UGC素材记录的是真实生活，展现的是个体的本来状态，在经过严谨核实和适当加工后，UGC素材非常具有“爆款”潜力。

《“可以看看你的无人机吗?”孩子的眼里有光啊!》，视频来源是一位抖音用户，发现这个素材后，我们联动分社进行核实，取得不错的传播效果。2月底，新华社和快手合作推出《面对磨难，网友镜头中的幽默与乐观》。片子主要素材来自快手普通用户，视频全网播放量超5000万，点赞300多万，一边有人说这个片子“接地气”“土味”，一边有人觉得这种视频“太上头”，看了就停不下来。在人人都会拍视频、信息泛滥的现代社会，许多人有时候过度沉溺于媒体环境中，反而忘记了生活本来面目，UGC的存在意义就在于时刻提醒人们不要忽视生命的千姿百态。

课后思考

1. 结合实践中的视频新闻形态，谈谈你对“时、度、效”的理解。
2. 结合新闻报道实践，谈谈你对意义共同体建构的理解。
3. 结合视频新闻报道中的创新实践，谈谈你对新闻真实性的理解。